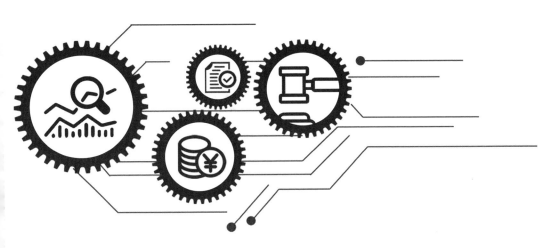

JINRONG
SHEHUI GONGZUO
LILUN
YU SHIWU

金融社会工作
理论与实务

刘 东 ◎ 主 编
张君安 刘益梅 ◎ 副主编

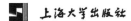

图书在版编目(CIP)数据

金融社会工作：理论与实务/刘东主编．－－上海：上海大学出版社，2024.6
ISBN 978-7-5671-4938-0

Ⅰ．①金… Ⅱ．①刘… Ⅲ．①金融—社会工作 Ⅳ．①F830

中国国家版本馆CIP数据核字（2024）第028996号

责任编辑　陈　叶
封面设计　缪炎栩
技术编辑　金　鑫　钱宇坤

金融社会工作：理论与实务
主编　刘　东　副主编　张君安　刘益梅
上海大学出版社出版发行
（上海市上大路99号　邮政编码200444）
（https://www.shupress.cn　发行热线021-66135112）
出版人　戴骏豪
*
南京展望文化发展有限公司排版
上海颛辉印刷厂有限公司印刷　各地新华书店经销
开本710mm×1000mm　1/16　印张17.25　字数291千
2024年6月第1版　2024年6月第1次印刷
ISBN 978-7-5671-4938-0/F·242　定价　88.00元

版权所有　侵权必究
如发现本书有印装质量问题请与印刷厂质量科联系
联系电话：021-57602918

目 录

第一篇 金融社会工作的理论方法

第一章 金融社会工作的基本概述 003
- 第一节 金融社会工作的概念范畴 003
- 第二节 金融社会工作的特征与发展 008
- 第三节 金融社会工作与金融健康 017

第二章 金融社会工作的理论基础 023
- 第一节 经济学相关理论 023
- 第二节 金融学相关理论 033
- 第三节 社会工作相关理论 035

第三章 美国金融社会工作的历史与经验 043
- 第一节 美国金融社会工作的发展历史 043
- 第二节 美国金融社会工作的教育实践 047
- 第三节 美国金融社会工作的经验启示 050

第四章 金融社会工作的主要方法 054
- 第一节 微观实务方法 054
- 第二节 中观实务方法 062
- 第三节 宏观实务方法 066

第五章 金融社会工作的政策法规 072
- 第一节 金融社会工作相关政策法规概述 072
- 第二节 《中华人民共和国慈善法》与金融社会工作 078
- 第三节 《中华人民共和国信托法》与金融社会工作 090

第四节	《中华人民共和国证券法》与金融社会工作	098
第五节	《中华人民共和国商业银行法》与金融社会工作	101
第六节	《中华人民共和国证券投资基金法》与金融社会工作	105

第二篇 金融社会工作的人群服务实务

第六章 老年人与金融社会工作　109
　　第一节　老年人口的群体特征　109
　　第二节　老年人的金融服务需求　113
　　第三节　老年人金融社会工作实务　117

第七章 儿童青少年与金融社会工作　122
　　第一节　儿童青少年的群体特征　123
　　第二节　儿童青少年的群体需求　129
　　第三节　儿童青少年金融社会工作实务　133

第八章 流动人口与金融社会工作　145
　　第一节　流动人口的群体特征　145
　　第二节　流动人口的群体需求　148
　　第三节　流动人口金融社会工作实务　153

第九章 社会救助与金融社会工作　155
　　第一节　社会救助的群体特征　155
　　第二节　社会救助的群体需求　157
　　第三节　社会救助金融社会工作实务　159

第三篇 金融社会工作的实践领域服务

第十章 普惠金融 169
第一节 普惠金融的由来及概念 169
第二节 普惠金融的核心议题 175
第三节 普惠金融与金融社会工作实践 187

第十一章 金融教育 192
第一节 金融教育的相关概念 192
第二节 金融教育的核心议题 194
第三节 金融教育对象与目标 197
第四节 金融社会工作介入金融教育的其他实践 201

第十二章 金融能力 204
第一节 金融能力的相关概念 204
第二节 金融能力的相关应用 210
第三节 金融能力与金融社会工作实践 218

第十三章 资产建设 224
第一节 资产建设的相关概念 225
第二节 资产建设的理论基础 227
第三节 资产建设的实践 232
第四节 资产建设与金融社会工作 237

第十四章 金融侵害与保护 241
第一节 金融侵害的相关概念 241
第二节 金融侵害保护的法律支持 246

参考文献 256

后记 267

第一篇

金融社会工作的理论方法

第一章 金融社会工作的基本概述

目前,我国经济已由高速增长阶段转向高质量增长阶段,人民的普遍需求是对美好生活的向往。与金融打交道必然成为社会居民日常生活的组成部分,与实现美好生活的追求息息相关。如此,金融社会工作成为一个社会工作新兴服务领域,日益重要。随着社会居民家庭收入不断增长、财富结构多元化、参与金融活动多频化,专业的金融社会工作服务需求不断增加。那么,金融社会工作是什么?本章内容旨在回应该问题,主要阐述金融社会工作的概念范畴、发展背景、服务构成,以及金融福祉与金融健康等内容。

第一节 金融社会工作的概念范畴

发展性社会工作是消除经济发展与社会福利之间裂痕的一种新方法,它可以实现经济发展与社会发展之间的整合。传统治疗取向的社会工作服务模式采用调适个人与环境关系的方法,解决个人、家庭、群体与社区的问题,以适应社会变迁和社会变化。发展性社会工作强调将促进人们的经济参与、经济发展与改善社会功能相结合,以行动与变迁为取向,以生产性活动和社会投资策略为核心,通过参与有利于经济发展的各种社会工作实践,整体性提升社会福利。金融社会工作是发展性社会工作取向,其目标包括消除结构性障碍,增加获得健全金融服务、资产建设、家庭金融政策的机会,特别是中低收入家庭和弱势群体获得金融教育和指导的机会。

一、什么是金融社会工作

金融社会工作起源于西方,丽塔·沃尔夫松(Reeta Wolfsohn)是金融社会工作的创始人,她认为金融社会工作关注与个体的意识和能力、资源分配等因素相关的财务问题。因此,她提出发展"金融社会工作"这一社会工作学科分支,将金融社会工作内容分为:第一,对金融的认知,包括改善金融环境、提高个人金融意识等基本知识和技能。第二,了解贷款与债务的基本知识,了解金融债务的情况、债务的好与坏、债务对资产收益比率及对个人破产等方面的影响。第三,制定个人储蓄与消费计划,清楚个人的消费模式、消费诱因和习惯,知道为什么个人储蓄与消费计划是理财保险的基础,并以此来制定完成理财目标的计划。第四,了解基本储蓄和投资,包括对要投资项目的基本内容的了解和选择,如投资组合、保险、财产规划、风险承受能力等方面内容。第五,金融社会工作制度的确立,制定金融社会工作的道德规范、专业职责及标准,将其运用到金融社会工作的机构、任务、项目的服务工作中[1]。

专业社会工作的奠基人之一芮奇蒙德(Richmond)在其服务实践中着重于从个人和家庭角度协助低收入群体解决家庭预算、小额贷款及就业等方面的问题。他认为金融社会工作在帮助个人和家庭的金融需要的发展变化中,有三个核心原则:第一,把持续的教育、动机、验证、奉献、支持、指导、同情、理解、工具和技能,与大多数人"希望"为了创造个人及财务方面的改变而采用的选择结合起来。第二,个人对金钱的控制和对自己拥有的生活可控感,是独特的、私人的以及感性的选择,但我们每个人每天甚至有时候是每一小时或者每一分钟都不得不做这样的决定,这就要求用教育、激励与支持来吸引服务对象的参与。第三,为实现可持续的、长期的理财行为的改变,金融社会工作要协助服务对象进行这种改变的选择,并一直保持这种改变的决心[2]。

20世纪90年代以来,美国学者迈克尔·谢若登(Michael Sherraden)教授提出资产为本的社会政策理论,他于1991年出版的《资产与穷人》一书奠定了金融社会工作的理论基础。在他看来,收入为本的社会福利政策虽然可以缓解贫困,但难以从根本上减少贫困,而应当关注低收入群体的储蓄、投资和资产的积累。与收入相比,资产能够产生积极的福利效应,促进家庭消费提升,促进人力资本和其他资产建设,提高家庭应对风险能力,创造积极的未来取向。在实务上他倡导通过"个人发展账户""儿童发展账户"等政策工具协助贫困家庭与儿童实现资产建设,获得可行能力的提升。玛格丽特·谢若登(Margaret

---

[1] 巫正洪,吴世友,Gina A. Chowa.社会工作实践的新方向:金融社会工作[J].中国劳动关系学院学报,2013,27(6):98-100.

[2] Mary E. Richmond. Social Diagnosis[M]. New York: Russell Sage Foundation, 1917: 379–380.

Sherraden)、迈克尔·谢若登和黄进认为金融社会工作或者说社会工作者为服务对象开展的与"钱财"相关的服务，成为社会工作发展的一个新领域。虽然金融社会工作的理论、概念和实务仍在持续发展中，但把金融社会工作简单理解为帮助服务对象理财或者增加金融素养是不精确的。他们对"金融社会工作"采用一个更宽泛的定义：金融社会工作通过完善个体和家庭的金融能力（Financial Capability）和推动资产积累来改善金融福祉，进而推动社会工作服务其他目标的实现。实现金融福祉是金融社会工作的主要目标，提高金融能力和推动资产建设则是实现这一目标的核心工作内容[1]。2015年，美国社会工作与社会福利学会调查公布的"帮助所有个体发展金融能力和推动资产建设"是12项美国社会工作面临的重大挑战之一。在现代金融化社会，所有社会活动都和金融服务密切相关，而个体特别是弱势群体，如果缺乏接受公平、合理、普惠的金融服务的机会，或者被排斥在主流的金融服务体系之外，就很难实现自己的生命目标，甚至连日常生活功能也会变得低效和不便利。因此，面向个体或家庭的金融能力提升服务就显得特别重要，这是帮助他们接受普惠金融服务和实现金融福祉的必要前提。

马里兰大学社会工作学院于2003年设立"金融社会工作中心"，开设了相关课程，以跨学科的方式分别从与金钱有关的认知、情感和态度探索金融行为改变的知识与技能。克里斯蒂娜·卡拉汉、乔迪·雅各布森·弗雷和雷切尔·英博（Kristina Callagham, Jordi Jacobson Fveyr & Rechel Inbev）于2019年出版的《劳特利奇金融社会工作手册——对弱势群体的直接实践》一书提供了金融社会工作的实务指引。该手册认为在考察金融服务领域时，金融社会工作位置独特，是这一领域中与众不同的一门学科，其强调正义。该手册旨在帮助社会工作者及其他服务专业人士了解金融和社会心理问题如何在所有服务群体中表现出来，以及某些群体可能面临的独特问题。社会工作者通常不确定或不愿深入了解客户的金融困境和压力源。他们常常认为这些问题与他们所关切的内容无关，抑或是他们觉得自己没有能力评估和应对大多数人在生活中某个阶段遇到的财务问题与困难。对服务对象来说，金融问题都是至关重要的问题，例如，信用和债务问题，收入不足或捉襟见肘，不切实际的预算，濒临破产或债台高筑，住房乃至

---

[1] 黄进，玛格丽特·谢若登，迈克尔·谢若登.金融社会工作的核心内容：美国的探索[J].社会建设，2019，6（2）：19-22.

食物难以保障,等等。

二、金融社会工作的定义

目前,金融社会工作仍是一个宽泛性概念,学术界尚未有统一且明确的界定。牛津大学出版社所出版的《社会工作百科全书》中,将金融社会工作定义为通过完善个体、家庭的金融能力和推动资产积累来改善金融福祉,进而推动社会工作服务其他目标的实现。从上述定义能够得出金融社会工作的核心目标:提升个体与家庭的金融福祉从而实现美好生活需求。金融福祉作为社会福祉的一个维度,是社会工作需要实现的最终目标之一。

金融社会工作的创始人丽塔·沃尔夫松认为金融社会工作是增强自我觉知、提供金融知识和帮助服务对象整合日常生活中金融决策的模式,它主要聚焦处理驱动服务对象的金融行为(如储蓄、借贷、投资等)的思想、情感和态度,借由金融治疗和金融知能的运用,协助服务对象厘清与金钱的关系,发展管理金融压力的技巧,减少破坏金融福祉的行为,解决影响其金融行为的情感问题,进而达到个人和社会的整体福利[1]。

美国马里兰大学社会工作学院认为,金融社会工作是指协助个人、家庭和社区,尤其是弱势群体提高经济稳健和金融福祉的社会工作实践,包括面向个人和家庭的直接实践,利用评估和干预的措施,增强服务对象的心理社会功能和经济资产,进而协助他们建立或重建金融安全;与整个社区合作,构建金融支持体系,提供信贷、适宜的金融产品、有效的公共收益和经济支持的适当渠道;开展政策倡导,关注宏观金融问题的解决,尤其是弱势群体的金融利益[2]。

李迎生教授认为,金融社会工作"通过改善个体和家庭的金融能力来帮助其实现经济利益,并进而促进个体和家庭的全面福祉,包括经济福祉、身体健康、心理健康、行为健康和家庭幸福等"[3]。

---

[1] 林典.金融社会工作:缘起、内涵与实务[J].社会工作与管理,2019,19(2):42-48;Wolfsohn R. Financial wellness as a social work specialty[EB/OL].[2015-04-06].https://naswinstitute.inreachce.com/Details/Information/8c90115e-0cb8-45d5-afbe-cd8c399480d7.

[2] University of Maryland School of Social Work. Financial social work initiative[EB/OL].[2018-12-08]. https://www.ssw.umaryland.edu/fsw/about-fsw/.

[3] 李迎生.新时代发展金融社会工作的意义及其路径[J].社会建设,2019,6(2):23-27.

黄进教授等则将金融社会工作定义为：金融社会工作是通过专业方法帮助个体和家庭实现金融能力和资产建设，增强服务对象的金融福祉，并进而改善他们的家庭、社会、经济功能，促进美好生活的实现。在此，金融（Finance）这个词是指（关于服务对象）一切与钱财、经济和家计有关的事务、行为与活动。

综合国内外学者关于金融社会工作定义，金融社会工作的概念特性有以下几点：

（1）服务对象。金融社会工作的服务对象，狭义上是面向弱势人群，尤其是经济困难人群；广义上是面向全人群，尤其是面临与钱财、经济等有关困难的人群。此外，广义上来看，社区也属于服务对象范畴。

（2）服务方法。金融社会工作的服务方法，是从微观、中观和宏观三个层面，运用专业社会工作方法为服务对象提升金融能力，帮助服务对象走出经济困境和增进金融福祉。

（3）服务内容。金融社会工作的服务内容，是聚焦个人或家庭面临的经济困难，以及与之相关的身心健康、金融行为等改善，即改善个人、家庭或社区的经济相关的行为与活动。

如此，综合以上关于金融社会工作定义的讨论，本书给金融社会工作的一般性定义为：金融社会工作是面向个人或家庭、社区的与经济相关的困境或风险，基于专业社会工作方法，通过金融服务、资产建设和政策倡导等多元方式，以提升个人或家庭、社区的金融韧性和增进金融福祉。

具体而言，金融社会工作旨在为服务对象提供三方面金融福祉：一是收入感。个人或家庭有充足收入感，在金融上能够应付日常生活开支并有所结余，即有足够收入来满足基本需求、偿还债务和支付意外开支。二是控制感。主观上能采取经济行动来控制自己的金融决策。三是安全感。个人或家庭感到金融安全，包括不必太担心金钱以及对自己的金融行动有满足感。

一般而言，金融社会工作更强调对服务对象金融问题的积极协助，其本质还是社会工作。金融社会工作关注的对象侧重于因受金融问题困扰，如金融知能不足、金融观念迷思、资产累积能力不足、金融排斥等，而陷入经济困难的人群，通过对金融服务方法的利用，如金融知能的教育、金融治疗、金融倡导、资产建设等，以帮助服务对象提升其金融福祉，进而提升社会的整体福利。在该定义中，金融社会工作旨在帮助服务对象形成金融韧性，而金融韧性聚焦四种资源的建构：第一，经济资源，如收入、储蓄、债务管理以及支付生活费用的能力。第二,金融产品和服务,如银行账户的获取和需求、信贷和保险。第三,金融知识和行为,如对金融产品和服务的知识和信心、金融愿意使用建议、积极主动的金融行为。第四,社会资本,如在危机时期从社会关系中获得金融支持的可能性以及获得社区和政府对金融方面支持的机会。

第二节 金融社会工作的特征与发展

一、金融社会工作的基本特征

金融社会工作涉及金融、社会和社会工作三大领域,直接指向的是社会工作服务体系、金融服务体系和日常生活世界。社会工作是现代社会一项重要的专业助人事业,拥有一套完整的知识体系,包括理念、理论、方法和技巧,社会工作的本质特征是福利性、社会化和行动取向。金融服务是现代社会体系中一个重要的环节,其本质特征是具有典型的商业化逻辑,为有一定资产、财富的中高收入人群提供有偿的处理钱财方面的服务,主要是以逐利为动机的营利性服务,是私人性、商业化的系统。

近10年来,玛格丽特·谢若登和迈克尔·谢若登夫妇创设性地提出了金融社会工作的核心框架,即金融能力与资产建设,二者是金融社会工作的两大基本概念。国内学者方舒认为,金融能力是实现金融福祉的基石。金融能力是指个体拥有通过金融教育获得金融知识和技能并且拥有相应的机会参与金融市场,从而产生金融行为以提高自身金融福祉的能力。个体只有在拥有金融知识和技能,同时可以享受符合他们需求的金融服务的前提下,才拥有金融能力。因此,金融能力一方面包含微观层面的个体金融素养,另一方面包含宏观层面的普惠金融机会。金融社会的流动性与市场化、充满博弈的金融市场带来的风险使得金融能力在实现美好生活的过程中必不可少[1]。

（一）金融能力

玛格丽特·谢若登和黄进关注金融状况的两方面:金融稳定和金融发展。金融稳定指的是做出日常金融选择、履行持续义务和吸收短期冲击的功能。金

---

[1] 方舒,王艺霏,黄进,等.金融社会工作的本土兴起与发展策略[J].金融与社会,2021,2（00）:138-158+193-194.

融发展是指维持长期金融安全、实现长期目标的功能。个人和家庭要实现金融稳定和发展,必须创造收入、储蓄和积累资产、管理消费和信贷,以及金融保护。金融福祉涉及这些全要素,是金融健康的客观衡量标准。在社会工作中,基于阿马蒂亚·森(Amartya Sen)的能力观,金融能力建立在以下基础之上:第一,获得有益的金融产品、服务。第二,提供行动机会的政策(即普惠金融)。第三,提供行动能力的金融知识和技能(即金融知识和技能)。社会工作语境中的金融能力在理论上不同于一般意义上的金融能力,更侧重于个人的财务行为和财务管理。金融能力不是一个行为概念,而是一种拓展人们选择权和生活机会的发展性思想。

金融能力包括金融素养和金融机会。

(1)金融素养。学者和专家对金融素养的定义一直存在分歧,从早期学者将金融素养简单等同于金融知识至今,金融素养的内涵不断地得以丰富和完善。米切尔将金融素养定义为"了解基本的金融概念和进行简单计算的能力"。经济合作与发展组织(OECD)将金融素养定义为对金融概念和风险的知识与理解,以及运用这些知识和理解的技能、动机与信心,以便在一系列金融环境中做出有效的决策,改善个人和社会的金融福祉,并使参与经济生活成为可能。金融素养还与其他概念有关,如财务能力、教育、意识等。当人们拥有金融的知识、理解和技能时,他们就可以具备金融知识,但除非他们在实际行为中反映出来,否则无法称有金融能力。金融能力意味着"行动的能力"和"行动的机会"。金融能力将内部能力(金融知识和技能)与外部环境(金融产品和服务)联系起来,提供"自由",激发"个人能力"。

(2)金融机会。金融机会是个体和家庭应用他们金融知识与技能的基本条件,消除贫困和金融不平等的重要条件在于提供平等包容的金融机会。从社会工作视角来看,金融机会与金融可及性是普惠金融的本质,个体能够通过普惠金融服务使自身获得金融能力以实现金融福祉。

在金融社会工作的视角下,提升个体与家庭金融能力的过程也被称为金融赋能,从金融能力的两个维度出发,金融赋能是行动能力和行动机会两个维度协同变迁的过程。

(二)资产建设

资产建设也是金融社会工作的一个核心工作内容。资产建设是指政府和社会服务机构通过制定政策、创造服务项目、提供额外补助等方式有组织地引导和帮助服务对象进行资产积累,将所积累的资产用于帮助服务对象脱离贫困以及促进其经济长期发展的项目和活动上(如教育、医疗、就业、创业、置业、退休保障等),而非简单地进行收入和消费补助。其理论发端于资产建设理论,基本假设是把资产积累看作促进低收入群体发展的积极福利政策。具体来说,刘振杰认为该理论注重以下几方面:首先,每个人能够拥有稳定收入是可望而不可即的,但资产积累可以充当收入以抵抗短期内的经济压力,当依靠收入救助的方式不能改变低收入群体困境时,转向以资产为基础的救助方式不失为一种良策;其次,每个人都应该拥有资产积累的权利,因此政府应该相应地向无力进行初始资产积累的那部分人倾斜;最后,该理论指出资产积累具有积极的福利效应,其本身对低收入群体的心理促进、意识提升以及行为方式的改变等均具有巨大的潜在作用。邓锁认为资产建设并非是关于可见的资产本身,其实质意义是促进可及、公正以及可持续的社会政策体系,使得社会成员尤其是弱势群体能够更好地抵御风险,增强个体、家庭以及社会的韧性。资产建设所产生的积极福利效应也将是金融社会工作助力美好社会建设的有力事实[1]。

二、金融社会工作的本土兴起

国内学者方舒借鉴"外部环境—利益识别—主体互动—制度安排",对金融社会工作的本土兴起及发展进行分析,以阐释金融社会工作为什么会在本土兴起、金融社会工作的本土发展进程是怎样的、金融社会工作应该会有怎样的发展成果等三个问题,并在此基础上提出金融社会工作本土高质量发展的相关策略,如图1-1所示[2]。

（一）多元主体推动金融社会工作发展

本土金融社会工作是在政府、社会组织,金融机构等多方主体共同推动下发展起来的。在这个过程中,各方主体开展相关项目或者实务实践,发挥了不同的角色作用。当前,本土金融社会工作专业效能的发挥依赖于多元主体之间的互动与整合水平,即各主体之间合理明晰角色、进行资源共享、发挥协同联动作用推动本土金融社会工作快速发展。

---

[1] 方舒,王艺霏,黄进,等.金融社会工作的本土兴起与发展策略[J].金融与社会,2021,2（00）:138-158+193-194.

[2] 方舒,王艺霏,黄进,等.金融社会工作的本土兴起与发展策略[J].金融与社会,2021,2（00）:138-158+193-194.

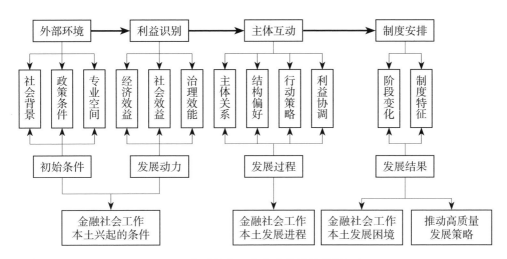

图1-1　金融社会工作本土发展的分析框架

（1）政府发挥主导作用推动金融社会工作发展。政府作为金融社会工作本土发展进程中的主导力量，在开展金融社会工作相关项目服务的过程中，尤其是在当前发展初期对金融社会工作的培育和协同方面发挥着重要的推动、引导与支持作用，具体体现在组织领导、政策制定、资金扶持、社会培育、机制建设等多方面。

（2）社会组织与金融社会工作协同并行。社会组织是生成和发展深层金融社会工作多元联动能力的重要主体。现实表明，社会组织是典型和综合型的社会服务主体。在很大程度上，社会组织能有效带动居民参与金融赋能，也能以服务项目为依托有效整合金融资源。

（3）金融机构与金融社会工作互惠协作。金融机构也是金融社会工作的良好合作伙伴，在金融社会工作本土发展的过程中，金融机构也发挥了不可或缺的作用，可以说二者互惠协作、优势互补。金融机构提供的普惠金融服务助推金融社会工作的本土发展，其金融资源是金融社会工作进行专业赋能的必要条件。同时，金融社会工作能够帮助金融机构提供的普惠金融服务发挥最大效能，进一步促进其承担社会责任。

（二）金融社会工作实践领域的非同步发展

金融赋能是金融社会工作的实践框架，在这个框架下主要分为五个实践领域：金融教育、金融咨询、金融训练、金融治疗以及资产建设。综合来看，当前本土金融社会工作的实践领域发展处于非同步状态。具体来说，本土金融社会工作当前的结构性偏好具有以下特点：其一，普惠性金融教育领域的微观项目进程较快；其二，资产建设领域正处于起步阶段；其三，亟待探索与开展精准性实践领域。

（1）普惠性金融教育领域发展进程较快。本土金融社会工作当前还处于起步阶段，各个实践领域都需要进行本土化的探索。综合现有资料发现，普惠性金融教育是金融社会工作本土发展的先行领域，主要集中在微观层面，并且由于个体需求多样化，微观层面的金融教育项目开展也更加具有针对性。

（2）资产建设领域正处于起步阶段。国际上，资产建设相关项目与模式对我国本土金融社会工作参与精准扶贫产生了较为深刻的影响。当前资产建设领域在金融社会工作本土发展的进程中处于起步阶段，相关试点项目也正在推进。

（3）精准性服务领域亟待探索与开展。金融教育与资产建设等领域在金融社会工作本土发展中取得了较好的成果，这些领域集中在普惠性层面，能够在短时间内发挥出较大的专业效能。探索与开展金融社会工作的专精实践领域，有利于提高专业服务有效性，促进社会工作者与服务对象等多元主体共同对话、共同承担责任，从而真正实现助人自助的专业宗旨。

（三）金融社会工作本土兴起的外部环境

（1）政府职能转变。党的十九届五中全会通过的《中共中央关于制定国民经济和社会发展第十四个五年规划和二〇三五年远景目标的建议》，对加快转变政府职能做出了重要部署，强调"加快转变政府职能，推进政务服务标准化、规范化、便利化，深化政务公开"，这为金融社会工作的本土兴起创造了一定的外部空间。新时代我国的主要矛盾已经发生了变化，而回应社会发展不平衡不充分与人民日益增长的美好生活需要就要求加快转变政府职能。随着时代的发展，经济性议题在逐渐变迁。党的十九届五中全会首次提出把全体人民共同富裕取得更为明显的实质性进展作为远景目标，金融社会工作是扎实推动共同富裕的实践路径上的重要力量，这一远景目标能够回应人民群众的共同期盼，也为金融社会工作本土兴起提供了合理的外部环境。

（2）政策条件。近年来国家普惠金融战略的实施，为金融社会工作本土发展提供了良好的政策空间，加快了金融社会工作的发展进程。在《推进普惠金融发展规划（2016—2020年）》（以下简称《规划》）中强调建立与全面建成小康社会相适应的普惠金融服务和保障体系，特别是让小微企业、农民、城镇低收入人群、贫困人群和残疾人、老年人等及时获取价格合理、便捷安全的金融服务。《规划》中还对推进金融知识普及教育，培育公众的金融风险意识提出了要求，这就为金融社会工作提供了明晰的实务空间。同时，中国人民银行召开2021年工作会议，仍将强化支付领域监管、保护金融消费者合法权益、提高普惠金融服务质量和竞争力以及持续防范化解金融风险放在核心位置。当前，金融机构（金融行业）为了更好地履行其社会责任、回应提高普惠金融服务质量和保护金融消费者合法权益的要求，为金融社会工作的本土发展提供了不可或缺的助力。

（3）专业空间。社会工作进入了从总体性发展向特色化发展的转型时期，即社会工作需要从早期总体性、粗放性或者说无差异性发展转向特色化、精细化发展以满足当下新时代对社会工作提出的多元化要求，其本质原因是当前面临的社会问题应在社会转型这一时空之中进行理解。社会工作向特色化、专业化发展转型的现实需求为金融社会工作的发展提供了时代机遇与专业成长空间。经过30年的恢复重建，总体性发展的专业社会工作纵向成长空间已经较为成熟，但由于缺乏以特色化、精准化为导向的专业孵育，社会工作横向发展还有很大余地，为金融社会工作提供了更为宽广的成长空间。与此同时，本土社会工作对金融社会工作这一领域寄予厚望，社会工作特色化发展的时代机遇、与国际更为相近的发展起跑线为金融社会工作成为社会工作特色发展的先行领域提供了可能性。

三、金融社会工作的实践领域

（一）金融社会工作的创新

黄进教授提出，金融社会工作的核心成员往往在经济上很脆弱，如低收入人群、健康状况不佳的人群、残障人士，以及遭受歧视、压迫和暴力的目标。金融社会工作实践的范围很广，金融福祉的五个要素为收入、资产、消费、信贷和保护，表1-1中的每个单元格表示促进金融生活的一个要素的金融能力实践。金融社会工作创新在建立金融能力和实现金融福祉方面具有无限潜力[1]。

---

[1] M. Sherraden，J. Huang. Financial Social Work[M/OL]//Encyclopedia of Social Work.(2019-08-28)[2024-02-27]. https://oxfordre.com/socialwork/view/10.1093/acrefore/9780199975839.001.0001/acrefore-9780199975839-e-923.

表 1-1　金融社会工作实践的范围和内容：微观到宏观干预的例子

金融福祉的要素	金融能力实践	
	1. 普惠金融计划	2. 金融知识/技能计划
A. 收入维持与创收	促进收入支持计划（如TANF和SSI）的入学； 将客户推荐至VITA网站以获得税务协助； 在高级社区服务就业计划中提供银行服务； 让客户倡导改变提高最低工资的政策； 捍卫福利国家政策； 代表客户倡导收入支持	在员工金融教育计划中提供有关就业福利的信息； 帮助客户填写EITC申请； 培训客户使用基于网络的福利计算器； 创建融入青年就业计划的金融教育服务； 让客户加入工作和收入支持政策
B. 资产积累	为TANF受助人规划个人发展账户中资产的使用； 为地方政府申请联邦家庭投资合作计划的赠款，以支持低收入者购房； 设计包容性儿童发展账户政策并评估政策影响； 鼓励客户参与政策变更； 解决政策歧视并设计包容性的资产建设政策	为老年人提供退休咨询服务； 为客户识别并联系HUD批准的住房咨询服务； 为小企业主提供财务指导； 将低收入家庭学生推荐给大学援助咨询服务； 将金融教育服务整合到资产建设计划中，如IDA和CDA
C. 消费管理	支持公共实物支持计划（如营养、住房、公用事业）； 为公共福利接受者创建安全的EBT（如TANF和SNAP）； 将残疾儿童的ABLE账户纳入学生的个人教育计划； 努力取消对营养援助和其他收入支持计划的资产限制资格	指导家庭制定预算并跟踪支出； 为发育障碍儿童提供预算教育和规划； 为亲密伴侣暴力幸存者提供财务咨询，以评估他们的财务状况； 将低成本银行服务选项与没有银行账户的客户进行比较； 使用受抚养人护理灵活支出账户计划受抚养人护理费用
D. 信用建设	为社区经济发展项目中的小企业主提供小额贷款信息； 在亲密伴侣暴力项目和小额贷款项目之间建立伙伴关系； 提出掠夺性信贷产品法规； 组织全州小额信贷/小额信贷计划联盟	为上瘾的赌徒和受影响的家庭成员提供财务治疗和债务咨询服务； 培训客户使用免费的信用报告和评分服务； 为女性企业主提供美国SBA信用咨询服务

（续表）

金融福祉的要素	金融能力实践	
	1. 普惠金融计划	2. 金融知识/技能计划
E. 保护	促进低收入企业主获得小额保险；通过健康保险市场解释和指导购买健康保险的过程；确定并与贷方就联邦止赎预防计划进行协调，以支持低收入房主	为企业主提供有关保险和风险管理模块的教育材料；告知客户政府为低收入家庭提供的汽车保险

注释：ABLE账户＝实现更美好的生活体验账户；CDA＝儿童发展账户；EBT＝电子福利转移；EITC＝所得税抵免；IDA＝个人发展账户；SNAP＝补充营养援助计划；TANF＝贫困家庭的临时援助；SBA＝小企业管理局；SSI＝补充保障收入；HUD＝美国住房和城市发展部。

总之，把金融社会工作作为一个新的实务领域提出，一方面是把既有的社会工作与"钱"有关的实务与服务进行梳理，使之理论化和系统化，成为专业社会工作服务体系中的有机部分。许多社会工作既有的服务本身就与服务对象的金融状况是高度相关的，金融社会工作力图把它们放在一个完整的理论框架中看待。另一方面，面对社会金融化的趋势，金融社会工作也不断开拓新的专业方法、服务内容和工作场景。

（二）金融社会工作的构成

金融社会工作是社会公众金融健康的社会化传导机制，即围绕个人或家庭"钱财"金融议题的应对，以及置其生活环境下互动关系的服务与过程。目前，基于金融性、社会性、福利性等本质特点，金融社会工作服务领域覆盖个体及家庭、群体、社区和社会四个层面，服务内容上具有多元化、新颖化和复合化等特征。

（1）个体及家庭层面。在个体及家庭层面，金融社会工作服务内容往往涉及个体或家庭的金融素养和金融能力。就生命周期而言，金融社会工作服务个体覆盖从儿童青少年、青年、中年到老年的各个年龄阶段，尤其是那些面临金融脆弱性的个体，实现个体从自身能力提升和适应社会环境两方面的金融生活改善。此外，金融社会工作也关注家庭脆弱性的改变，聚焦专业金融服务改进家庭成员的可行金融能力，以及家庭的全面福祉，如财商教育、经济健康、行为健康等。

（2）群体层面。在群体层面，金融社会工作服务一般覆盖三类：第一，面向低收入群体的服务，主要内容是为低收入群体提供就业、社会救助、资产积累、财商教育等服务，促使低收入群体实现创造就业收入、维持收入或增加收入等改变。第二,面向中等收入群体的服务,主要内容是为中等收入群体提供收入维持、资产发展、财商教育、信用管理等服务,促使中等收入群体实现财富维持或稳定增长、资产积累或资产发展、财富增值保值等。第三,面向高净值群体的服务,主要内容是为高净值群体提供财富管理、信用管理、金融安全、财富传承等服务,促使高净值群体实现财富积累和投资增长、家庭财富传承、影响力投资等。由此,社会工作针对低收入、中等收入和高净值三类收入群体的现实需要,通过专业金融干预提升各类群体的金融健康水平,包括金融能力、金融素养、财商教育、财富管理和金融安全等,从而实现全人群的可持续生计。

(3) 社区层面。在社区层面,金融社会工作服务置于社区场景中,回应社区金融服务需求而开展专业服务。随着社区场景形态多样化和社区居民需求多元化,金融社会服务越来越多地嵌入各类社区服务中,逐步构建出"社区金融生态场景",包括社区公益慈善、金融法律咨询、社区金融教育、社区资产建设等。目前,政府相关部门、金融机构、公益组织等金融社会工作服务主体已从社会救助、公益金融、金融赋能、资产建设、乡村振兴等多个方面嵌入社区服务场景,这大大推动了金融社会工作在社区层面的探索实践。此外,社区金融风险治理也可纳入金融社会工作的社区范畴,其致力于构建具有金融韧性的社区,包括老年金融安全服务、社区金融反诈教育、社区金融反侵害和金融保护等内容。

(4) 社会层面。在社会层面,金融社会工作服务是国家服务体系的构成,是社会工作服务体系、金融服务体系和美好生活需求的融合。对照中国式现代化实现共同富裕的战略目标,金融社会工作在社会层面旨在推动全体社会成员的金融健康。第一,金融社会工作服务帮助更多低收入群体迈入中等收入群体行列。金融社会工作服务通过专业服务实现有效防止脱贫人群返贫,提升相对贫困人群的收入水平,进而形成橄榄型社会结构以实现共同富裕。第二,金融社会工作服务聚焦增进金融健康,为民生领域重点服务对象提供高质量金融服务,加快完善儿童青少年、老年人等群体的金融服务,有效支持教育、健康、就业和养老等领域的专业服务,为金融消费者提供金融风险韧性能力的服务,探索通过公益慈善、慈善信托、普惠金融等服务为第三次分配提供金融支持。第三,金融社会工作服务积极倡导金融高质量发展相关服务的政策,进一步完善第三次分配相配套的制度体系。金融社会工作服务通过政策倡导实现金融改善低收入群体收入和扩大中等收入群体规模。如大力发展普惠金融,提高金融脆弱性群体的信贷能力,强化金融服务提升居民财产性收入,实现普惠性财富管理等。

综上，金融社会工作在坚持社会工作专业性的同时，已然融入了国家共同富裕战略目标，并形成了个体及家庭、群体、社区和社会的多维服务体系，嵌入金融教育、金融咨询、金融辅导、金融治疗、资产建设等专业干预方法，实现覆盖全人群和多领域的金融健康目标。

第三节　金融社会工作与金融健康

一、金融健康的概念

（一）金融健康的定义及要素

金融健康描述了一个连续体——从严重的财务压力到对自己的财务状况高度满意，与收入水平并不严格一致。一方面，有些人似乎拥有并觉得自己拥有高水平的金融健康，虽然他们可能并非富裕。另一方面，一些高收入人群似乎根本不拥有或觉得自己不拥有高水平的金融健康。金融健康可被定义为一种状态，在这种状态下，一个人能够完全履行当前和持续的金融义务，对未来的金融状况感到安全，并能够做出享受生活的选择。

金融健康是基于消费者的视角提出的概念，有四个核心要素：一是能够控制日常的财务状况，金融健康水平相对较高的人感觉可以控制个人的日常财务生活。这样的人能够按时支付开支和账单，并不担心没有足够的钱来维持生活。二是能够承受金融冲击。财务状况相对较好的个人有能力承受金融冲击，由于多种因素的综合作用，比如，有一个家人和朋友的支持系统、拥有个人储蓄、持有各种类型的保险，即使暂时失业，他们的生活也不会被打乱。总之，他们能够应付不可预见的生活事件带来的金融挑战。三是能够实现自己的金融目标。金融健康状况良好的人具有明确期望实现的财务目标。他们有一个正式或非正式的财务计划，正在积极地朝着目标努力，比如，存钱买车或买房，偿还学生贷款，为退休储蓄。四是能够财务自由地做出选择，享受生活。金融健康的人群认为他们能够做出让自己享受生活的选择。比如，偶尔挥霍一下，可以负担得起"想要的"；出去吃饭或度假。除了满足他们的"需要"之外，他们还能够做出选择，比如，对朋友、家人和社区慷慨。

总之，金融健康概念是一种主观性表达。比如，财务自由可能意味着能够对家人、朋友和社区慷慨，有能力重返校园，辞去一份工作去寻找更好的工作，能够外出吃饭或度假，减少工作多陪家人。因为个体看重的东西不尽相同，传统的衡量标准，如收入或净资产，虽然很重要，但并不能完全反映金融健康概念的主观性方面。而人群的个体偏好和愿望，赋予了我们为实现这些目标而必须做出的具有挑战性的日常金融决策和权衡的意义及目的。

（二）金融健康的影响因素

金融健康与金融素养、金融能力密切相关，获得金融素养教育是具备金融能力的第一步。金融素养包括了解个人财务、了解债务、不超支的能力，以及退休投资、资产建设以及制定和维持家庭预算的能力。金融能力使个人能够将金融素养教育融入适当的金融环境，最终带来金融福祉。这不仅是个体性金融能力，也是以个人经济利益为导向行事的金融机会，而这种机会是由环境条件决定的，如储蓄的激励和机会。

当然，人群对金融生活缺乏控制时，可能会导致压力和焦虑，损害人们的自我意识，并可能迫使我们做出对人们的健康和福祉有害的决定。人们可能被迫在必需品之间权衡，这也会影响我们对身体健康做出的决定。金融健康相关的金融压力包含两部分：一是客观的财务困难，即人们没有足够的资金来支付必要的开支或债务；二是对当前或未来财务状况的主观看法，导致担忧和困扰。当然也有例外，如有些人认为无法支付生活费用是可以接受的并且不必过度担心；而有些人则虽然在金融上相当安全，但仍对自己的金融状况感到相当大的压力。

影响金融健康的环境要素有三个核心维度：第一，非正式支持，如家人和朋友。家庭收入低是金融状况不佳的一个驱动因素，由于难以找到和保住工作，某些群体的金融状况较差，如单亲家庭、残障人士、失业者等。此外，金融状况不佳可能会引发其他问题，如焦虑和压力、慢性健康状况等。第二，政策支持。国家及地方政策，是金融健康的主要环境要素之一，也是人群金融福祉的驱力之一。第三，服务支持。围绕人们开展各种金融服务，通过资源开发和整合以减少金融福祉的障碍，能有效改善人们的金融福祉。

金融健康是对预期生活水平和金融自由的感知，与个体主观感知、个人的金融知识和效能、对金钱或债务的金融态度、金融行为及其情境因素以及宏观经济环境变化等都密切相关。同时，金融健康具有时间维度特性，金融健康感知是动态的，个人对其金融福祉的感知是随着时间推移而变化的。个人生活经历变化,会影响其对金融健康的评价,且为个人因素和环境因素共同影响,这始终处于动态变化中。伊丽莎白(Elisabeth)等提出金融健康的新框架,认为金融健康受金融干预、金融行为、金融效能、宏观环境以及个体情况五方面因素影响[1]。

金融干预从结构性和沟通性两个领域进行,前者包括税收、储蓄等长期金融规划,后者是金融教育、金融宣传等促进积极金融行为。

金融行为对金融健康有直接影响,包含破坏性金融行为、健全性金融行为和应对性金融行为。破坏性金融行为有过度消费、产生债务、拖欠账单等;健全性金融行为有短期储蓄或长期储蓄、理性消费等;应对性金融行为是面对及应对生活中金融冲击的脆弱生活状态。

金融效能表现在个人或群体层面、组织层面和社会层面。个人或群体层面,如金融幸福感影响生活质量、心理健康等。组织层面是企业社会责任目标。社会层面是积极的福利效应。

环境因素主要由经济因素构成,如经济发展水平、经济增长率、金融危机、就业水平、利率或通货膨胀率、市场因素、法律因素(消费者保护等)、政治因素(税收政策等)、社会文化因素(文化、人口分布、人口增长率、教育水平、财富和社会阶层的分布、生活条件和生活方式等)、技术因素(数字化水平等)。

个人因素影响个人和家庭金融健康主要体现在五方面:社会人口因素(性别、年龄、收入等)、技能(金融知识、能力等)、特征(自我效能)、金融实践(金融社会化、消费行为、财富管理等)和生活事件(就业或失业、结婚或离婚、购房、养老等)。

社会经济特征也是影响金融健康的因素之一,柳淑敏和陆凡研究了性别、婚姻状况、教育、就业状况和住房所有权对金融状况的影响[2],发现:第一,女性比男性更可能经历财务担忧,并因此出现心理困扰、抑郁、焦虑和情绪紊乱的风险更高。第二,婚姻与财务状况和有益的心理健康结果相关;相反,分居、离婚、丧偶或未婚的人往往有更多的经济担忧。第三,教育可以缓解财务担忧的负面影响并减少心理困扰。第四,失业导致的财务担忧会对心理健康产生显著的不利影响,因为它可能导致不健康的食物选择和获得医疗保健的机会受到限制。

---

[1] Elisabeth C. Brüggen, Jens Hogreve, Maria Holmlund, et al..Financial well-being: A conceptualization and research agenda[J]. Journal of Business Research, 2017, (79): 228–237.

[2] S. Ryu, L. Fan. The Relationship Between Financial Worries and Psychological Distress Among U.S. Adults[J]. J Fam Econ Issues, 2023, 44(1): 16–33.

第五，拥有住房通常会激发人们获得更高的收入和获得医疗保健的能力，从而减少财务担忧。

二、金融健康的本土化

发展金融社会工作契合了国家金融强国战略需求，为新时期社会治理创新和治理现代化建设开辟了新路径，也为提升社会工作助力实现共同富裕的目标提供了新的可行路径。李迎生教授提出，中国发展金融社会工作的路径选择有：一是应尽快出台发展金融社会工作的顶层设计，二是加快金融社会工作教育的发展，三是加快金融社会工作实务的开展，四是多主体参与发展金融社会工作，五是促进境外经验与本土实践的融合[1]。

目前，金融健康是我国金融体系的重要组成部分。2022年出台的《国务院关于推进普惠金融高质量发展的实施意见》明确了未来五年推进普惠金融高质量发展的指导思想、基本原则和主要目标，提出了一系列政策举措。2023年召开的中央金融工作会议对推动金融高质量发展做出全面部署，明确要求加快建设金融强国，做好科技金融、绿色金融、普惠金融、养老金融、数字金融五篇大文章。金融健康是普惠金融发展的高级形态，体现了以人民为中心的价值取向。推进金融健康建设是做好普惠金融高质量发展这篇大文章的重要一环，是增强金融普惠性、构建中国特色金融体系的有机组成部分，有助于全面提升人民群众的金融获得感、幸福感和安全感，助力以金融高质量发展服务实体经济和推进中国式现代化。

郑功成教授提出"民生金融"的概念，民生金融是指以保障和改善民生为具体指向的金融活动及相关服务，既是整个金融业的重要组成部分，也应当是民生保障的重要组成部分。具体包含以下几个方面：

一是养老金融，是直接为解决人们养老的经济来源与服务保障开展的金融活动，如基本养老金、企业年金、职业年金、个人养老金以及养老服务融资等。

二是健康金融，是为解决人们医疗后顾之忧和提升人民健康开展的金融活动。例如，与医疗卫生、医疗保险、补充医疗保险基金、商业健康保险相关和其他以健康服务、健康管理为目标指向的金融活动。

三是住房金融，为保障与改善城乡居民居住条件提供的金融活动。例如，住房公积金、房屋租赁金融、住房信贷等。

---

[1] 李迎生.新时代发展金融社会工作的意义及其路径[J].社会建设，2019，6（2）：23-27.

四是其他社会保障类金融,例如,工伤保险、失业保险、社会救助、教育福利以及其他各项福利相关的金融活动,此类金融活动直接关系到民生改善、民生保障。

五是慈善金融,以志愿捐献为基础,以帮助弱势群体与有需要者为己任的金融活动,例如,慈善公益基金会、慈善信托以及服务各种通过慈善公益组织或相关机制捐献善款、善物等慈善行为的金融活动。

六是保险金融,即商业保险,这是为分散各种天灾人祸与意外风险提供的金融活动。例如,各种财产保险、人身保险、责任保险、信用保险等。

七是个人消费金融,直接服务于个人消费的金融活动。如个人储蓄、消费、信贷等,直接影响到人的消费结构与生活品质。

八是政策金融。即直接为特定政策目标服务的金融活动,其中有相当一部分与民生相关。包括农业政策保险、住房政策性金融以及一些补贴性融资活动等,比如,面向个体工商户和小微企业的普惠金融服务,都与民生密切相关。

郑功成教授认为,"民生金融"旨在将金融发展、金融强国的建设与民生发展、民生改善有机结合起来,树立系统观、统筹观。不仅要尽可能防止"政策打架"导致民生保障失衡,还应在评价金融政策的维度中增加民生发展效果,并通过金融业实践来检验民生政策的效果,进而优化民生保障政策,进一步实现金融与民生相得益彰、共同发展的新局面[1]。

王思斌教授则提出金融社会工作者为贫困群体金融能力的赋能作用表现在:提高服务对象的金融投资能力,促进服务对象获得更多金融福祉,提供服务对象金融活动失败后的心理抚慰和心理支持,协助低收入群体分析金融市场风险并支持其不参与某种金融活动,对金融机构社会责任的促进,促进优先吸收低收入群体投资的优惠政策等[2]。为此,金融社会工作者需具备和提升能帮助服务对象从事金融活动方面的金融知识,如关于金融机构、融资项目方面的知识,掌握较熟练的金融技能,以及具有经济发展、金融政策方面的知识。总之,金融社会工作者应具有胜任专业服务目标的与金融相关的知识。

金融社会工作是一个崭新的社会工作领域,金融社会工作者可以扮演多种角色以帮助低收入群体,但是金融社会工作者不应该成为低收入群体进行金融投资的经纪人,不能成为该金融投资的利益相关者——即因为该金融投资金融

---

[1] 参见郑功成教授在"2023第八届新金融论坛(建设金融强国:势能与动能)"的会议发言内容。
[2] 王思斌.金融增能:社会工作的服务领域和能力建设[J].社会建设,2019,6(2):3-6.

社会工作者在经济上会受益或受损。目前,人们逐渐认识到日常生活中应对金融相关压力的重要性。金融社会工作的未来是充满无限想象的,其宗旨在于基于专业价值,帮助服务对象在金融领域具备或提升个体自我决定、自我照顾和自我应对等能力。金融社会工作服务是一个全方位过程,旨在通过其专业的、可及的和多元的方法来改善全人群的家计生活。

第二章 金融社会工作的理论基础

第一节 经济学相关理论

经济学的核心在于研究社会如何利用有限的资源来生产有价值的商品并将其分配给人们。它深入探究个人、企业和政府在资源、劳动力与资本配置方面所做出的选择。经济理论不仅为分析社会趋势和个人行为提供了框架,而且为解决金融领域的问题提供了有力支持。古典经济学强调市场机制和价值规律,认为市场能够自我调节以平衡供求关系。凯恩斯主义则认为国家应该干预经济,通过宏观调控和货币政策来稳定经济波动。金融发展理论认为金融体系的发展对于经济增长具有重要影响,强调金融机构的竞争和多样化、金融市场的开放和自由化以及金融产品的创新和多样化。经济学理论关注市场、资源和财富的分配。金融社会工作是一个充满挑战与机遇的领域,它借助经济学理论,深入剖析并解决金融领域中的问题,如市场失灵、金融排斥以及投资风险等。通过跨学科的研究和实践,金融社会工作为解决社会问题提供了有效的解决方案,它不仅关注金融市场的运作,还注重金融服务的普及和公平,努力让更多人享受到金融服务的便利和益处。在这个领域,金融社会工作的专业知识和技能得到了充分发挥,为金融市场的稳定与社会的和谐发展做出了重要贡献。

一、微观经济学

微观经济学是经济学的一个分支,主要研究家庭、企业和消费者等个体主体的行为和相互作用,以及他们如何就有限资源的配置做出决策。它研究供求机制和价格等决定微观经济学的关键领域,包括消费者行为和效用最大化、生产和成本、市场结构(垄断、寡头垄断和完全竞争等)以及政府在资源配置和市场监管中的作用。微观经济学的范围延伸到了解个人和公司如何应对价格、激励和市场条件的变化,以及这些反应如何影响经济中资源的配置和分配。

(一)微观经济学基本概念

(1)供给和需求。供给和需求是微观经济学的基本概念。需求代表消费者愿意并且能够以不同价格购买的产品或服务的数量,而供给则代表生产者愿意并且能够出售的数量。供给和需求之间的关系决定了交换的商品和服务的市场价格与数量,涉及供给和需求随时间而来的变化和变动。这些动态可能受到多种因素的影响,如消费者偏好的变化、技术的进步和经济政策的修改。

(2)消费者行为。消费者行为的效用是指消费者从消费商品和服务中获得的满足感或利益。微观经济学研究消费者在预算限制下如何做出选择以最大化其效用。偏好和选择在消费者决策中发挥着至关重要的作用。消费者根据自己的偏好并在预算限制内选择能为他们提供最高效用的商品和服务组合。储蓄的生命周期假说表明,人们试图在一生中保持一个相对稳定的消费水平。[1]当年轻人借钱来满足消费需求,中年人储蓄相对较大比例的收入,而年长者在退休后收入减少时花掉他们的资产时,就会出现这种行为。一个严格的生命周期假说的解释表明,人们会在他们的生命结束之前花掉他们所有的资产。然而,据观察,人们随着年龄的增长而减少消费,其目的是保留资产,以应付寿命和保健费用的意外增加。永久收入假说认为,人们以他们感知的未来收入水平为基准来调整他们的支出水平。永久收入被认为是人们可以自信地期望得到的东西。暂时性收入被认为是偶然获得的收入。暂时性收入不会影响长期消费。[2]预防性储蓄是为了防止未来收入下降。预防性储蓄模型表明,老年人在花掉他们的资产时会非常谨慎。不愿花掉资产的原因解释为长寿的不确定性、未来的医疗保健费用以及变得贫困的可能性。[3]了解这些选择对于在各种市场场景中分析消费者行为至关重要。这个概念在金融社会工作中尤其重要,可以了解服务对象的消费习惯并指导他们做出更有效和有益的财务决策。

(3)生产者行为。生产和成本对于理解生产者行为至关重要。生产者旨在通过有效管理其生产流程和成本来实现利润最大化。这包括理解固定成本和可变成本、规模经济和生产函数的概念。市场结构如完全竞争、垄断竞争、寡头垄

---

[1] Albert Ando, Franco Modigliani. The "life-cycle" hypothesis of saving: Aggregate implications and test[J]. American Economic Association, 1963, 53(1): 55-84.

[2] M. Friedman. A theory of the Consumption Function[M]. Princeton: Princeton University Press, 1957.

[3] Christopher D. Carroll. Buffer-Stock Saving and the Life Cycle/Permanent Income Hypothesis[J]. The Quarterly Journal of Economics, 1997, 112(1): 1-55.

断和垄断显著影响生产者的行为。每种市场结构在企业数量、产品差异化和进入壁垒方面都有不同的特征,进而影响定价和产量。对于金融社会工作而言,对生产者行为和市场结构的洞察有助于了解就业趋势、工资水平和服务对象经营所在的经济环境。

(4)预算限制和消费者选择。个人因有限收入和财富而面临预算约束,微观经济学探讨消费者如何根据这些约束进行购买、储蓄或投资,个人将有限资源分配给各种需求和愿望,以最大化整体满意度或效用。消费者选择受预算限制、商品和服务价格以及个人偏好影响,因而机会成本概念至关重要,金融社会工作者可帮助服务对象确定支出优先顺序并做出更明智的财务决策,管理债务、储蓄和投资。

(5)货币时间价值与利率贴现。货币的时间价值是金融中的关键概念,是基于借贷成本或储蓄和投资的回报。利率代表借贷成本或储蓄和投资的回报。贴现是确定未来现金流现值的技术,对于评估投资、储蓄计划和退休基金至关重要。金融社会工作者可以指导服务对象理解这些概念,以对长期投资做出更明智的决策。

(6)财务决策中的风险与不确定性。风险和不确定性是许多财务决策所固有的,风险情况涉及已知不同结果的概率,不确定性涉及这些概率未知的情况。微观经济理论为理解和衡量风险以及在不确定性条件下做出决策提供了框架,其中包括投资多元化、保险和应急计划。金融社会工作者可以应用这些原则来帮助服务对象了解和管理金融风险,包括提供多元化投资、选择保险政策和建立应急基金的建议。通过了解预算限制、金钱的时间价值和风险,金融社会工作者可以为他们所服务的人提供更有效的财务指导和支持,改善财务状况和稳定性。

(二)微观经济理论对金融社会工作的启示

(1)通过微观经济视角评估服务对象财务状况。应用微观经济理论,金融社会工作者能够通过对经济行为的细致入微的理解来评估服务对象的财务状况,这包括评估服务对象如何在各种需求和愿望之间分配有限的资源,同时考虑效用、预算约束和机会成本的原则。

(2)通过微观经济视角观察财务行为。金融社会工作者可以识别影响服务对象财务决策的潜在因素,如收入波动、价格变化或市场条件的变化。这种方法可以进行全面的评估,而不仅仅是收入和支出分析,考虑影响服务对象财务选择的更广泛的经济背景。

（3）债务管理和财务咨询。微观经济学为债务管理和财务咨询提供了宝贵的见解。利率、货币时间价值和消费者选择理论等概念对于理解债务和信贷相关问题并提供建议是不可或缺的。金融社会工作者可以利用这些原则来教育服务对象有关借贷成本、优先考虑债务的重要性（考虑利率和债务规模）以及管理和谈判债务的策略。此外，理解行为经济学有助于解决债务认知偏见导致的债务管理不善，如注重短期收益而非长期财务健康的倾向。行为经济学模式下进行简单的财务表格和流程训练以及对财务账户的理解，同时也帮助人们实现财务愿景。[1]

（4）设计经济赋权和金融扫盲计划。从微观经济理论中获得的见解对于设计有效的经济赋权和金融扫盲计划至关重要。这些计划可以针对不同群体（如低收入家庭、年轻人或边缘化社区等）面临的具体微观经济挑战进行定制。关键组成部分可能包括有关预算和资源分配的教育、了解就业市场的供需动态以及做出明智的消费者选择。通过纳入微观经济原理，这些计划可以帮助服务对象更深入地了解经济如何影响其个人财务并帮助他们做出更好的财务决策。

二、宏观经济学

宏观经济学是经济学的一个分支，研究整个经济体而非单个市场的绩效、结构、行为和决策。这包括国家、区域和全球经济。宏观经济学涵盖各种广泛的现象，如国内生产总值（GDP）、通货膨胀率、国民收入、失业率和经济增长等。它研究这些总体指标受到公共政策、国际因素和全球事件怎样的影响。该领域还探讨了财政和货币政策，其中涉及政府支出、税收以及利率和货币供应的管理。制度理论提出，仅仅塑造行为是不够的，人们还必须能够接触到使其更可取、更现实、更可能积累资产的结构[2]。例如，支持和补贴非贫困家庭资产积累的政策也可以提供给经济脆弱的家庭[3]。

（一）宏观经济学相关概念

宏观经济学的核心概念为理解影响个人和社区生活的更广泛的经济力量提供了一个框架。这些知识对于金融社会工作设计干预措施、倡导政策变革以

---

[1] M. Hernandez. Applying behavioral research to asset-building initiatives: Lessons from a year of experimentation[M]. Washington: Corporation for Enterprise Development, 2011.

[2] S. M. McKernan, M. Sherraden. Asset building and low-income families[M]//S. G. Beverly, M. Sherraden, R. Cramer, T. W. Shanks, Y. Nam, M. Zhan. Determinants of asset holdings.Washington: Urban Institute Press, 2008: 89−152.

[3] M. Sherraden. Assets and the poor: A new American welfare policy[M]. Armonk: ME Sharpe, 1991.

及帮助服务对象驾驭经济格局至关重要。了解这些宏观经济原则可以让金融社会工作者将个人的财务行为置于更大的经济背景中，从而提升他们有效支持和增强服务对象金融能力的能力。

(1) 国民收入。国民收入是一个国家的个人和企业在特定时期内赚取的所有收入的总和。包括工资、利润、租金和利息收入等。了解国民收入对于分析一个国家的整体经济健康状况及其生活水平至关重要。

(2) 国内生产总值(GDP)。GDP是衡量一个国家经济表现最常用的指标之一，代表一个国家在特定时期内生产的所有最终产品和服务的总市场价值。GDP是比较不同国家的经济表现并评估经济增长或衰退的一个重要衡量指标。

(3) 通货膨胀。通货膨胀是指商品和服务价格总体水平上涨导致购买力下降的现象。了解通货膨胀对于金融社会工作很重要，因为它会影响生活成本、工资和储蓄。

(4) 失业率。失业率是衡量积极寻找工作但找不到工作的人数的指标。高失业率可能导致不平等加剧的经济和社会问题，这是金融社会工作的关键问题。

(5) 商业周期。商业周期描述了经济增长随时间的上升和下降，包括扩张(增长)和收缩(衰退)时期。对商业周期的认识有助于金融社会工作者预测和应对就业、收入和经济变化下的社会服务需求。

(6) 财政政策。财政政策涉及政府利用税收和支出来影响经济，包括有关政府预算、公共支出和税率的决策。金融社会工作者必须了解这些政策如何影响社会服务资金和服务对象金融福祉。

(7) 货币政策。货币政策是指中央银行控制货币供应量和利率的行为，用于管理经济增长、控制通货膨胀和货币稳定。货币政策可以影响信贷和储蓄率的可用性，从而影响服务对象的收入财务状况。

(8) 政府支出和税收。政府支出和税收是塑造社会福利的重要工具。一方面，医疗保健、教育和社会服务支出直接影响公民特别是弱势群体的生活质量和福祉。如何分配这些资金往往是一个国家的优先事项及其对解决社会不平等问题的承诺。另一方面，税收不仅是创收的手段，也是财富再分配和缩小收入差距的工具。采用累进税制对高收入者按更高的税率征收，而税收通常用于资助社会福利计划。金融社会工作者需要了解这些机制，才能有效倡导增强社会福利的政策。从宏观经济学角度分析社会政策涉及评估这些政策更广泛的经济影响，包括考虑最低工资法、失业救济金或公共住房举措等政策如何影响整体经济活动、就业和通货膨胀。

（9）经济危机。经济危机，如衰退、萧条或金融市场崩溃，可能对一个国家的经济稳定产生深远影响。了解原因（资产泡沫、通货膨胀率高或外部冲击等）和复苏过程（刺激计划或货币政策调整等）对于金融社会工作者来说至关重要。这些危机往往导致失业增加、收入减少和对社会服务的需求增加，充分把握这些动态对于在这一时期进行有效的金融社会工作实践是必要的。

（二）宏观经济理论对金融社会工作的启示

宏观经济理论对金融社会工作的启示在于它能够拓宽金融社会工作者的视野，超越个人或家庭的金融问题，涵盖影响这些问题的更广泛的经济背景。通过整合宏观经济原则，金融社会工作者可以更深入地了解其所在经济体中发挥作用的更大力量。

（1）将服务对象面临的挑战具体化。宏观经济理论有助于将服务对象面临的财务挑战具体化。例如，了解通货膨胀、失业率或财政政策等更广泛的经济趋势如何影响个人财务稳定，使金融社会工作者能够更好地理解和解决财务困境的根本原因，而不仅仅是治标不治本。

（2）知情倡导。宏观经济学知识使金融社会工作者能够更有效地倡导促进经济稳定和社会福利的政策。他们可以了解并传达政府预算、货币政策或经济改革对弱势群体的潜在影响，从而影响政策决策，以实现公平的社会成果。

（3）预测和准备经济转变。熟悉宏观经济指标和周期使金融社会工作者能够预测经济衰退或好转，并为自己和服务对象做好相应的准备。这种远见对于帮助服务对象应对经济危机（经济衰退等）至关重要，而经济危机可能对就业、储蓄和整体财务状况产生严重影响。

（4）加强服务提供。应用宏观经济见解可以提高金融社会工作干预措施的有效性。它允许设计的项目和服务不仅能够响应当前的经济状况，而且能够主动为服务对象提供技能和知识，以应对不断变化的经济形势。

（5）对社会问题的整体理解。宏观经济学提供了一个在更广泛的社会和经济框架内看待金融问题的镜头。这种整体理解对于解决通常与经济因素（贫困、不平等和社会排斥等）交织在一起的复杂社会问题至关重要。

宏观经济理论对金融社会工作的启示在于它能够将实践范围从个人理财管理扩展到更全面地考虑和应对更广泛的经济环境。这种整合使金融社会工作者能够为他们所服务的对象提供更具情境意识、主动且有效的服务。

三、行为经济学

行为经济学是一门研究人类行为与决策的科学，它结合了心理学、经济学、社会学等多个学科的知识，以更全面地理解人类行为[1]。在财务决策中，行为经济学原理可以解释人类在面对财务问题时的实际行为和决策过程。第一种理论认为，人类的行为是非理性的，因此这种消费和借贷行为不受经典经济学分析或解释的约束。第二种理论认为，人们往往对他们的长期前景过于乐观，因此做出的短期决策是基于错误的长期预期。第三种理论认为，个人在短期内只是缺乏自我控制能力。最后一种理论认为，人们缺乏必要的知识和信息来对提议的借贷或消费进行深思熟虑的理性分析，这种信息和知识的缺乏干扰了他们的理性决策。各种人类特质和条件的结合使这些动机变得复杂。[2]

（一）行为经济学相关概念

（1）损失规避。人们在面对损失时会产生强烈的负面情感反应，但面对同等收益时却没有相应的正面情感反应。这种不对称性在财务决策中具有重大影响，显著地影响着服务对象如何看待风险和做出财务选择。[3]在金融社会工作中，了解损失厌恶对于制定有效的干预措施和咨询策略至关重要。例如，金融社会工作者为服务对象提供储蓄和投资建议时，可能会遇到来自服务对象的阻力，因为服务对象担心潜在的损失。这种阻力可能表现为对投资退休基金的犹豫不决，或者不愿调整消费习惯等行为，即使这些改变符合服务对象的长期利益。通过重新构建讨论的内容，可以以最小化感知损失的方式制定财务建议。例如，在讨论储蓄时，可以围绕未来财务安全的"收益"以及避免潜在的金融危机来构建对话，这样可能会使服务对象更有动力。这种重新构建可以帮助服务对象克服对感知损失的天生厌恶，并鼓励更平衡的财务行为。在实践中，金融社会工作者可以应用损失厌恶的概念，通过符合服务对象优先避免损失的倾向的方式提出选择方案。

（2）锚定效应。锚定和调整启发式是行为经济学中的关键概念，指的是个

---

[1] Amos Tversky, Daniel Kahneman. The framing of Decisions and the Psychology of Choice[J]. Science, 1981, 211(4481): 453−458.

[2] Nathalie Martin, Ocean Tama y. Sweet. Mind games: Rethinking BAPCPA's debtor education provisions[J]. Southern Illinois University Law Journal, 2007(31): 517−547.

[3] Christoph Merkle. Financial loss aversion illusion[J]. Review of Finance, 2016, 24(2): 381−413.

体严重依赖初始信息来做出后续判断和决策的认知偏差。在金融社会工作的背景下,理解、利用锚定和调整启发式对于引导服务对象做出更明智、有益的财务决策至关重要。例如,在谈判债务付款计划时,建议的第一个金额可以成为塑造整个谈判过程的锚。意识到这一点,金融社会工作者可以战略性地设置锚点,以积极的方向影响服务对象的看法和决策。此外,这个概念可以用来帮助服务对象重新制定他们的财务期望和目标。通过引入新的、现实的财务目标作为锚点,金融社会工作者可以帮助服务对象调整他们之前可能不切实际的期望。锚定和调整启发式对金融教育与咨询也有影响。教育工作者和咨询师可以引入鼓励负责任的财务行为的锚点,例如,将预算作为实现特定生活方式目标的手段,或使用一定百分比的收入作为储蓄或偿还债务的起点。

(3)心理账户。这是经济学家理查德·泰勒(Riohard Thaler)提出的概念,指人们根据主观标准对金钱进行分类和区别对待的认知过程[1]。个人经常将自己的钱划分到他们心目中的不同账户中,每个账户都有自己的一套规则。例如,一个人可能将退税视为可以自由支出的"有趣的钱",而将常规收入视为用于账单和储蓄的"严肃的钱"。了解心理账户对于帮助服务对象更有效地管理财务至关重要。心理账户概念解释了服务对象即使拥有盈余收入也可能难以储蓄,或为什么他们可能不愿意使用资金来满足另一紧急需求。通过了解服务对象使用的心理账户,金融社会工作者可以调整提出的建议以适应这些框架,从而使服务对象更有可能遵循建议。心理账户在金融社会工作者如何鼓励服务对象制定预算和储蓄方面也发挥着作用。通过为特定目标创建指定的"心理账户",服务对象可能会发现更容易一致地为这些目标分配资金。心理账户的概念为金融社会工作提供了宝贵的见解。通过承认并在服务对象用来查看自身财务状况的心理框架内工作,金融社会工作者可以提供更有效和个性化的指导。这种方法不仅有助于解决眼前的财务挑战,还支持养成更健康、长期的财务习惯和决策。

(4)沉没成本效应。沉没成本效应是行为经济学中的重要概念,指人们在投入时间、金钱、精力后,倾向于继续投资项目,而不管当前收益如何或有何缺点。该术语源于成本无法收回时,即沉没成本,不应纳入未来决策,但情感上,人

---

[1] Richard H. Thaler. Mental Accounting Matters[J]. Journal of Behavioral decision making, 1999, 12(3): 183-206.

们难以忽视沉没成本。在金融社会工作背景下,沉没成本效应对服务对象管理财务产生重大影响,可导致服务对象持续投资不利项目、房产或其他资产。了解此认知偏见可让金融社会工作者为服务对象提供财务决策建议。金融社会工作者可帮助服务对象认识到其决定是否受到沉没成本的过度影响,并引导服务对象根据当前和未来的收益进行更理性的评估。此外,对沉没成本效应的认识以及对制定财务规划和干预策略至关重要。金融社会工作者可教导服务对象认识并挑战自己的沉没成本谬论,鼓励他们关注预期收益和损失,而非不可挽回的成本。这种方法有助于帮助服务对象摆脱沉没成本思维所维持的长期财务模式,如不断将资金投入正在贬值的资产或无利可图的企业。总之,沉没成本效应是金融社会工作中的一个重要概念,为过去的投资如何过度影响当前的财务决策提供了重要的见解。通过帮助服务对象认识并克服这种偏见,金融社会工作者在引导他们做出更客观和前瞻性的财务判断方面发挥着至关重要的作用,从而增强他们的整体财务健康和稳定性。

(二)行为经济学对金融社会工作的启示

行为经济学对人类行为和决策的深刻洞察,为金融社会工作提供了深刻的启示。这种跨学科的方法揭示了财务决策并不总是理性做出的;相反,人们经常受到认知偏见、情绪和社会因素的影响。了解损失规避、锚定效应和心理账户等原则有助于金融社会工作者理解为什么服务对象可能会在储蓄、投资或管理债务方面遇到困难,而这往往违背了服务对象的最佳利益。通过应用这些见解,金融社会工作者可以更有效地指导服务对象克服财务健康的心理障碍。他们可以采用考虑个人行为倾向的定制策略,如使用积极的心理框架来鼓励储蓄或制定简单而明确的财务计划来抵消选择过多的压倒性影响。此外,将行为经济学纳入项目设计和政策倡导中可以在更广泛的层面上进行更有效的干预,如制定更符合人们实际思维和行为方式的金融教育项目。行为经济学的启示为金融社会工作者提供了一种更加细致和富有同理心的方法,促进金融社会工作者对服务对象的财务行为的更深入的了解,并为更具影响力和可持续的财务改善铺平道路。

四、发展经济学

发展经济学是经济学的一个重要分支,专注于改善发展中国家的财政、经济和社会条件。它研究经济因素如何影响个人的生活质量,旨在了解贫困的本质、原因以及如何实现经济增长以提高生活水平。发展经济学的范围广泛且跨学科，涵盖经济政策、国际援助、人力资源开发和经济结构变化等各个方面。它研究了教育、健康和基础设施等不同因素如何影响经济发展。该领域还探索可持续发展战略，解决资源分配、收入分配以及国际贸易和投资的影响等问题。发展经济学家试图了解增长与发展之间的动态，并制定以社会包容的方式促进经济繁荣的战略。

发展经济学的主要目标之一是制定减少贫困的政策和战略。这涉及了解贫困的根本原因并实施直接针对这些问题的计划。首先，努力增加受教育机会、提供小额信贷和信贷设施以及创造就业机会。其次，解决经济和社会不平等是一个重要目标。发展经济学研究社会内收入和资源的分配，旨在创建更公平的制度。策略可能涉及累进税、社会安全网以及促进公平工资和劳工权利的政策。最后，发展经济学的主要目标侧重于提高发展中国家个人的整体生活质量。它不仅包括提高收入水平，还包括确保获得医疗保健、教育、清洁水和卫生设施等基本服务。发展经济学还涉及制定可持续和环境友好的发展战略，以确保长期福祉。

（一）发展经济学的基本概念

发展经济学以几个基本概念为基础，旨在理解和改善发展中国家的经济状况。该领域的核心是"经济增长"的概念，其重点是随着时间的推移增加一个国家的总产出和收入，通常以国内生产总值来衡量。然而，"经济发展"不仅仅是增长，还包括更广泛的方面，如健康、教育和生活水平的改善以及不平等的减少。"可持续发展"的概念也至关重要，强调经济增长需要环境可持续和社会包容性。发展经济学另一个关键思想是"制度和治理"在塑造经济成果中的作用，有效治理、法治和腐败控制被视为促进经济发展的关键。发展经济学还考虑"人力资本开发"，认识到对教育、医疗保健和劳动力技能的投资对于长期经济繁荣至关重要。此外，该领域还研究"国际贸易和发展"的动态，分析全球经济互动如何影响当地经济，无论是作为增长的机会还是对国内产业的挑战。这些概念共同构成了发展经济学的支柱，特别是在金融社会工作旨在减轻贫困和提高金融福祉的背景下，对于理解如何促进经济进步至关重要。

（二）发展经济学对金融社会工作的启示

将发展经济学与金融社会工作联系起来，涉及了解经济政策和社会福利的相互影响，积极解决社会经济不平等问题，并参与经济发展举措。金融社会工作者需要了解宏观经济政策和趋势如何影响个人的财务行为和结果，如促进经济发展的政策可以创造就业机会,解决医疗保健、教育和住房问题的社会福利计划可以通过培养健康、受过教育和住房良好的劳动力来显著影响经济发展。发展经济学为理解和解决社会经济不平等问题提供了一个框架,注重公平经济发展的政策旨在缩小收入和财富分配的差距,确保增长的好处惠及社会各阶层,包括边缘化群体和低收入群体。金融社会工作者在实施和倡导减少社会经济不平等的政策方面发挥着关键作用,可以参与以社区为基础的经济发展项目,倡导考虑弱势群体需求的政策,并与包括政府、非政府组织和私营部门在内的各种利益相关者合作。通过将经济发展战略融入普惠金融实践[1],金融社会工作者不仅帮助个人和家庭改善财务状况,还为可持续和包容性经济发展的更广泛目标做出贡献。

第二节　金融学相关理论

金融学理论关注货币、信用、银行和其他金融机构的行为和运作。金融社会工作可以通过学习金融学理论,了解金融市场、金融机构和金融产品的基本运作机制,从而更好地理解金融问题的产生和解决方式。金融学理论提供了风险管理和投资理论等方面的知识,金融社会工作可以利用这些知识来评估金融风险和机会,为服务对象提供相关的建议和指导。借助金融学理论,金融社会工作者可以帮助服务对象更好地理解金融资产的性质、风险和收益,从而引导他们合理规划自己的资产,实现财务目标。自由主义强调个人自由和权利,主张通过市场机制和私人企业来促进经济发展。然而,随着社会的发展,人们逐渐认识到自由主义所带来的不平等和社会问题,开始强调社会责任,主张企业应该承担更多的社会责任,关注环境保护、社会公正和公益事业。这种思潮对金融业产生了深刻的影响,促使金融机构更加注重社会责任的承担和可持续发展。

（一）金融学理论相关概念

（1）货币时间价值。货币时间价值是支撑许多财务决策的基本概念,揭示了货币在时间流逝中的价值变化。由于货币具有潜在的盈利能力,今天的货币比未来的货币更有价值。这主要源于复利的作用,即资金在时间的作用下会产生增值效应。因此,在进行财务决策时,我们应该考虑到货币的时间价值,以确

---

[1] 星焱.普惠金融：一个基本理论框架[J].国际金融研究,2016（9）：21-37.

保我们的决策具有经济效益和长远性。同时,对于投资者来说,了解货币时间价值也是制定投资策略和评估投资回报的关键因素。

(2)风险与回报。风险与回报是投资领域中的一个核心概念,探讨了投资者在投资过程中所面临的风险与预期回报之间的关系。在做出明智的投资决策时,了解这个关系至关重要。投资者需要权衡潜在的风险和预期的回报,以确定投资是否值得。

(3)资产估值。资产估值是金融理论中的另一个关键概念,涉及如何评估资产的价值。对于投资者来说,了解资产如何估值是做出有关资产收购和处置的明智决策的关键。不同的资产类别有不同的估值方法,如股票、债券、房地产等。投资者需要了解这些估值方法,并根据市场动态做出相应的调整。

(4)有效市场假说。有效市场假说是指金融市场在信息传递和价格形成过程中是有效的,即市场上的资产价格能够充分反映所有可用信息。这一理论认为市场具有自我调节和理性的特点,投资者能够理性地评估信息并做出决策,从而使得资产价格能够准确反映其真实价值[1]。在有效市场上,投资者难以通过分析信息或者采用特定的投资策略来获取超额收益。这是因为市场已经充分反映了所有可用信息,因此任何试图通过分析信息来预测市场的行为都是徒劳无功的。然而,有效市场假说也受到了一些质疑。一些投资者认为市场并非完全有效,存在着价格偏离和投资机会。此外,一些实证研究也发现了一些与理论不符的现象,如动量效应和反转效应等。这些现象表明市场可能并非完全有效,投资者可以通过特定的投资策略来获取超额收益。

(二)金融学理论对金融社会工作的启示

提供财务咨询和规划是金融社会工作者的重要职责之一。了解财务概念知识可以帮助金融社会工作者为服务对象提供更细致的建议,包括储蓄、投资和退休计划等方面。掌握金融市场和金融工具的基本原理,可以引导服务对象采取更健康的金融行为,如分散投资、长期投资等。

通过应用风险和回报原则,金融社会工作者可以更好地帮助服务对象了解与不同财务决策相关的风险,特别是在投资和借贷方面。这有助于服务对象做出更明智的决策,并降低潜在的风险。

财务理论提供了有效资源分配的见解,帮助金融社会工作者就如何最大化

---

[1] 唐琨.有效市场假说综述[J].金融经济,2018(20):88-89.

其财务资源以获得最佳利益向服务对象提供建议。此外,掌握金融理论使金融社会工作者能够有效地参与有关经济福利、金融监管和消费者保护的政策讨论,倡导支持弱势群体金融稳定的政策。

掌握财务概念知识、金融市场和金融工具的基本原理以及风险评估和管理等方面的知识,对于金融社会工作者来说是非常重要的。这些知识可以帮助金融社会工作者为服务对象提供更细致的财务咨询和规划,提高服务对象的财务健康水平,并参与相关政策讨论,为弱势群体争取更好的经济福利和金融稳定。

第三节 社会工作相关理论

社会工作理论,作为理解复杂社会问题、个人行为以及社会互动的基石,为人们提供了丰富的理论框架。它涵盖了指导不同领域社会工作实践的各种方法和模型,其中便包括金融社会工作。社会工作理论的核心在于对个人在其环境背景下的整体理解,着重强调个人经历、社会关系、社区结构以及更广泛的社会力量之间的相互作用。

在金融社会工作的领域中,社会工作理论揭示了经济状况、金融体系以及个人金融行为如何与社会福祉紧密相连。它提醒我们,在关注一个人财务状况的同时,更要关注影响其财务决策和结果的心理、社会与文化因素的重要性。这种多维视角对于有效解决各种财务问题显得尤为关键。通过运用社会工作理论,可以深入了解个人的需求和问题,从而为其提供更全面、更个性化的解决方案。

一、生态系统理论

生态系统理论将个人视为更大系统的一部分,包括家庭、社区和社会结构。在金融社会工作中,该理论有助于理解这些系统如何影响一个人的财务行为和福祉。例如,家庭动态、社区资源和经济政策都会影响个人的财务决策[1]。

---

[1] Roberta R. Greene. Human behavior theory and social work practice[M]. General systems theory. London: Routledge, 2017: 215−249.

（一）生态系统理论的相关概念

（1）微系统。微系统是个人生活的直接环境，如家庭、学校或工作场所。这些微系统内的相互作用直接影响到个人的行为和发展，包括财务习惯和态度。家庭是一个重要的微系统，塑造了个人的财务观念和习惯。父母如何管理家庭财务、如何分配家庭预算、如何处理家庭债务等都会对子女产生深远的影响。同样，学校和工作环境也会影响个人的财务观念和态度。例如，学校提供的财务教育课程、工作场所的财务管理制度以及同事之间的财务交流都会对个人的财务观念产生影响。

（2）中系统。中系统是微系统之间的相互作用和关系。例如，家庭动态可能会影响个人在工作或学校的财务决策。如果家庭经济状况紧张，个人可能会更加努力工作以减轻家庭的经济负担，或者更加注重节约开支以减轻家庭的经济压力。同样，学校和工作环境也会影响个人的财务决策。例如，学校提供的奖学金、助学金或工作机会可能会影响个人的职业选择和财务规划。

（3）外系统。在考虑个人财务状况时，外系统是一个不可忽视的因素。该系统涵盖了范围广泛的社会系统，如社区服务、当地政府以及父母的工作场所等。这些系统的政策和变化可能会对个人的财务状况产生一系列连锁反应。例如，如果社区提供的教育资源增加，可能会提高人们的受教育程度，从而增加他们的就业机会和收入。同样，当地政府的税收政策变化也可能会影响个人的消费习惯和储蓄能力。此外，父母的工作场所也可能会影响家庭的财务状况，如是否能够负担得起孩子的学习费用或者生活费用等。

（4）时间系统。时间系统是一个揭示随着时间的推移而发生的变化的维度。该系统包括了时间的推移以及生活转变和社会历史事件等因素。这些因素都可能影响个人的财务状况和行为。随着时间的推移，社会的经济状况可能会发生变化，如出现通货膨胀或者经济衰退等，这些都会对个人的投资和消费产生影响。此外，生活转变也是一个不可忽视的因素，如结婚、生子等生活事件可能会导致个人财务状况的变化。同时，社会历史事件也可能会对个人的财务状况产生影响，如战争、自然灾害等。

（二）生态系统理论对金融社会工作的启示

生态系统理论鼓励金融社会工作者从多个层面综合考虑环境影响，包括直系家庭预算实践、更广泛的经济状况等，以更全面地评估服务对象的财务挑战。这需要金融社会工作者具备深厚的专业知识和敏锐的洞察力，以便为服务对象提供个性化的解决方案。通过深入了解影响服务对象的各种系统,金融社会工作者能够更准确地定制干预措施。例如,在家庭动态和当地社区资源的背景下,有针对性地探讨个人财务管理技能的培养。这将有助于服务对象更好地管理自己的财务,提高生活质量。广泛了解生态系统理论,金融社会工作者能够更加明智地倡导政策变革,以更有效地支持社区和社会层面的金融稳定与福祉。这将有助于推动社会公平和可持续发展。该理论启发了金融社会工作的整体方法,使人们认识到金融福祉与个人生活和环境的各个方面相互关联,需要采取多方面的策略来应对。这将有助于金融社会工作者为服务对象提供更加全面和个性化的服务。

二、优势视角

在金融社会工作的广阔理论领域里,以优势为核心的视角标志着与传统的以赤字为中心的模型的一次重大转变。它着重强调了服务对象的内在优势、能力和资源,而非他们所面临的问题或局限性。这种观念与金融社会工作核心价值观相吻合,倡导金融社会工作者与服务对象建立更为积极的互动关系。它深信每个人都是独特的,都拥有自己的技能和能力,并可以利用这些技能和能力来克服挑战,实现个人的目标。在金融社会工作的领域里,这种观点将金融社会工作者的关注点从财务缺陷转移到潜力和能力上,为与服务对象互动创造了一个更具建设性和充满希望的框架。

(一)基于优势视角的相关概念

(1)服务对象赋能。这一概念主要关注如何通过深入了解服务对象的现有优势和资源,进一步赋能他们。不仅帮助服务对象建立自我效能感和自主权,还鼓励他们主动掌握自己的财务状况。通过这一概念,金融社会工作者为服务对象提供个性化的解决方案,帮助他们实现财务目标,并在这个过程中建立信任和长期的合作关系。

(2)基于资产的方法。这一方法与传统方法有着显著的区别。它更加注重识别和强化服务对象的现有资产,这些资产可以是个人的技能、社交网络,也可以是物质资源。相比于传统方法仅仅关注服务对象的财务状况或者财务需求,这种方法更加全面地评估了服务对象的价值,并且以更加人性化的方式去理解和满足他们的需求。通过这种方式,金融社会工作者可以更好地与服务对象建立联系,提升他们的满意度和忠诚度,从而为金融社会工作者的业务带来更大的价值。

（3）协作目标设定。此概念强调的是与服务对象合作，这是基于对服务对象需求的深入理解和尊重。在金融领域，每一个服务对象都有其独特的财务状况、目标和需求。因此，与服务对象合作意味着要深入了解他们的实际情况，理解他们的优势和挑战，然后共同制定出符合他们实际情况的财务目标。此外，这个概念还强调了设定可实现的财务目标的重要性。目标必须是实际可达成的，而不是遥不可及或不切实际的。在设定目标时，要充分考虑到服务对象的财务状况、能力和资源，确保目标既具有挑战性，又具有可行性。同时，这个概念还反对强加外部的标准或解决方案。在金融领域，有许多通用的标准和规则，但这些标准不一定适用于每一个服务对象。因此，与服务对象合作时，要根据服务对象的实际情况和需求来制定解决方案，而不是简单地套用外部的标准或模板。

（4）弹性和适应性。这种方法注重服务对象在面对财务挑战时的适应和发展的能力，强调他们不仅需要具备应对当前问题的能力，还需要具备从挫折中快速恢复的能力。这需要服务对象具备高度的自我控制力和自我管理能力，以便在困难时期保持冷静、理智，并采取积极的行动来解决问题。同时，这种方法也强调服务对象在财务规划中的自主性和自我决策能力，以便更好地掌控自己的财务状况，实现长期的财务稳定和可持续发展。

（二）基于优势视角对金融社会工作的启示

积极的服务对象参与是金融社会工作者与服务对象互动的关键。在关注服务对象的优势后，金融社会工作者能以更具激励性和肯定性的方式与服务对象互动。这种积极的方法有助于建立服务对象对财务管理的信心，并激发他们采取积极主动的态度。量身定制的财务策略是金融社会工作的另一个重要方面。了解服务对象的优势使金融社会工作者能够为服务对象量身定制财务建议和策略。结合服务对象的能力和资源，金融社会工作者能够制定出更高效、更符合服务对象需求的财务方案。这种定制化的方法不仅有助于提高服务对象的财务状况，还能够增强服务对象对财务管理的信心和自主性。因此，积极的服务对象参与和量身定制的财务策略是金融社会工作的两个重要方面。

赋权金融教育是一种基于优势视角重塑金融教育的新方法。它更注重增强服务对象现有的财务管理技能和知识，而非仅仅解决他们的弱点。这种方法有助于培养服务对象的自信和自力更生的意识，使他们能够更好地管理自己的财务。建立财务信心是赋权金融教育的重要目标之一。在关注服务对象的优势后，可以显著增强他们对财务管理能力的信心。这种信心不仅有助于提高服务对象的财务决策能力，还有助于培养他们的积极心态和乐观态度。整体财务健康是赋权金融教育的核心理念之一。这种观点鼓励金融社会工作者采取一个更为全面的方法来审视财务健康，认识到财务稳定不仅仅与数字有关，还与服务对象的整体赋权感、信心以及利用个人优势的能力有关。在关注服务对象的整体财务健康后，金融社会工作者可以更好地满足他们的需求，并帮助他们实现财务目标。[1]

赋权金融教育不仅关注服务对象的财务状况，还关注他们的心理健康和社会适应能力。通过采用综合方法，赋权金融教育旨在帮助服务对象建立积极的心态、自立的精神和财务自信心，从而在生活和工作中取得更好的成就。基于优势的视角为金融社会工作提供了一种全新的、赋权的方法。将关注点从财务问题转移到潜在问题上，使金融社会工作者能够帮助服务对象利用现有优势实现财务稳定和独立。这种方法对于为服务对象营造一个更为积极、主动和赋权的财务福祉起到了至关重要的作用。

三、社会学习理论

这一理论由阿尔伯特·班杜拉（Albert Bandura）首次提出，他认为人们通过观察、模仿和建模来学习行为、技能和态度。这一理论弥合了认知学习理论和行为学习理论之间的鸿沟，强调人类学习的大部分发生在社会背景下，并认识到观察学习、模仿和强化的重要性。金融教育借鉴了各种教学理论，如转化学习理论[2]，并经常纳入经验学习[3]。

（一）社会学习理论的核心概念

（1）观察学习。人们通过观察他人的行为来学习有效的财务行为，这是通过观察他人财务习惯以及这些习惯的后果来学习财务行为的过程。

（2）模仿和强化。模仿是观察他人行为后采取行为的过程。在金融社会工

---

[1] Marie-Christine Saint-Jacques, Daniel Turcotte, Eve Pouliot. Adopting a strengths perspective in social work practice with families in difficulty: From theory to practice[J]. Families in Society, 2009, 90(4): 454-461.

[2] Jack Mezirow. Transformative Dimensions of Adult Learning[M]. San Francisco: John Wiley & Sons Inc, 1991.

[3] Annamaria Lusardi, Daniel Schneider, Peter Tufano. Financially Fragile Households: Evidence and Implications[R]. Cambridge: National Bureau of Economic Research, 2011.

作中,可以通过利用这一点为服务对象建模积极的金融行为和策略。同时,强化对于行为的重复和学习也具有重要意义。通过强化良好的财务决策和结果,可以鼓励服务对象采取积极的财务行为。

（3）认知因素。社会学习理论承认认知过程在学习中的作用,其中涉及注意力、记忆和动机。了解这些认知方面有助于金融社会工作者制定有效的财务教育和咨询策略。

（二）社会学习理论对金融社会工作的启示

金融社会工作者可以利用榜样力量来推动积极的财务行为,这是通过展示实效的财务管理实践来实现的。这些鲜活的范例可以引导服务对象效仿并付诸实践,从而改变他们的行为。金融社会工作者还需要充分认识到社会环境对服务对象财务行为的深远影响,并致力于解决同龄人、家庭和媒体对财务行为的影响。通过协助服务对象培养审慎思维和灵活的财务技能,让他们能够更好地适应复杂多变的社会环境。金融教育计划应运而生,汲取了社会学习理论的精髓,整合了观察学习和角色扮演两种形式,使服务对象能够在生动、贴近实际的情境中开展学习。这样的教育计划对于提高服务对象的财务管理能力和知识水平是十分有益的。金融社会工作者通过及时肯定和强化服务对象成功的财务行为,激励他们持续做出有益的财务决策。这种积极强化为服务对象树立了自信,助推他们在财务领域不断进步。此外,社区为基础的学习方法提供了大力支持,使服务对象能够从同伴和团队的经验中汲取营养,促进财务管理方面的集体学习与互助。这种方法有助于提高服务对象的财务管理能力和知识水平,同时也能够增强他们的社会责任感和集体意识。社会学习理论为金融社会工作提供了宝贵的见解,特别是在理解和影响服务对象的金融行为方面。通过运用观察、模仿和强化的原则,金融社会工作者可以有效地引导服务对象进行积极的金融实践和决策,从而促进更好的财务健康和福祉。

四、认知行为理论（CBT）

在浩瀚的心理学领域中,认知行为理论独树一帜,它强调思想、情绪和行为之间的相互关联。该理论起始于亚伦·贝克和阿尔伯特·埃利斯（Aaron Back & Albert Ellis）的研究,主张功能失调的思维是导致负面情绪和适应性不良行为的关键因素。在此背景下,我们将探讨如何将认知行为理论应用于金融社会工作,以更全面地理解和解决影响服务对象金融行为的认知和情感方面的问题[1]。

（一）认知行为理论的核心概念

（1）自动思维与认知扭曲。认知行为理论关注那些可能对财务决策产生消极影响的思维模式和认知扭曲，如灾难性思维、过度概括等。这些自动思维可能导致人们过度担忧或过于乐观，从而影响人们的决策。例如，在面对投资失败时，灾难性思维可能导致人们过分担忧，认为一切都完了，从而影响人们的后续决策。而过度概括则可能导致人们以偏概全，认为一次失败就意味着永远失败，从而影响人们的决策。通过认知行为理论，人们可以学习如何识别和纠正这些自动思维，以更加理性、客观的态度面对财务决策。

（2）行为激活与修改。这涉及一系列的自我观察和改变与功能失调的思维相关的行为。在金融环境中，功能失调的思维可能会导致人们过度消费，冲动支出，缺乏长期的财务规划。为了解决这些问题，需要采取一系列的措施来改变这些行为模式。这可能包括制定详细的预算计划，设定长期的理财目标，以及学习如何控制和管理自己的消费习惯。通过这些行为改变，人们可以更好地管理自己的财务，实现长期的理财目标。

（3）情绪调节。认知行为理论不仅关注症状的缓解，更重视个体心理结构和功能的改变。在面对财务问题时，情绪常常成为人们的绊脚石。债务焦虑、预算压力等负面情绪，容易使人们陷入思维困境，做出冲动的决策。然而，通过认知行为理论的引导，人们可以学习如何管理情绪，保持冷静的头脑。它教导人们如何识别和改变负面的思维模式，从而以更积极、健康的方式应对财务挑战。这不仅有助于人们恢复财务平衡，更有助于提升人们的心理素质和生活质量。

（4）问题解决与目标设定。认知行为理论将问题解决策略与目标设定相结合，为服务对象提供切实可行的计划，以实现财务稳定和弹性。通过深入了解服务对象的财务状况和目标，金融社会工作者制定个性化的解决方案，确保服务对象在追求财务自由的过程中能够获得稳健的回报和可观的收益。同时，金融社会工作者还提供持续的监控和调整，确保服务对象的财务计划与市场变化和自身需求保持同步。这种综合性的方法有助于服务对象在复杂的金融市场中保持领先地位，实现长期的财务稳定和弹性。

---

[1] Fenella Carpena, Shawn Cole, Jeremy Shapiro, Bilal Zia. The ABCs of financial education: experimental evidence on attitudes, behavior, and cognitive biases[J]. Management Science, 2019, 65(1): 346–369.

（二）认知行为理论在金融社会工作中的应用

认知行为理论鼓励金融社会工作者为服务对象揭示并挑战那些关于金钱的非理性或有害信念，帮助他们树立更健康、更理性的财务观念。这不仅有助于服务对象在财务上取得更好的表现，还能够促进他们在日常生活中更加自信和自主。通过认知行为理论的引导，金融社会工作者能够协助服务对象培养适应性的财务行为，进而提升他们的资金管理技能和决策能力。这不仅能够提高服务对象的财务状况，还能够让他们在面对财务问题时更加从容和自信。通过聚焦于认知和行为的改变，认知行为理论能够帮助服务对象增强有效管理财务的信心和自我效能，激发他们在财务领域持续成长的潜能。这不仅能够提高服务对象的财务表现，还能够让他们更加自信和自主地管理自己的财务。认知行为理论注重情感与财务健康的紧密联系，它允许采用全面、综合的方法来进行金融社会工作，从而解决财务稳定过程中的情感和心理障碍。这不仅有助于服务对象在财务上取得更好的表现，还能够让他们更加健康、快乐地生活。基于认知行为理论原则，金融干预措施可以根据服务对象的个性化需求进行量身定制，充分考虑服务对象的认知模式和行为倾向，以提供更具针对性的帮助和支持。这不仅能够提高服务对象的财务表现，还能够让他们更加满意和信任自己的金融顾问。认知行为理论为金融社会工作提供了一种宝贵的框架，通过理解和改变影响财务福祉的思想与行为，为金融社会工作者提供了一个全面、基于心理的财务干预措施。

第三章　美国金融社会工作的历史与经验

金融社会工作在美国的发展已经得到了专业的认可和推动，并被纳入美国社会工作者协会（NASW）的继续教育认证系统，相关的理论和实务也得到快速发展。在我国，金融社会工作还处于起步阶段，相关的讨论还很缺乏。[1]本章旨在梳理美国金融社会工作的历史与经验，阐述并梳理美国金融社会工作的实务模式，对标先进经验，深入研究探讨我国在当前"双循环"新发展格局下金融社会工作发展策略。

第一节　美国金融社会工作的发展历史

一、美国金融社会工作发展历程

（一）早期发展阶段

美国金融社会工作的发展历史可以追溯到19世纪末20世纪初的工业革命时期。在这个时期，美国工业加速发展，而欧洲的英法等老牌强国因为打仗加上战争赔款开始大规模印钱，货币贬值严重，不得已都脱离了金本位，产生了严重的通货膨胀，带来了新的社会问题，如贫困、失业和金融不稳定等。为了解决这些问题，一些社会工作者开始涉足金融领域，为个人、家庭和社区提供金融咨询和服务。

（二）两次世界大战时期

第一次世界大战期间，美国经济得到了快速发展，同时也加速了金融市场的发展。在这个时期，一些社会工作者开始发起社区储蓄和贷款计划，帮助贫困家庭提高金融素养和增加收入。第二次世界大战期间，美国政府开始更加

---

[1] 林典.金融社会工作：缘起、内涵与实务［J］.社会工作与管理，2019，19（2）：42-48.

重视金融稳定和经济发展,1933年,罗斯福利用《敌国贸易法》授予总统的权力,发布了一个政令,禁止普通民众在美国持有黄金,美联储以20.67美元/盎司的价格向民众进行黄金收购,这一价格远低于当时的市场价。这种对内对外的做法,使美国在第二次世界大战结束时拥有了世界上四分之三的黄金。在这个时期,政府通过设立专门的金融机构和提供贷款等方式来支持金融社会工作的发展。同时,社会工作者也通过发起各种金融计划和项目来帮助贫困家庭与社区。林典的研究表明,1935年以来,美国低收入户以及单亲母亲适用"抚养未成年儿童家庭援助"（Aid to Families with Dependent Children）方案。该援助方案强调"以工作代替福利"（Welfare to Work）的原则,要求受助者须接受职业训练和临时性工作安排后方可获得儿童照顾、交通、租屋以及过渡期的健康照顾救助服务。

（三）20世纪

在20世纪初,美国的一些州开始通过立法和设立专门的金融监管机构来规范银行业务,《国民银行法》标志着新银行制度的形成。这些机构的出现为金融社会工作的发展提供了契机。社会工作者可以通过与这些机构合作,为需要帮助的人提供金融规划和咨询服务。在20世纪50年代和60年代,美国经济继续保持快速发展,同时也出现了新的社会问题,如城市化和人口老龄化等。为了解决这些问题,一些社会工作者开始涉足新的金融领域,如房地产、证券和保险等。同时,政府也通过立法和政策来支持金融社会工作的发展。20世纪70年代和80年代,美国经济遭遇了严重的滞胀和金融危机。在这个时期,政府通过设立专门的金融机构和提供贷款等方式来支持金融社会工作的发展,金融社会工作的重要性得到了进一步强调。同时,社会工作者也通过发起各种金融计划和项目来帮助贫困家庭和社区。

（四）全球化时期

全球化时期,社会逐渐关注金融领域和社会工作领域。1996年时任美国总统克林顿所推出的PRWORA（Personal Responsibility and Work Opportunity Reconciliation Act）方案[1],提出"贫困家庭临时援助"（Temporary Assistance for Needy Families）,该方案并未充分考虑到受援助者,尤其是女性所受到的就业排

---

[1] 杨立雄,李星瑶,李超.从对立到妥协：民主社会主义和新保守主义福利思想的演进[J].当代世界社会主义问题,2007(1):14-23.

斥、低识字率、低工资以及单亲母亲照顾儿童的压力等问题。该方案不仅没有强化福利保障系统，反而破坏了已有的保障体系。1997年丽塔·沃尔夫松针对女性遭遇工作排斥问题认为，这种政策的变迁对于个人尤其是对于女性会产生相当大的冲击。她为此专门创造了一个单词——"Femonomics"（金钱的性别），意指女性所受到的上述政策性转变影响的冲击。在早先的金融治疗的实践中，沃尔夫松发现，服务对象内在有希望掌控自己生活以及金钱的需求，却受困于金融理财知识的缺乏、对金钱概念的迷思以及现实的债务压力。常规的金融治疗并不足以解决个案问题，于是，她开始尝试在常规的金融治疗中发展金融教育和心理社会的金融活动以帮助服务对象。这些实践最终促成了金融社会工作的发展，因此，金融社会工作源于对这些现象的关注和讨论以及这些早期的实践，并最终拓展到其他领域。

（五）21世纪以来

21世纪以来，金融社会工作逐渐成了一个备受推崇的职业领域。一方面，随着金融市场的不断扩大和金融产品的不断创新，金融社会工作在帮助人们管理财务和解决金融问题方面发挥着越来越重要的作用。例如，许多金融机构开始提供针对贫困人群的贷款和储蓄计划，而这些计划的实施需要金融社会工作的参与和支持。此外，随着金融科技的发展，许多金融机构也开始推出线上线下的金融教育课程，以帮助人们更好地理解和使用金融产品与服务。这些课程的开发和实施也需要金融社会工作的专业知识和技能。另一方面，随着社会工作领域的不断发展和壮大，金融社会工作也逐渐成了社会工作领域的一个重要分支。许多社会工作机构开始提供金融咨询服务，在帮助人们解决财务问题、提高财务能力、实现财务目标等方面提供专业的指导和支持。这些机构中的社会工作者需要掌握金融知识和技能，以便更好地服务客户。

二、美国金融社会工作发展的组织机构

随着社会对金融社会工作的关注和发展，一些组织机构应运而生，开始致力于研究和探索金融社会工作的理论与实践。如慈善组织会社（Charity Organization Society, COS）[1]、睦邻中心（Settlement House）等，这些组织均强调

---

[1] 慈善组织会社（Charity Organization Society），实际上是一个由各个分散的宗教慈善组织组成的联盟，这种组织形态最先产生于英国。慈善组织会社能够回应失业造成的社会秩序混乱问题以及慈善服务低效的问题（如各个慈善组织缺乏协调、相互冲突、资源重复浪费等）。

对受助者金融知能的重视,并鼓励他们勤俭和储蓄。

19世纪晚期的COS代表了一种系统化的慈善和社会援助方法,在那个时期,许多人开始意识到社会问题的严重性,并开始寻找解决方案。COS就是其中之一,它强调通过系统化的方式来提供援助和解决问题。COS的方法包括通过调查和研究来确定社会问题的原因与影响,然后制定具体的计划来解决这些问题。这些计划通常包括提供直接的财务援助、职业培训、教育和医疗保健等。通过COS的努力,许多社区开始采取系统化的方法来解决社会问题,这为后来的社会工作专业奠定了基础。因此,COS在美国社会发展的早期阶段中发挥了重要的角色。以下是COS角色的一些关键方面:

(一)个人财务援助

(1)案件管理方法。COS引入了案件管理方法,对个别案件进行评估,以确定具体需求和适当的援助形式。这种方法更加系统化,旨在理解每个案例中贫困和财务困境的根本原因。

(2)财务援助和咨询。COS向有需要的人提供直接的财务援助,但强调促进自给自足。除了财务援助,还提供咨询和指导,帮助个人更好地管理自己的财务。

(3)重视就业。COS的一个关键目标是帮助个人找到工作,以此作为实现财务稳定的手段。他们相信"帮助人们自助"的原则,而不是提供无限期的援助。

(二)组织化社会工作的开端

(1)慈善工作的专业化。COS标志着从休闲、通常无组织的努力,向更专业和系统化的方法过渡。它为社会工作成为一种职业奠定了基础。

(2)文档和研究。COS是最早系统记录案例的组织之一,这方便了对社会状况和贫困的早期研究与理解。这种方法显著地促进了社会工作作为一门学科的发展。

(3)培训和教育。COS运动导致了社会工作者培训项目的建立,强调有效实践所需的技能和知识。这是专业化和制度化社会工作教育的重要一步。

(三)广泛的社会影响

(1)对政策和实践的影响。COS的方法和哲学影响了更广泛的社会政策与实践。他们对个人责任和自助的关注将塑造未来多年的社会福利方法。

(2)批评和演变。虽然COS在社会工作的发展中发挥了关键作用,但也因其有时的道德主义方法和缺乏对更广泛系统性问题的关注而面临批评。这些批评后来促使了社会工作向更全面和包容的实践演变。

一些COS为此专门发起一系列项目，如小额储蓄银行、储蓄券、家政指导等，以提升服务对象的金融管理能力。此外，一些睦邻中心组织还发动居民通过日常接触和以社会学调查的方式了解邻里的金融困难，以此为服务对象提供金融知能的指导。总之，COS在个人财务援助方面的作用是组织化社会工作发展的基础。他们引入了一种方法论上的方法来理解和解决贫困，强调了自给自足的重要性，并在专业化和制度化社会工作领域发挥了重要作用。

第二节 美国金融社会工作的教育实践

根据已有研究，金融知识会促进家庭参与金融市场，优化家庭在风险资产上的配置，并增加相应的投资行为。此外，金融知识水平对家庭风险资产配置种类的多样性也有显著的正向影响。然而，经济弱势群体的金融知识来源较为单一，普遍存在金融知识水平较低的情况。美国金融社会工作在早期即发现了这个问题，提出通过教育实践方法，提高服务对象特别是经济弱势群体的金融知识水平。

一、美国金融社会工作的教育发展历程

美国金融社会工作教育实践的方法包括社区教育、互助小组、个案辅导、讲座和工作坊等，目的是帮助服务对象提升和掌握有关金融知识。针对不同受众的金融教育课程非常丰富，包括针对学生、教师、金融机构从业人员等不同群体的金融教育课程。这些课程旨在提高不同受众的金融素养和意识，帮助他们更好地管理个人财务和实现金融目标。美国的金融社会工作教育经历了多个阶段的发展和演变。

第一个阶段：早期，金融社会工作的教育主要关注的是慈善和救济，以及如何通过金融帮助穷人和弱势群体。随着时间的推移，社会工作教育的范围和内容不断扩大与深化，包括了更多的社会问题和需求，如心理健康、家庭问题、青少年问题等。

第二个阶段：20世纪60年代和70年代。美国的金融社会工作教育得到了

进一步的发展和认可。在这个时期,社会工作专业委员会(National Association of Social Workers)和社会工作教育委员会(Council on Social Work Education)等组织成立,进一步推动了金融社会工作教育的专业化和标准化。

第三个阶段:21世纪以来。随着全球化和信息化的发展,美国的社会工作教育也在不断发展和创新。社会工作教育的领域不断扩大,包括老年社会工作、儿童和家庭社会工作、医疗社会工作等。同时,社会工作教育也开始关注更多的文化和多样性议题,以及技术和数字化转型等新兴领域。

二、美国金融社会工作的教育代表

随着社会工作与金融工作的不断融合,社会工作者不断扩展对服务对象金融知能的相关服务,并积累了较丰富的经验。在此过程中,诞生了诸多金融社会工作的教育代表,他们通过自身倡导的社会工作理念,深刻地影响和推动了美国金融社会工作的改革和发展。

(一)劳拉·简·亚当斯(Laura Jane Addams)[1]和赫尔屋(Hull House)[2]

劳拉·简·亚当斯是一位著名的社会改革家和早期女性权益倡导者。1889年,劳拉·简·亚当斯与艾伦·盖茨·斯塔尔(Ellen Gates Starr)在芝加哥成立了赫尔屋。这是美国第一个"定居之家"之一,不仅提供直接的财务援助和教育,也通过创新的社区服务和社会改革工作,提供社区支持、教育和服务,为后来的金融社会工作和社区发展奠定了基础,成为美国金融社会工作史上的重要里程碑。其主要贡献和社会影响如下:

(1)社区财务支持。第一,赫尔屋给那些处于贫困中的家庭和个人提供了直接的经济援助。第二,赫尔屋创造了就业机会,如手工艺品制作和销售,帮助社区成员获得收入。第三,通过提供培训和教育,赫尔屋赋予社区成员技能,以提高他们的就业能力和经济自立能力。

(2)教育贡献。在成人教育领域,赫尔屋提供了包括文学、艺术、手工艺等在内的学习,以提高社区成员的文化和教育水平。在儿童教育领域,赫尔屋设立了儿童教育和托管项目,为工作家庭的孩子提供安全和富有教育意义的环境。在公民教育领域,赫尔屋强调公民参与和社区责任的重要性,教育社区成员关于

---

[1] 劳拉·简·亚当斯是美国芝加哥赫尔宫协会的创始人。她因争取妇女、黑人移居的权利而获1931年诺贝尔和平奖,也是美国第一位获得诺贝尔和平奖的女性。
[2] 赫尔屋是一个由女性经营的"定居之家",旨在改善芝加哥附近西区移民和穷人的生活。

民主和社会参与的内容。

（3）社会影响。在社会政策的倡导方面，亚当斯和赫尔屋在推动劳动法、儿童福利法、女性投票权等方面发挥了重要作用。此外，作为金融社会工作的先驱，他们的工作成为现代金融社会工作实践的基础，特别是他们重视社区参与，关注社会正义。

（二）玛丽·埃伦·里士满（Mary Ellen Richmond）[1]

玛丽·埃伦·里士满是现代金融社会工作实践的关键人物，尤其是在案件管理的发展方面，标志着金融社会工作从普遍的慈善工作向关注个体转变。她提倡更深入了解服务对象的具体情况，以便提供针对性的帮助。这种方法强调了对个人情况的综合评估，包括经济状况、家庭背景、健康和教育。通过强调个案管理中的细致评估和个体化干预，为理解和应对财务困境提供了一个全面的框架。此外，她的工作也为金融社会工作者在财务教育、规划和政策倡议方面提供了指导。里士满的方法和理念至今仍在现代金融社会工作中发挥着重要作用。她的主要贡献和影响如下：

（1）系统化的财务评估。里士满的案件管理方法为系统化的财务评估奠定了基础，包括债务、收入、支出和资产。这种方法帮助金融社会工作者更好地理解服务对象的经济状况，从而制定有效的干预措施。

（2）金融教育和规划。里士满的工作强调了教育在帮助服务对象理解和管理财务中的重要性，为金融素养的概念和实践提供了基础。金融社会工作者开始更多地涉及帮助服务对象制定长期财务规划和预算管理。

（3）社会影响。里士满通过个案管理，让金融社会工作者能够识别更广泛的社会和经济问题，从而推动相关政策的发展和改革。这种方法提高了金融社会工作在倡导经济公正和减少贫困方面的能力。

三、美国金融社会工作的教育推动力量

在美国，一方面，金融社会工作教育实践的主要推动力量包括行政部门、教育部、金融机构以及私营和非营利组织。另一方面，金融社会工作的教育实践内容非常丰富和多样，包括针对不同受众的金融教育课程、金融素养评估、金融机构和社会组织的参与等。这些教育实践旨在提高人们的金融素养和意识，帮助

---

[1] 玛丽·埃伦·里士满是美国社会工作先驱、个案社会工作缔造者。

他们更好地管理个人财务和实现金融目标。

美国政府机构通过立法形式要求学校将金融素养纳入学校教育课程,同时开展金融素养评估,以确保学生掌握必要的金融知识和技能。这些评估包括针对不同年级和年龄段的金融素养测试和评估工具,以便学校和教育机构了解学生的金融素养水平,并针对不足之处进行改进。宾夕法尼亚州在2010年针对金融教育需求进行立法,并颁布了第104号法案。州教育部根据法案成立经济教育和个人金融教育工作组,通过两年调研,以报告形式向州委员会提出建议,内容包含设立独立的个人金融课程、给予教师专项培训经费支持、制定金融教育项目指南等。同时,州证券委员会等监管机构也通过线下授课等方式向学生和家长宣传安全储蓄与理性投资行为。

美国许多金融机构和社会组织积极参与金融社会工作教育实践,通过提供资金和技术支持等方式与学校和教育机构合作,推广金融知识和服务。这些金融机构和社会组织通常会与当地社区合作,开展金融教育活动和培训项目,提高当地居民的金融素养和意识。

美国私营和非营利组织广泛参与了金融教育工作的推动。例如,宾夕法尼亚州银行家协会在每年四月开展储蓄教育日活动,鼓励金融从业人员到学校教授个人金融课程。

第三节 美国金融社会工作的经验启示

通过研究美国金融社会工作的历史和经验,可以更好地理解金融社会工作的本质和发展趋势,对照美国金融社会工作的背景因素和历史演变过程可知,金融社会工作因时代发展、社会变迁及特殊国情而引致的一系列挑战都需要金融社会工作者去面对。

一、美国金融社会工作的经验

深入研究发现,在发展空间方面,金融社会工作在美国的发展已经得到了专业的认可和推动,并且在不同的历史时期针对不同的社会问题和需求,拓展了多个服务领域。这表明金融社会工作具有广泛的发展空间和潜力,可以适应不同的社会环境和需求。

金融社会工作的发展需要多方面的合作和支持,包括政府、金融机构、社会组织、教育机构等。这些合作伙伴之间需要建立良好的合作关系,共同推动金融社会工作的发展,实现资源共享和互利共赢。

金融社会工作需要专业的理论和方法,包括金融知识、社会工作理论和方法等。这些理论和方法可以帮助金融社会工作者更好地理解服务对象的需求与问题,并提供有效的解决方案。

金融社会工作需要建立完善的服务体系,包括服务流程、质量标准、监督评估等。这些措施可以帮助金融社会工作者更好地规范服务行为,提高服务质量,并建立可持续的发展模式。

二、美国金融社会工作对我国的启示

通过借鉴美国金融社会工作的发展经验,我国一方面可以有效推动金融社会工作的发展,另一方面也可以不断提高金融服务的品质和效率。我们应从美国金融社会工作的实践中汲取经验教训,结合我国实际情况,不断完善我国金融社会工作的相关政策和服务体系等,推动我国金融社会工作的健康发展。

(一)金融社会工作的目标

金融社会工作是一个新兴实践领域,其核心目标是实现金融福祉,即帮助服务对象获得良好的金融状况,包括收入、财富与资产、消费、信用、债务和金融风险等方面。

这个目标不仅涉及个人的财务状况,还与个人的生活质量、家庭关系、社区环境和社会福利等因素密切相关。为了实现这个目标,金融社会工作采用了多种实践方法。其中包括提供金融咨询、制定个人或家庭的财务计划、帮助服务对象了解和应用政府或非营利组织的福利政策、协助服务对象申请贷款或信用卡、提供消费者教育以及帮助服务对象管理债务等。

在实践中,金融社会工作还关注服务对象的心理和社会需求。例如,许多人在面对财务问题时会产生焦虑、压力和抑郁等情绪问题,这些问题可能会影响到他们的日常生活和社交能力。因此,金融社会工作还注重提供心理支持和社会关系重建等方面的服务。

此外,金融社会工作还强调对服务对象的长期支持和指导。许多人在获得良好的财务状况后还需要持续的金融和社会支持,以保持他们的财务稳定和生活质量。

因此，金融社会工作不仅注重一次性的咨询或援助，还注重建立长期的关系并提供持续的支持和指导。

（二）普惠金融、金融知识与技能、金融能力和金融福祉之间的关系

美国金融社会工作建立在金融能力与资产建设的理论框架之上，这解释了普惠金融、金融知识与技能、金融能力和金融福祉之间的关系。

（1）普惠金融。普惠金融是指金融机构和社会组织应该为所有人提供金融服务，特别是那些被传统金融系统忽视或歧视的人群。普惠金融的目标是让更多的人获得金融服务和机会，从而改善他们的生活状况。

（2）金融知识与技能。金融知识与技能是实现普惠金融的重要基础。人们需要了解基本的金融知识与技能，例如，如何管理信用卡、如何制定个人财务计划、如何申请贷款等。这些金融知识与技能可以帮助人们更好地理解和使用金融服务，从而改善他们的财务状况。

（3）金融能力。金融能力是指人们管理自己财务的能力。这种能力包括制定个人或家庭的财务计划、管理信用卡和贷款、购买保险等。金融能力的提高可以帮助人们更好地管理和规划自己的财务，从而改善他们的生活状况。

（4）金融福祉。金融福祉是指人们通过获得金融服务和其他支持而获得的经济与社会福利。这种福利包括获得稳定的收入、拥有资产、偿还债务、提高生活质量等。通过提高金融福祉，可以帮助人们实现经济和社会稳定，从而改善他们的生活状况。

（三）金融社会工作基本方法

金融社会工作采用改善服务对象金融能力的基本工作方法，这包括提供金融知识培训、咨询和指导等服务，以帮助服务对象提高其金融决策能力和理财能力。

（1）金融知识培训。金融社会工作通过提供金融知识培训，帮助服务对象了解基本的金融概念和投资原则，例如，如何管理信用卡、如何制定个人财务计划、如何选择合适的保险等。这些知识可以帮助服务对象更好地理解和使用金融服务，从而改善他们的财务状况。

（2）金融知识咨询和指导。金融社会工作通过提供咨询和指导服务，帮助服务对象制定个人或家庭的财务计划，并解决他们在财务管理中遇到的问题。这些咨询和指导服务可以帮助服务对象更好地管理和规划自己的财务，从而改善他们的生活状况。

（3）金融社会工作创新方法。金融社会工作还采用一些创新的方法来改善服务对象的金融能力。例如，组织小组讨论或研讨会，让服务对象分享彼此的财务经验和知识；提供模拟投资或虚拟货币游戏，让服务对象在实践中学习如何投资和管理财务。

总的来说，美国金融社会工作的经验启示我们，开展金融社会工作需要关注服务对象的全面金融需求，提供针对性的服务和支持，并建立相应的理论框架和实践体系。

第四章 金融社会工作的主要方法

金融社会工作服务中采用的方法主要包括微观、中观和宏观三个层面的实务方法。微观层面的方法是指运用个案工作方法和小组工作方法对个体或者家庭的消费方式、金融风险等金融行为进行预防、治疗、发展的干预方法。中观层面的方法包含以社区及社区居民为服务对象的社区工作方法和非营利组织及金融机构等项目化运作方式的金融社会工作服务方法。宏观层面的方法包括金融素养、金融能力、金融排斥等金融社会工作实务研究,以及普惠金融、反贫困等金融方面的政策倡导。

第一节 微观实务方法

一、个案工作

个案工作是金融社会工作的方法之一。个案工作可以协助服务对象解决问题,也可以帮助服务对象预防原有问题再发生及激发潜能,增强服务对象的自助能力。

在金融社会工作的个案工作方法中,心理及社会学派、行为修正学派、问题解决学派、任务中心模式都是较为常用的模式。

（一）个案工作的主要模式

1. 心理及社会学派

个人所开展的消费和储蓄行为往往反映了其对待金钱的想法、情感和态度,而这又受到个人对于金钱潜意识的影响。因此,了解一个人的金融行为需要从心理社会层面去理解。

心理及社会学派有四个特性。其一,强调"人在情境中"。认为人、环境及其两者间均交互影响。"人"指个人内在的心理体系、人格发展及自我功能,"环境"指个人生活中的社会网络及物质环境(Hollis, 1972)。在人与环境交互影响中,任何部分的改变都将牵动其他部分,如此不断交互影响、模塑,最后达到平衡状态(徐震,林万亿,1983)。该学派的任务之一在于协助服务对象调整人格体系,配合改善环境,以增进人格成长及良好地适应环境。其二,关注个别化。金融社会工作者应针对服务对象的个人情境,进行个别性诊断,再依据其不同问题或需求提供适当服务。其三,重视早年经验。认为个人的过去经验能影响现在,了解过去有助于理解甚至改变服务对象的现状。在诊断和评估服务对象情境时,应对其进行社会调查,并从重要他人处获得更多讯息,以了解及检视导致服务对象丧失功能的原因。其四,强调专业关系。金融社会工作者在提供专业服务时,除了思考合适的介入方法外,与服务对象维持良好的专业关系也非常重要。

心理及社会学派个案工作包括三个实施步骤。一是心理社会调查。在会谈初期,金融社会工作者应与服务对象建立专业关系,以诚恳、支持的态度,透过语言与非语言的动作让服务对象感到被尊重、了解及获得支持,进而减少其焦虑、罪恶感、恐惧、无价值感、无能感等不安情绪。然后,让服务对象对金融社会工作者的善意及能力产生信任并订定工作契约。调查时应收集服务对象的困难、问题及求助动机、家庭背景、个人发展史等资料。二是心理及社会诊断。将收集到的资料加以整理、分析、归纳,然后针对问题的性质进行推论,决定适合服务对象情境的服务方式。当然,诊断过程是暂时的和持续的,会随着不同阶段及对服务对象情境的了解而适当修正。三是治疗。治疗在首次会谈时即已展开,旨在满足服务对象的需要,协助其面对困难情境、增强社会功能及增加实现期望之机会(徐震,林万亿,1983;黄维宪,曾华源,王慧君,1985;李增禄,1995;潘淑满,2000)。

2. 行为修正学派

金融知识是指个人能够知晓有关金融概念以便其能做出良好的金融决策[1],通常包括预算、储蓄、投资、资产积累、花销、信贷、债务管理、规避掠夺性金融产品、消费者和投资者权益、金融政策等知识[2]。已有的研究显示,金融知识的

---

[1] Mathieu R. Despard, Gina Chowa. Social workers' interest in building individuals' financial capabilities[J]. Journal of financial therapy, 2010, 1(1): 22-41.

[2] Peter A Kindle. The financial literacy of social work students: Questions of Competence and Relevance[J]. Journal of social work education, 2013(49): 397-407.

缺乏会制约居民参与金融市场的力度[1]，而金融知识的增加会推动家庭参与金融市场，增加家庭在风险资产上的配置，投资行为会相应增加[2]。同时，金融知识水平高对家庭风险资产配置种类的多样性也有显著正向影响[3]。对于经济弱势群体而言，其获得金融知识的来源比较单一，金融知识水平也普遍较低。金融社会工作服务的重点之一就是提升服务对象尤其是弱势群体的金融知识水平。金融能力是金融社会工作的核心概念，更是发展金融社会工作的关键所在。金融能力包含服务对象在收支平衡、日常财务管理、理财规划、合理选择金融产品、跟踪追寻金融产品和经济信息等方面的行为表现。

行为修正学派有几个前提。一是强调可观察的行为，认为所有行为包括思想、情感和身体动作都可经观察而被识别，行为变化是由于个体的成熟、学习和中枢神经的变化而来，其中尤其重视学习行为。因此，可用学习理论为基础，运用行为修正技术，来增进适应且正向的新行为，消除不适应及负向的旧行为。二是行为可分为操作型行为和反应型行为两种。操作型行为又称为随意行为，由个人意识控制，如说话和思想等。反应型行为又称为不随意行为，无法由个人意识控制，而是因刺激引发生理改变而产生的，如焦虑。三是行为持续存在的必要条件是引发行为的前因，也维持行为的存在。四是重视与问题有关的当前行为。直接以偏差行为或症状行为作为治疗对象，但不认为症状或问题是潜在症状的表征。该学派虽不否认过去经验对当前行为学习的影响，但是仍以当前可观察的行为作为矫治目标。

根据行为修正学派的理论观点，行为治疗与评估包括如下步骤（Thomas，1977；黄维宪，曾华源，王慧君，1985；潘淑满，2000），即：明确列出主要问题与焦点行为；服务对象与金融社会工作者达成一致协议，选择需立即处理的问题行为；确定服务对象的合作意愿；将问题明细化，详细讨论特定问题；制作问题行为的基线，记录问题行为发生的频率、属性和时间的持续性；所有记录尽量以量化方式呈现；确定问题行为可能控制的情境；评估环境中可利用的资源；确定并详细记录下所欲修正行为的目标；设定行为修正计划；执行治疗计划；评

---

[1] 鲍锐，王睿，刘文娟.金融知识与农村居民消费金融行为——基于江苏省昆山市陆杨镇的调查［J］.江苏农业科学，2018，46（20）：386-390.
[2] 尹志超，宋全云，吴雨.金融知识、投资经验与家庭资产选择［J］.经济研究，2014，49（4）：62-75.
[3] 曾志耕，何青，吴雨，等.金融知识与家庭投资组合多样性［J］.经济学家，2015（6）：86-94.

估治疗结果并详细记录；维持行为修正后的效果；执行维续计划；检验维续计划的效果；个案追踪。

3. 任务中心模式

任务中心个案工作有独特的假设。它认为个人有解决问题的能力，金融社会工作者可透过专业服务过程增强服务对象解决问题的能力。服务对象是解决问题及改变的主要媒介，金融社会工作者只是扮演资源提供者和联结者的角色。

任务中心个案工作包括如下工作步骤：其一，订定合约，其特色是简要与具有时限，其处理程序开始于服务对象统一进行短期评估，目标达成就可结束专业关系。因此，金融社会工作者在确定问题后，需针对问题做进一步探究。其二，履行合约，金融社会工作者和服务对象根据合约阶段所订任务开始履行，并依计划完成任务。其三，结束合约，金融社会工作者与服务对象要了解过去与现在目标行为改变的情况，规划未来计划，确保正确结束或设定新问题或新任务的过程，明确结束专业关系或转向长期干预目标，或转介其他机构接受服务。

（二）个案工作的工作过程

个案工作是有计划、有方向、有步骤的解决问题过程。金融社会工作者要主导整个工作过程，服务对象的积极参与和合作也非常重要。工作过程主要包括申请与接案、研究与诊断、制定服务计划、干预与服务、结案与追踪等五个步骤。

1. 申请与接案

当服务对象前来求助时，金融社会工作者与服务对象开始建立专业关系，并进行接案会谈，了解其求助内容并加以筛选，确认其是否符合机构服务领域及提供服务时须考虑的事项等。若求助问题不符合机构的宗旨或规定，或金融社会工作者无法提供服务，金融社会工作者要充分运用社会资源，做好转介工作。

若服务对象的问题符合机构服务的宗旨或规定时，金融社会工作者要进一步获取服务对象的个人史、家庭背景、问题史及其对问题的看法等资料。无论是前来求助的服务对象主动申请，还是其他机构转介，抑或金融社会工作者主动发现该服务对象是被强迫的，金融社会工作者都应体现真诚、同理及了解服务对象的心态。服务对象的心态包括：要主动求助不太容易；成人自己需要改变是困难的；求助于他人对自尊、自我形象及独立人格有影响；对陌生人坦诚且加以信任不太容易；一开始就清楚自己的问题不是一件容易的事；有时候问题似乎太大而无法克服或太特殊而不易处理。

金融社会工作者要能了解服务对象的心态，以同理心的会谈，与服务对象建立关系并订定初步的工作契约。在接案工作结束前能注意而且做到：充分确认服务对象的问题，确实了解适合服务对象服务的目标与内容；服务对象了解其问题的意义与性质，并明确允诺参与和积极处理的意愿；服务对象的问题适合机构的方案、资源和宗旨；服务对象的问题为金融社会工作者能力和技巧所胜任（黄维宪，曾华源，王慧君，1985）。对上述议题的了解显然有助于个案工作的进行。

2. 研究与诊断

要了解服务对象的金融健康状况，可以从以下四方面收集资料。第一，心理社会层面的货币。从个人的角度如何对待金钱是反映人与钱之间的关联核心。一般来讲，人对钱的潜意识更能反映为进行消费及储蓄行为时的理财选择，因此要从心理社会层面上了解人的理财行为。第二，人与金钱的关系。每个人都与金钱有着各种各样的关系，这种关系带来的可能是失望的、悲观的，或是可容忍的、乐观的。当这种关系是健康的时候，人的金融环境是健康的，反之亦然。第三，人的理财行为。人与钱的关系影响到个人的理财行为，进而影响到金融环境。人如何控制自己的钱和生活，受成长过程的影响。每个人对金融的看法、信念及行为，同其成长背景密切相关，如家庭成员对金钱的观念、家庭的经济状况、对财务安全与保护的意识等都对个人的理财行为和习惯有影响。第四，理财知识与信息。缺乏理财的信息和知识是人们对金融恐惧的原因之一。金融社会工作者要尊重个体的差异，鼓励个人根据自己的人生经历和生活实际，选择适合自己的金融理财方式[1]。

谢若登指出，金融能力是指个体能够获得金融知识和金融机会以实现其金融福祉及生活机会的能力，增强人们的金融能力主要包括技能和机会两个方面。在技能方面，主要关注个体掌握的金融知识、技巧、信息以及动机等，这是个体所拥有的参与金融活动的分析性能力；在机会方面，关注的是个体发挥金融技能的外部条件，包括与个体金融福祉相关的制度环境，如安全的金融信贷产品和服务的可及性等。金融社会工作者针对服务对象情境，再深入了解其金融健康状况。跟金钱相关的压力源，包括意外开支、退休储蓄、健康保险、高税收、低薪金、失业等[2]。对个体而言，遭遇金融压力会引发一系列情绪症状，包括焦虑、恐慌、

---

[1] R. Wolfsohn. Financial Social Work Basics and Best Practices. Center for Financial Social Work[EB/OL].[2024-03-01]. http://www.financialsocialwork.com/tools.

[2] American Psychological Association. Stress in America: the state of our nation[EB/OL]. (2017-11-01)[2024-03-01]. https://www.apa.org/news/press/releases/stress/2017/state-nation.pdf.

抑郁、绝望、鼓励、失眠、无力和低自尊。对夫妻而言，金融压力也会削弱夫妻间的关系，如导致羞愧、自责、沟通不畅、愤怒、憎恨及缺乏信任，进而可能引发离婚和家庭暴力[1]。与此同时，需要了解个人的资产情况，个人资产可以分为有形资产和无形资产，有形资产包括金融性财富、有形财产和自然资源，无形资产包括个人的人力资本、社会资本、文化资本及政治资本等。除了与服务对象会谈以了解其对个人金融健康实况的主观感受外，尚可与服务对象的重要他人会谈，由家庭探访直接观察金融问题情境，向相关的他人或机构收集资料，了解家庭成员的金融素养和家庭的社会资本及其对家庭金融决策的影响，以利于更客观地获取信息。

3. 制定服务计划

资料搜集到某种程度时，须对资料完成初步评估，进行整理与分析，然后对个案进行诊断，制定计划服务策略。初步诊断不可视为定论，双方的多次接触与会谈能让金融社会工作者更深入了解服务对象，并发现原来的诊断有待修正，不断假设及修正服务计划是金融社会工作者进行诊断时应有的态度。

4. 干预与服务

金融社会工作者根据评估、诊断与初步规划的介入目标，为服务对象提供服务。根据服务对象的问题，与其一起面对问题并解决问题。

5. 结案与追踪

服务介入进行到某个程度或阶段后，金融社会工作者和服务对象共同检讨过去的服务成效。若服务对象的问题已获解决或服务对象已具有应对和解决问题的能力，应考虑结案。结案时，金融社会工作者可以与服务对象回顾协助过程与评估协助成效，帮助其看到自身的努力成果，支持并鼓励其建立自信，帮助其将干预过程中学到的解决问题的经验和方法应用于未来生活，增强其日后解决问题的能力，并助其规划及迈向未来。

在协助过程中，可能限于机构的功能和政策、金融社会工作者能力或服务对象需求等而无法继续提供协助时，就必须结案。金融社会工作者为了让服务对象能获得最佳的服务和协助，要衡量社区中的可用资源，然后征得服务对象的同意，协助做好心理准备，做好转介工作。

---

[1] Y. Silverman. Financial social work: a growing specialty In clinical social work[EB/OL]. (2018-12-07)[2024-03-01]. https://www.social-workers.org/LinkClick.aspx?fileticket=cGvl_1zOr0g%3D&portal i=0.

结案后,金融社会工作者应评估服务对象的情况,必要时应能主动、适时地与服务对象联系,表达金融社会工作者的关怀,并了解服务对象的社会适应状况。

二、小组工作

小组工作是金融社会工作的传统方法之一。由于小组成员间存在相互影响而能更有力地促进个人改变,小组作为整体也能影响社会或组织的改变。

(一)小组工作中的治疗要素

小组造成的个人改变不是自然发生的,小组气氛需要营造。小组成员要重视其在真实社会的互动方式,金融社会工作者要在当下评估小组成员互动行为并进行适当处理,从而促成小组成员转变。小组中的治疗要素包括十个要素。

(1)植入希望。坚信参与小组治疗能带来小组成员所希望的转变,是治疗成功的最重要因素。如果不怀有希望,成员就无法承受过程中的各种担忧、焦虑和疑惑,无法开放地表达和冒险尝试新行为,小组疗效就无从谈起。在小组中,希望来自金融社会工作者的乐观心态、语言和行动,也来自其他成员特别是已经历过整个或部分小组过程的老成员。如果看到有同样问题的成员完成一个小组治疗过程后有良好改变,新成员就会对小组项目产生希望。所以金融社会工作者常在小组开始时引入上期小组中有效改变的成员来介绍经验以增强希望。

(2)自我觉察。自我觉察是治疗过程的核心,自我觉察足以引起改变。成员自我觉察的常见模式是透过人际互动发生的,如通过倾听其他成员对自己行为、想法和经验的感受就可加深自我了解。

(3)模仿。小组可以提供给成员多种互动关系,成员通过观察不同的互动方法、问题解决策略、角色行为,而重新思考自己一直视为理所当然的态度和行为,从而尝试改变自己。金融社会工作者要监察自己的行为和态度是否对成员有益,因为这些是成员观察学习的重要部分。

(4)互动学习。小组工作中成员可以互动学习,成员在互动的过程中给予彼此真实、真诚、清楚的反馈,金融社会工作者要协助成员学习并维持新的正向行为。给予反馈最好在事件发生的当时,太早或太晚容易产生问题。另外,金融社会工作者的反馈对成员也有重要意义。

(5)经验一般化。让成员知道自己并非世界上最惨的人,还有人有相似问题,这是小组提供给成员的独特体验,成员也会更客观地看待自己和他人的问题。

(6) 接纳。成员感到属于小组和自由自在,被其他成员认为有价值,感到被关怀、支持、了解和接受。成员在小组中有"能够做自己"的体验,即使这个"自己"的行为在真实世界中不被接受,但依然能在小组中感到被无条件地接纳和支持。

(7) 自我表露。即成员分享与个人有关的内容,其中有些可能是从未在其他场合提及的个人秘密。金融社会工作者需要保持敏感度,通过学习了解不同模式自我表露的作用。

(8) 利他。给其他成员支持与建议,分享相似的问题,忘记自己的需要以协助他人,想要为他人做事。当处在这些有助他人的情形中,成员会认为自己有价值,增加自尊和自信。

(9) 传递信息。利用小组传递与成员状况有关的知识、释疑解惑,减轻成员的焦虑和增进其因应能力。

(10) 治疗性学习的转移。治疗性学习的转移,即成员将改变带到真实生活情境中,如认知改变、行为变化和集体行动。其中,集体行动指成员参与或发起试图影响自己的环境的大型活动。成员将改变带到真实生活情境中不是自发的,而是需要金融社会工作者有意识地设计相关的小组过程。角色扮演、行为演练、家庭作业都要涉及真实生活中的困难情境,以帮助成员形成在真实生活中的转变。

(二) 小组工作的过程

小组工作过程可划分为计划阶段、开始阶段、中间阶段和结束阶段。金融社会工作者要对小组有足够准备,在小组工作过程开始后保持高度开放性,随时根据成员需要调整小组元素。

(1) 计划阶段。首先,金融社会工作者可通过接触服务对象了解需求,并逐步形成小组目的,明确是否适合机构的政策和宗旨。其次,招募小组成员并形成小组。构成小组时需考虑成员问题相似性、背景相似性等,有助于产生凝聚力。再次,安排见面会,准备场地和设备。最后,准备小组书面计划。必须写明小组目的、举办机构、成员资格、招募方式、小组构成、见面会内容、活动安排、环境及其他必须说明的问题。计划书可用来告知潜在成员有关小组的信息,也可用来与有关人士沟通。

(2)开始阶段。开始阶段包括小组最初的几次活动。在开始阶段,成员还不是很投入小组过程,表现谨慎,此时要求金融社会工作者进行较多的指导。开始阶段是带领小组的困难时期,需处理很多内容。首次会面尤为重要,需要介绍成员,简述小组内容,邀请成员提出其看法并给予反馈,澄清金融社会工作者的角色和工作方式,直接处理阻碍,鼓励成员互动,发展安全与支持的小组文化,帮助成员为自己和小组发展实验性机会,澄清机构和成员彼此间的期待,对于下一步得到一些共识,鼓励成员对于小组的有效与否提供诚实反馈。金融社会工作者需要很好地设计小组过程以带出有关主题。

(3)中间阶段。金融社会工作者协助成员达成小组目的,大致要处理六项工作,即:准备小组聚会,为小组活动过程提供内容架构,使成员参与并增强能力,协助成员达成目标,处理非自愿与抗拒行为,监督和评估小组活动的进行。

(4)结束阶段。在此阶段要设计一些内容帮助成员面对真实生活情境,不断通过各种方式演练这样的情境可以帮助成员有所准备。此外,在结束阶段成员可能会有强烈感受,甚至出现退化性问题,金融社会工作者需要让成员讨论对小组结束的感受并为未来做计划。

(5)评估。评估旨在了解小组工作的成效和价值、指引实务工作和研究治疗性元素。可分为成效评估和过程评估。成效评估的焦点在于小组目标带来的成员转变,常见模式有控制组设计和单系统设计。过程评估主要关注小组内什么元素导致成员转变。

第二节　中观实务方法

一、社区工作

社区工作是以社区及其成员整体为服务对象的金融社会工作介入手法;它通过组织成员有计划地参与集体行动解决社区问题、满足社区需要;在参与过程中,让成员形成社区归属感,培养自助、互助和自决的精神,加强成员社区参与及影响决策的能力和意识,发挥其潜能,最终实现更公平、民主以及和谐的社会。

(一)社区工作的服务过程

社区工作可分为探索和准备,计划执行,撤离、评估和反思三阶段,每阶段都有独特的目的和作用。

（1）探索和准备。探索和准备阶段旨在通过系统方法搜集与处理资料，安排工作进度和内容，以形成有效工作方案。该阶段需要了解社区背景、界定问题和需要、建立目标和标准、确定工作方案。

（2）计划执行。社区工作的执行要求以社区成员为基本力量，采用组织资源达成计划目标。动员社区成员参与是社区工作成功的根本保证。社区成员最了解自身的金融需求，最了解社区的背景和资源，对社区也具有责任。发动社区成员参与，可以使活动获得支持，增强社区行动的实践力，扩大教育活动的影响，也可以发现和集合人才，推动社区金融工作。建立和联系组织有利于把握人、物、财等资源，解决社区金融问题，满足社区金融需要。在完成准备后，社区工作可进入操作化阶段。提供服务、形成社会和舆论压力是达成目标的重要手段。达成计划目标要求金融社会工作者以方案计划为依托，根据工作进程中的实际情况，展示实践智慧，动态评价计划执行情况，进行目标—实践—效果的动态修订。

（3）撤离、评估和反思。社区工作接近尾声时，金融社会工作者应该准备撤离现场，评估工作成效，并反思工作过程。撤离现场前后，金融社会工作者须完成有关重要工作，并接受服务对象或合作者的反馈，具体工作有：处理分离情绪，安排未完事宜，彼此回馈，讨论未来工作，举行结束仪式等。评估是系统的资料搜集和分析活动，用以检验有关程序如何实现目标，或者程序效能是否与期望一致。反思即金融社会工作者对工作和角色的重新定位与对执行情况的判断。

（二）社区工作的主要内容

（1）建立社区金融健康服务子系统。建立健全社区金融服务收集分类系统、金融健康管理系统、危机介入系统、人员管理服务系统、监督反馈系统等。通过对专业金融社会工作者的统一管理与统筹运营，打造智慧社区金融服务新模式。构建智慧型社区能够让社区成员享受到现代化技术的金融红利。金融社会工作者在服务前期需要对社区成员的情况进行整合，明确其服务需求。在服务过程中利用社区网络平台进行线上服务，并根据需求有针对性地进行线下的个案服务与心理疏导。并且通过子女减压课堂、家属互助小组等为其子女提供喘息减压服务。在每一次线上线下服务结束后，及时收集参与者反馈的信息，进行回访与评估，不断完善智慧金融平台。

（2）社区金融教育。增加社区成员的金融知识和提升其金融素养。社区作为生活的重要区域，也是金融社会工作发挥职能的主要舞台。完善社区建设，打造宜居的社区环境是实现金融健康的一条切实路径。社会弱势群体往往缺少足够的机会来获取金融服务，有金融参与需求但缺乏参与机会的情况在弱势群体中比较普遍，导致其在面对新兴金融产品时会产生畏难情绪，从而减少对金融市场的参与。因此，社区可以加强与金融机构的合作，依托发展智慧社区的趋势，借助社区平台开展多项活动。在社区成员熟悉的场域中进行金融知识的普及活动，充分了解社区成员的金融需求，并提供有针对性的服务，提高社区成员的金融参与感。对有特殊需要的服务对象提供上门咨询服务，更新其金融知识储备。同时，社区还可以借助社区活动室等场地优势，为社区成员开展金融知识培训，以社区成员喜闻乐见的方式向其传播金融知识，提高社区成员金融风险认知能力，降低其陷入金融陷阱的可能性。

二、项目评估

项目评估是一种有效可靠的研究方法，它探讨一个组织为满足某些社会需要而存在的过程或结果的形式。金融社会工作涉及金钱、资产等非常敏感的话题，对其评估的科学性和严谨性会有更严格的要求。

（一）金融社会工作项目评估的逻辑模型

逻辑模型就是将逻辑思路进行技术化的图表。评估工作的逻辑模型就是检验评估过程及各组成部分是否达到预期项目成效的工具。更准确地说，逻辑模型描述理论上评估项目应该如何进行，从而帮助服务对象实现预期结果。金融社会工作的逻辑模型包括项目投入、项目活动和项目输出（成效）三方面的内容。

项目投入包括金融社会工作者等人力投入，项目开展所需的资金投入，配套的硬件设施，辅助性学习和宣传等材料的投入，开展活动的场所等。项目活动包括个体及其家庭、金融机构、金融从业人员、政府、其他社会组织等服务对象，还包括金融素养、金融压力、家庭金融决策、金融文化、资产积累、金融能力、乡村振兴等项目内容。项目输出包括在短期、中期和长期的成效。

明晰金融社会工作项目评估的逻辑模型，有助于帮助评估者明确评估的主要组成部分和任务，根据组成部分的主要特点有针对性地确立评估方法，并据此开展数据收集。同时，逻辑模型还可以对金融社会工作项目的过程进行检验，查明其中的重点和难点,检验初始目标是否合理并对不合理之处提出反馈,方便项目投入方进行修改和调整。

(二)金融社会工作项目评估的过程

根据一般项目的评估内容并结合金融社会工作的特点,金融社会工作评估的过程依次包括需求评估、形成性评估、过程评估和结果评估四个部分。

(1)需求评估。需求评估是评估方在独立对金融社会工作项目的服务对象开展需求调查之后,检验其需求是否符合项目开展的初衷以及项目实施方开展的需求调查是否真实可靠。需求评估是判定金融社会工作项目和金融社会工作服务的重要依据。需求评估可以放在项目开始时进行,这样有利于及时发现问题,适时对项目的目标进行调整,并对项目开展提出指导性意见;也可以放在项目结束时进行,此时可能会发现在接受服务之后的服务对象出现的新需求,可以为以后的项目提供宝贵的经验。

(2)形成性评估。形成性评估既是对金融社会工作过程的跟踪,也是对金融社会工作项目的参与、管理和指导,做到评估参与、以评促管、评估指导。评估参与意味着在金融社会工作项目进行过程中,评估者是除金融社会工作者和服务对象之外项目的重要参与者,通过对项目的跟踪和评估,评估者需要了解金融社会工作的理念和方法是否合理,金融社会工作者是否胜任,服务过程中系统和生态出现了哪些新变化以及如何应对,最初设定的项目目标是否能够如预期实现以及该做出哪些调整,等等。以评促管,意味着评估方可以参与到项目的管理过程中,包括代表项目投入方参与到对项目的管理,对金融社会工作的服务人员提供力所能及的培训和帮助,代表项目实施方反馈项目的进度和存在的问题,为其尽可能地争取更多的支持,连通项目投入方和实施方的信息沟通渠道。评估指导意味着评估方利用自身的优势和掌握的信息,帮助金融社会工作者在契合项目初始目标的同时,积极发现新问题,增加新内容,开发新方法,在金融社会工作的项目实施过程中进行全方位的指导。

(3)过程评估。过程评估就是对金融社会工作项目开展的全过程进行综合评价,主要包括三方面的内容:一是评估项目过程中的过程材料,即对金融社会工作者服务全过程中形成的书面材料、影像、记录等工作材料进行查阅,审核真实性和有效性,了解项目开展的全过程;二是与金融社会工作者和服务对象分别开展访谈,了解项目开展的质量;三是对项目开展过程中的伦理进行审核,保证金融社会工作者的服务符合职业规范。

（4）结果评估。结果评估就是对项目结束之后的成效进行评估。金融社会工作项目的成效包括三个方面：一是项目实施是否达成了项目投入方最初拟定的目标；二是金融社会工作服务是否帮助服务对象解决了问题，如金融素养得到提升、资产积累达到一定规模、金融权益得到维护、生活状态得到改善等；三是金融社会工作是否产生了社会效益，如改善人际关系、取得反贫困的效果、促进金融市场的稳定、推动社会福利政策的完善等。众所周知，金融社会工作某些方面的成效要在相当长的时间之后才能显现出来，因此，结果评估应"风物长宜放眼量"，不要过于拘泥于当前的成效。

第三节 宏观实务方法

一、金融社会工作研究

金融社会工作研究是获取知识和发现事实的过程。在此过程中，金融社会工作理论与实务工作者使用社会研究方法，搜集和分析与金融社会工作有关的资料，协助达成金融社会工作目标。研究内容和研究目标与金融社会工作有关是金融社会工作研究的根本特征。开展关于金融能力、资产建设和金融社会工作服务的研究是推动金融社会工作领域发展的关键。

（一）金融社会工作研究的意义

（1）促进金融社会工作实践的发展。金融社会工作研究促进了金融社会工作实践的发展。早期的金融社会工作是一种慈善活动，在帮助有需要者时存在着科学性和助人效率等问题，正是研究推动了金融社会工作开始进行有组织的助人活动和专业化活动。在具体项目中，采用科学研究方法，有利于制定服务计划，也有利于在计划执行中修正工作技术和评价服务效果。因此，金融社会工作研究可以帮助弱势群体解决金融问题，满足服务对象的金融需要，并推动社会公平，是实现金融社会工作目标的重要手段。

（2）推动金融社会工作理论的进步。金融社会工作研究也会推动金融社会工作理论的进步。金融社会工作的有关理论和模型无不来自金融社会工作领域诸多人员的不懈努力。金融社会工作范畴的不断完善、丰富和进步显然以社会工作研究为基础。研究与实务的整合检验了原有理论又推进了实务理论的演进。"实践为基础的理论"和"理论为基础的实践"显然都与金融社会工作研究紧密相关。

(二)金融社会工作研究的基本程序

(1)金融社会工作研究的程序。金融社会工作研究类似于科学研究的基本程序,包含准备、搜集、研究和总结四阶段。准备阶段需要确定课题,在查阅文献或实地考察基础上提出研究设想,制定研究方案。搜集阶段需要进行观测,获取相关资料。研究阶段必须审核以保证资料的客观性、准确性和完整性。整理,即把已审资料完成系统化和条理化工作;分析,即对已整理资料进行统计分析、逻辑分析和理论分析(袁方,2000)。总结阶段首先要撰写研究报告,并以书面形式汇报研究问题、方法、结果,然后根据研究结果制定干预方案、推行相应实务。

(2)金融社会工作研究程序的特性。金融社会工作研究的程序有其特性。由于问题和目标千差万别,某具体研究不一定照搬上述基本程序,不一定有明确的起点和终点,而可以从研究阶段的任一节点开始和结束。研究成果往往直接应用于正在或随后进行的服务。由于研究者可以是资料搜集者、分析者和成果应用者,而且不少研究与实务同步,因此原始任务可能有所变化,研究者要根据委托解决当时当地的状况,其研究过程比其他社会研究更具弹性和针对性。

二、金融社会工作政策倡导

金融社会工作倡导社会福利政策就是利用专业优势和工作经验,积极主动地参与社会福利政策制定的全过程,提出合理化的建议,并对社会福利政策的制定实施影响。金融社会工作在政策倡导中的一般过程包括政策问题的识别、政策方案的构建、政策的出台、政策的执行和监督、政策的反馈和评估五个方面。

(一)政策问题的识别

解决社会问题是社会福利政策的目标指向,因而识别社会问题是制定社会福利政策的起点。社会问题不等于社会现象,而是对普遍存在的社会现象的总结和抽象,指的是在社会运行过程中,由于存在某些使社会结构和社会环境失调的障碍因素,影响社会全体成员或部分成员的生活,对社会正常秩序甚至社会运行安全构成一定威胁,需要动员社会力量进行干预的社会现象[1]。社会问题会破坏社会成员的利益和生活,导致社会结构和社会环境失调,因而需要政府出台社

---

[1] 郑杭生.社会学概论新修(第三版)[M].北京:中国人民大学出版社,2003:358.

会政策加以解决,又因其具有变异性、复合性等特征,在识别上有一定的困难,需要专业人士进行深入的调查、归纳和甄别。

金融社会工作者长期与服务对象接触,能够近距离观察到各种社会现象,倾听服务对象的心声,了解这些社会现象的性质、影响和根源。可以说,金融社会工作者就是一个长期驻守在基层的田野调查员,掌握着大量、丰富的一手资料。金融社会工作者经过系统的专业训练,知识水平较高,有能力对社会现象进行总结和归纳,从中甄别出具有普遍性、周期性和群体性的社会问题,然后再分析哪些社会问题是不能通过自身或者民间合作解决的,必须通过政府制定相关的社会福利政策来解决。

(二)政策方案的构建

政策问题识别出来之后,就要形成相关的方案。方案的形成根据金融社会工作者所在地区的政治流程和政府组成的规则来进行。如果金融社会工作者具有一定的政治地位和政策制定的经验,就可以独立完成社会福利政策方案的起草,否则需要和相关人员协作共同形成政策方案。在美国,金融社会工作者可以拜访联邦议员和州议员办公室,与他们协商形成有关的议案。在中国,全国人大代表拥有提出议案权。各级政府机关在形成社会政策方案的时候也会邀请社会各界代表广泛参与。金融社会工作者可以利用这些途径,参与到形成社会福利方案的过程之中[1]。

形成社会福利方案是一个非常艰苦且漫长的过程。在形成方案的过程中,金融社会工作者要突破自身专业限制,学会从宏观层面来思考社会问题的解决方案。为此,需要走访调查利益相关主体,倾听他们的呼声,了解他们的利益诉求,在众多利益诉求中寻找最大公约数,同时考虑社会福利政策的可行性和可持续性。此外,金融社会工作者还需将金融社会工作术语转换成政策性文字。

(三)政策的出台

社会福利政策的出台就是将社会福利方案变成政策文件的政治过程。这个过程能否实现,除了社会问题是否比较紧迫需要出台相关政策予以解决以及方案本身是否科学合理之外,还在于政治博弈过程中的力量对比。一方面,社会福利政策会涉及社会各个层面的利益,这些利益主体会通过他们的政治代表在政策出台过程中反复较量,讨价还价,政府需要平衡各方面的利益,尽可能让政策

---

[1] 唐俊.金融社会工作[M].北京:经济科学出版社,2023:136.

能够做到全社会的福利最大化。因此,政策出台需要长期、反复的研究和协商,过程非常漫长。另一方面,底层人民对社会福利政策的需求更强烈,但是他们的政治力量比较薄弱,其呼声未必能被政府注意到;富裕阶层在社会福利政策上得到的实际利益较小,需要让渡一些利益,如增税,政策出台前可能会遭到他们的反对。相比来说,富裕阶层的政治力量更强,这种政治力量对比的不均衡,使得倾向于底层人民的社会福利政策出台的过程非常艰难,有时候会被长期搁置,甚至被迫取消。

金融社会工作者是促进社会福利政策出台的重要力量之一。他们可以利用本身中立、客观的立场,在各个利益集团之间协调,努力达成政治力量之间的博弈均衡。金融社会工作者可以参照公共政策形成中的一般指南,重点参与八个方面的工作[1]。

(1) 准备。金融社会工作者要为社会福利政策的出台做好充分的准备。一是资料准备。在社会福利政策出台之前,金融社会工作者需协助准备一份完备的政策文件,并且要积极参与收集各方的意见,在之后的协商过程中要不断地进行修改和完善。二是心理准备。社会福利政策的出台是一场持久战和拉锯战。金融社会工作者要对社会福利政策出台的长期性和艰难性做好心理准备,甚至要对政策最后可能会遭遇搁浅也有心理准备。三是工作准备。社会福利政策的出台是涉及社会全方位利益、社会多层面参与的重大工程。

(2) 计划。金融社会工作者要做好促进社会福利政策出台的计划,包括工作目标、时间表、工作进度和要联络的人员名单等信息。这份计划要与其他相关人员的计划进行有效的衔接,保证在工作中能够做到合理分工、协调推进。

(3) 私人关系。私人关系是金融社会工作者的宝贵财富,也是推进社会福利政策出台的重要资源。除了与服务对象保持经常性的联系之外,金融社会工作者还要与政策制定者和重要影响者保持良好的私人关系。即使是对社会福利政策持反对意见的人士,金融社会工作者也可以尝试去积极地与其建立私人关系。此外,金融社会工作者还可以与大众媒体建立良好的关系。

(4) 共同体的脉搏。金融社会工作者要善于把握利益共同体的脉搏。除了社会福利政策的支持者和受益者之外,金融社会工作者还要尝试把握社会福利政策反对者共同体的脉搏,理解他们的利益所在。然后对反对派进行分析:区

---

[1] 唐俊.金融社会工作[M].北京:经济科学出版社,2023:136.

分哪些是坚定的反对者，了解他们为什么反对、反对什么；哪些是可以争取的反对派，怎么去说服他们。通过分析，可以对原来的方案进行修改，寻求能够获得更多支持的中间方案。

（5）实证主义。金融社会工作者要坚持实证主义传统，在促进社会福利政策的过程中坚持科学、客观的原则，实事求是地收集和分析相关的新信息，在工作中尽量避免带入个人的主观情绪，也不要因为服务对象或者其他人的主观情绪影响到社会福利政策制定与出台。

（6）参与。金融社会工作者要通过自己的行动带动更多的人参与到促进社会福利政策出台的过程中。有些社会底层人士可能一直以来本身政治参与的机会少，积极性不高，因而对社会福利政策抱着比较冷漠的态度。金融社会工作者要调动这些底层人士的参与积极性，帮助他们发现自身优势，凝聚成团结的政治力量，主动争取自身的合法利益。只有底层人士被充分动员起来，积极参与到社会福利政策制定过程中，形成一股强大的政治力量，才能引起政府对社会福利政策制定的必要性和紧迫性的高度重视，加快政策出台的步伐。

（7）宣传。大众舆论是影响社会福利政策的重要力量。俗话说"七分做事，三分宣传"，金融社会工作者要充分重视宣传工作，一方面是利用大众传媒、网络等方式积极宣传自己所做的工作，争取更多的人了解和支持社会福利政策的改革；另一方面，利用日常服务之便对服务对象开展一对一的直接宣传，解答他们的疑问，使社会福利政策达成一种社会共识。

（8）坚持。金融社会工作者在社会福利政策出台的"持久战"中要坚持不懈、坚定信念，不轻言放弃。千里之行积于跬步，每一步的小成果定将积累成最终的成功。

（四）政策的执行和监督

（1）福利政策的执行。金融社会工作者是社会福利政策坚定的执行者，其服务质量是检验社会福利政策成效的重要标准。金融社会工作者在社会福利政策的指引下开展服务，将抽象的政策文本落实为具体的行动，让服务对象能够接触、了解和认知社会福利政策，使社会福利政策能够输送到有需求的人群，从而改变他们的生活水平。除此之外，金融社会工作者还可以根据社会福利政策的要求改善自己的服务内容和方式。

（2）福利政策的监督。金融社会工作者在服务过程中也可以发现社会福利政策存在的问题，监督社会福利政策其他执行者的工作不尽如人意的地方，督促他们改善工作方式,与社会福利政策其他执行者的工作结合在一起,形成联动,共同营造社会福利政策的良好生态。

(五)政策的反馈和评估

社会福利政策不是一成不变的,而是一个不断检验和完善的过程。金融社会工作者可以主动发现社会福利政策执行过程中出现的问题,并分析这些问题背后的深层次原因,同时收集服务对象出现的新需求及他们对政策的反馈意见,并将整理的信息反馈给政策制定者,帮助政策制定者对社会福利政策进行检验、改进和完善。

政府在社会福利政策出台一段时间后,通常会评估政策实施的效果。除了政府工作人员外,政府还会邀请社会各界的代表和专业人士参加。金融社会工作者可以积极参加其中,并对政策实施的效果、存在的问题、成本和收益等内容做出客观的评价,以便对社会福利政策后续的修改和完善提出相应的意见,这也是金融社会工作者参与社会福利政策倡导的重要内容。

戈德堡(Goldberg)认为金融社会工作开展的倡导策略应包括:加入政治性组织,以促使官方的选举减少对经济精英的依赖,并推动组织出台支持性措施,以减少不公平;游说政府创造直接就业机会;参加最低生活工资运动,以提升最低工资和所得税减免;通过强有力的工人运动,或者加入工会,倡导劳工改革能惠及更多工人(不仅仅是工会会员);督促针对贫困的改进措施,增加改革的潜在受益者和支持者;督促消费者权益保护法的实施。[1]其他的倡导策略还包括:寻求政府资金支持,以使支持性的金融社会工作服务能扩展到更多的低收入群体;为低收入社区增加金融服务和机构开展游说;与银行家和其他社区伙伴合作,以阻止掠夺性的金融行为。

相对于金融部门所提供的服务,金融社会工作者能与服务对象建立长期的服务关系,能深入了解他们的需求,有着天然的优势能为服务对象提供金融知识相关的服务,而且金融社会工作专业本身的使命感,使其更能胜任为服务对象尤其是经济弱势群体提供金融倡导服务。

---

[1] R. Wolfsohn, D. Michaeli. Financial social work[EB/OL]. (2018-09-14)[2024-03-01]. http://socialwork.oxfordre.com/view/10.1093/acrefo-re/9780199975839.001.0001/acrefore-9780199975839-e-923.

第五章 金融社会工作的政策法规

第一节 金融社会工作相关政策法规概述

一、金融社会工作政策概述

(一)金融社会工作政策的概念

一般认为,金融社会工作政策是指国家政府或机构为了实现人们的美好生活目标和提升人们的金融福祉,指导金融社会工作者将金融服务与社会工作的专业内容有机结合,帮助社会个体有机结合其金融能力和可得性的金融服务,从而制定的具有福利性质的社会服务行动准则。

结合金融社会工作的内容及我国社会政策的生成机制,梳理现有国家政策,可以发现金融社会工作政策内容较多,就宏观层面而言,可以从以下几方面认识金融社会工作政策:

(1)指导思想。金融社会工作政策以习近平新时代中国特色社会主义思想为指导,深入贯彻党的二十大精神,认真落实党中央、国务院决策部署,牢牢把握金融工作的政治性和人民性,完整、准确、全面贯彻新发展理念,深化金融供给侧结构性改革,推进普惠金融高质量发展,提升服务实体经济能力,防范化解各类金融风险,促进全体人民共同富裕。

(2)功能作用。金融社会工作政策对政府部门相关工作具有引领作用。进一步明确各级政府责任,加强规划引导,加大政策、资源倾斜力度。坚持依法行政,优化营商环境,维护市场秩序。完善基础设施、制度规则和基层治理,推进普惠金融治理能力现代化。

(3)政策目标。金融社会工作政策的主要目标是基本建成高质量的普惠金融政策体系。重点领域金融服务可得性实现新提升,普惠金融供给侧结构性改革迈出新步伐,金融基础设施和发展环境得到新改善,防范化解金融风险取得新成效,普惠金融促进共同富裕迈上新台阶。[1]

(二)金融社会工作政策的本质特征

金融社会工作政策的本质特征主要有三点,即福利属性、社会化干预和面向钱财议题。具体而言:其一,坚持社会工作政策的福利属性,是为满足人民群众社会需求、解决社会问题和促进社会和谐稳定发展而采取的具有福利性质的社会服务行动准则;其二,反映了社会工作的社会化,即面向公众、整合资源;其三,涉及钱财议题,这是金融社会工作与社会工作其他实务政策的根本区别。有学者认为,关爱服务对象和提供专业化的服务是社会工作政策的核心要求,人与环境的互动是社会工作的基本逻辑框架。以这一准则考察,可以说金融社会工作政策既要求金融社会工作者坚持社会工作的专业特性,又要积极介入服务对象与钱财有关的议题,通过专业性服务,关爱个体和家庭的金融福祉、协调和促进个体与所处金融环境之间的良好关系[2]。

二、金融社会工作法规概述

按照我国法学界的通说,法是国家制定或认可的、以权利义务为主要内容、依靠国家强制力保障实施的、反映统治阶级意志的行为规范的总和。对法律的理解有广义和狭义两种。广义的法律与法的含义相同,指法的整体,包括由国家制定的宪法、法律、法令、条例、决议、指示、规章等规范性文件和国家认可的判例、习惯等。狭义的法律是从特定或具体意义上而言的,专指拥有立法权的国家机关依照立法程序制定的规范性文件,在我国,狭义的法律仅指全国人民代表大会制定的基本法律和全国人民代表大会常务委员会制定的除基本法律以外的其他法律。

无论在理论研究还是现实生活中,法和法律、广义法律和狭义法律都有严加区分的必要。我国多数学者习惯上把广义的法律称为法,把狭义的法律称为法律。本书中的"法规"是在与法、广义的法律相等同的意义上使用的。

梳理现有的国家各类规划,早在2015年12月31日国务院出台的《推进普惠金融发展规划(2016—2020年)》第五部分"完善普惠金融法律法规体系"中明确提出,要逐步制定和完善普惠金融相关法律法规,形成系统性的法律框架,明

---

[1] 国务院.国务院关于推进普惠金融高质量发展的实施意见[EB/OL].(2023-10-11)[2024-03-01]. https://www.gov.cn/zhengce/zhengceku/202310/content_6908496.htm.

[2] 方舒,兰思汗.金融社会工作的本质特征与实践框架[J].社会建设,2019,6(2):14-19.

确普惠金融服务供给、需求主体的权利义务,确保普惠金融服务有法可依、有章可循。

无独有偶,2023年10月11日国务院发布的《关于推进普惠金融高质量发展的实施意见》提出,要加强有效的金融风险防控,持续提升中小金融机构等重点机构和重点领域风险防控能力,不断完善风险监测预警和化解处置机制。同时,要进一步完善普惠金融配套机制。不断提升普惠金融基础平台的包容性和透明度,重点领域信用信息共享平台基本建成。进一步完善配套法律制度体系,诚信履约的信用环境基本形成,风险分担补偿机制逐步优化。普惠金融高质量发展评价指标体系基本健全。

三、金融社会工作政策法规的主要内容

在我国,虽然存在着发展金融社会工作的巨大需求,但囿于各方面因素,金融社会工作的开展还极为有限。我国近年来陆续做出实施普惠金融的战略部署和政策举措,为金融社会工作的开展提供了政策和实务空间[1]。因此,金融社会工作的法规与政策大致可以分为"有关普惠金融的一般性政策与法规"与"金融社会工作主要业务领域中的政策与法规"两大类。

(一)有关普惠金融的一般性政策与法规

近年来,党中央、国务院高度重视发展普惠金融。党的十八届三中全会明确提出发展普惠金融。2015年《政府工作报告》提出,要大力发展普惠金融,让所有市场主体都能分享金融服务的雨露甘霖。为推进普惠金融发展,提高金融服务的覆盖率、可得性和满意度,增强所有市场主体和广大人民群众对金融服务的获得感,国务院于2015年出台的《推进普惠金融发展规划(2016—2020年)》中指出,普惠金融是指立足机会平等要求和商业可持续原则,以可负担的成本为有金融服务需求的社会各阶层和群体提供适当、有效的金融服务。小微企业、农民、城镇低收入人群、贫困人群和残疾人、老年人等特殊群体是当前我国普惠金融的重点服务对象。大力发展普惠金融,是我国全面建成小康社会的必然要求,有利于促进金融业可持续均衡发展,推动大众创业、万众创新,助推经济发展方式转型升级,增进社会公平和社会和谐。

---

[1] 李迎生.中国社会工作转型与金融社会工作发展[J].西北师范大学学报(社会科学版),2020, 57(3):95-101.

2023年，随着各地区、各部门认真贯彻落实党中央、国务院决策部署，推动我国普惠金融发展取得长足进步，金融服务覆盖率、可得性、满意度明显提高，基本实现乡乡有机构、村村有服务、家家有账户，移动支付、数字信贷等业务迅速发展，小微企业、"三农"等领域金融服务水平不断提升。新形势下，普惠金融发展仍面临诸多问题和挑战，与全面建设社会主义现代化国家的目标要求还存在较大差距。为构建高水平普惠金融体系，进一步推进普惠金融高质量发展，国务院于2023年出台了《关于推进普惠金融高质量发展的实施意见》，致力于在未来五年内基本建成高质量的普惠金融体系，提升重点领域金融服务可得性，推动普惠金融供给侧结构性改革迈出新步伐，使得金融基础设施和发展环境得到新改善，防范化解金融风险取得新成效，普惠金融促进共同富裕迈上新台阶。

（二）金融社会工作主要业务领域中的政策与法规

国务院出台的《推进普惠金融发展规划（2016—2020年）》第五部分提出，要不断完善普惠金融法律法规体系，具体内容包括下列几个方面：

其一，加快建立发展普惠金融基本制度。在健全完善现有"三农"金融政策基础上，研究论证相关综合性法律制度，满足"三农"金融服务诉求。对土地经营权、宅基地使用权、技术专利权、设备财产使用权和场地使用权等财产权益，积极开展确权、登记、颁证、流转等方面的规章制度建设。研究完善推进普惠金融工作相关制度，明确对各类新型机构的管理责任。

其二，确立各类普惠金融服务主体法律规范。研究探索规范民间借贷行为的有关制度。推动制定非存款类放贷组织条例、典当业管理条例等法规。配套出台小额贷款公司管理办法、网络借贷管理办法等规定。通过法律法规明确从事扶贫小额信贷业务的组织或机构的定位。加快出台融资担保公司管理条例。推动修订农民专业合作社法，明确将农民合作社信用合作纳入法律调整范围。推动修订证券法，夯实股权众筹的法律基础。

其三，健全普惠金融消费者权益保护法律体系。修订完善现有法律法规和部门规章制度，建立健全普惠金融消费者权益保护制度体系，明确金融机构在客户权益保护方面的义务与责任。制定针对农民和城镇低收入人群的金融服务最低标准，制定贫困、低收入人口金融服务费用减免办法，保障并改善特殊消费者群体金融服务权益。完善普惠金融消费者权益保护监管工作体系，进一步明确监管部门相关执法权限与责任标准。

同时，国务院出台的《推进普惠金融发展规划（2016—2020年）》第六部分提出,要充分发挥政策引导和激励作用,根据薄弱领域、特殊群体金融服务需求变化趋势,调整完善管理政策,促进金融资源向普惠金融倾斜。具体内容包括:

其一,完善货币信贷政策。积极运用差别化存款准备金等货币政策工具,鼓励和引导金融机构更多地将新增或者盘活的信贷资源配置到小微企业和"三农"等领域。进一步增强支农支小再贷款、再贴现支持力度,引导金融机构扩大涉农、小微企业信贷投放,降低社会融资成本。

其二,健全金融监管差异化激励机制。以正向激励为导向,从业务和机构两方面采取差异化监管政策,引导银行业金融机构将信贷资源更多投向小微企业、"三农"、特殊群体等普惠金融薄弱群体和领域。推进小微企业专营机构和网点建设。有序开展小微企业金融债券、"三农"金融债券的申报和发行工作。进一步研究加强对小微企业和"三农"贷款服务、考核和核销方式的创新。推进落实有关提升小微企业和"三农"不良贷款容忍度的监管要求,完善尽职免责相关制度。积极发挥全国中小企业股份转让系统、区域性股权市场、债券市场和期货市场的作用,引导证券投资基金、私募股权投资基金、创业投资基金增加有效供给,进一步丰富中小企业和"三农"的融资方式。加强农业保险统筹规划,完善农业保险管理制度,建立全国农业保险管理信息平台,进一步完善中国农业保险再保险共同体运行机制。扶持小额人身保险发展,支持保险公司开拓县域市场,对其在中西部设立省级分公司和各类分支机构适度放宽条件、优先审批。

其三,发挥财税政策作用。立足公共财政职能,完善、用好普惠金融发展专项资金,重点针对普惠金融服务市场失灵的领域,遵循保基本、有重点、可持续的原则,对普惠金融相关业务或机构给予适度支持。发挥财政资金杠杆作用,支持和引导地方各级人民政府、金融机构及社会资本支持普惠金融发展,更好地保障困难人群的基础金融服务可得性和适用性。落实小微企业和"三农"贷款的相关税收扶持政策。推动落实支持农民合作社和小微企业发展的各项税收优惠政策。

其四,强化地方配套支持。地方各级人民政府要加强政策衔接与配合,共筑政策支撑合力。鼓励地方财政通过贴息、补贴、奖励等政策措施,激励和引导各类机构加大对小微企业、"三农"和民生尤其是精准扶贫等领域的支持力度。对金融机构注册登记、房产确权评估等给予政策支持。省级人民政府要切实承担起防范和处置非法集资第一责任人的责任。排查和化解各类风险隐患,提高地方金融监管有效性,严守不发生系统性、区域性金融风险的底线。

2023年,为进一步深入贯彻党的二十大精神,认真落实党中央、国务院决策部署,推进普惠金融高质量发展,提升服务实体经济能力,防范化解各类金融风险,促进全体人民共同富裕,国务院发布的《关于推进普惠金融高质量发展的实施意见》提出:

第一,要提升普惠金融法治水平。其一,进一步完善普惠金融相关法律法规。推动修订中国人民银行法、银行业监督管理法、商业银行法、保险法等法律,推动加快出台金融稳定法,制定地方金融监督管理条例等法规,明确普惠金融战略导向和监管职责。加快推进金融消费者权益保护专门立法,健全数字普惠金融等新业态经营和监管法规,积极推动防范化解金融风险法治建设。其二,加快补齐规则和监管短板。完善小额贷款公司、融资担保公司、典当行、融资租赁公司、商业保理公司、互联网保险业务监管规制。探索拓展更加便捷处置普惠金融重点领域不良资产的司法路径。建立健全普惠金融领域新业态、新产品的监管体系和规则。加快补齐风险预防预警处置问责制度短板。对尚未出台制度的领域,依据立法精神,运用法治思维、法治方式实施监管,维护人民群众合法权益。

第二,要加强政策引导和治理协同。其一,优化普惠金融政策体系。发挥货币信贷政策、财税政策、监管政策、产业政策等激励约束作用。根据经济周期、宏观环境动态调整政策,区分短期激励和长效机制,完善短期政策平稳退出机制和长期政策评估反馈机制。加强部门间协同,推动各类政策考核标准互认互用。其二,强化货币政策引领。运用支农支小再贷款、再贴现、差别化存款准备金率、宏观审慎评估等政策工具,引导扩大普惠金融业务覆盖面。深化利率市场化改革,畅通利率传导机制,更好发挥对普惠金融的支持促进作用。其三,完善差异化监管政策。定期开展商业银行小微企业金融服务监管评价和金融机构服务乡村振兴考核评估,加强结果运用。优化普惠金融监管考核指标和贷款风险权重、不良贷款容忍度等监管制度,健全差异化监管激励体系,引导金融资源向重点领域和薄弱环节倾斜。其四,用好财税政策支持工具。优化财政支持普惠金融发展政策工具,提高普惠金融发展专项资金使用效能,实施中央财政支持普惠金融发展示范区奖补政策。落实金融企业呆账核销管理制度,提高普惠金融领域不良贷款处置效率。落实小微企业、个体工商户、农户等普惠金融重点群体贷款利息收入免征增值税政策。其五,积极参与普惠金融全球治理。推进普惠金融领域对外开放,深化与二十国集团普惠金融全球合作伙伴、世界银行、普惠金融联盟、国际金融消费者保护组织等国际组织和多边机制的交流合作。加强与巴塞尔银行监管委员会、国际保险监督官协会、国际证监会组织等国际金融监管组织的普惠金融监管合作。积极与其他国家、地区开展普惠金融合作,加强国际经验互鉴。深度参与、积极推动普惠金融相关国际规则制定。

第二节 《中华人民共和国慈善法》与金融社会工作

《中华人民共和国慈善法》(2023修正)(以下简称《慈善法》)[1]作为系统保护慈善事业的重要法律,在保护慈善组织、捐赠人、志愿者、受益人等主体合法权益方面发挥着举足轻重的作用。金融社会工作的开展离不开慈善事业的支持,也与慈善组织、志愿者等主体密切相关,因此《慈善法》中包含了大量的金融社会工作的内容,是研究金融社会工作、促进金融社会工作快速发展必不可少的重要法律。

一、主体规范:慈善组织

慈善事业立法体例有两种模式。一种是英国模式,采取集中立法的方式。其制定的《慈善用途法》,是规范慈善事业的基本法。另一种是美国模式,采取分散立法的方式,有关慈善事业的规范散见于诸多法律中,在美国的宪法、税法、公司法、雇佣法中都可以找到关于慈善事业的法规。我国《慈善法》采取的是集中立法的方式,坚持先立基本法的原则。[2]《慈善法》对慈善的内涵做出明确的规定,在此基础上提出该领域活动的基本原则、法律适用的范围、认定慈善组织的条件和所承担的法律责任等,并形成完整的制度体系。

(一)从社会组织到慈善组织的制度衔接

从2016年《慈善法》公布实施,到2023年《慈善法》修正,《慈善法》在原有的社会组织制度基础上,构建起了全新的慈善组织制度,而为了实现从社会组织

---

[1] 第十四届全国人民代表大会常务委员会第七次会议决定对《中华人民共和国慈善法》进行修改,该决定自2024年9月5日施行。本章所有《慈善法》相关法律条文均根据修改决定调整,特此说明。

[2] 周中之.法治思维下当代中国慈善组织的治理和监督机制[J].上海师范大学学报(哲学社会科学版),2021,50(2):102-109.

到慈善组织的制度衔接,该法不仅系统性地规定了"认定"和"登记"两种类型的程序规则,而且还赋予了慈善组织慈善募捐和税收优惠两项重要的实体权利,以期引导更多的社会组织通过"认定"和"登记"成为慈善组织,并激励慈善组织通过积极开展慈善募捐的方式获得更多的捐赠,进而推动"第三次分配"的开展。[1]

1. 从社会组织到慈善组织时的程序规则

根据社会组织的设立是在该法公布前还是实施后为区分标准,《慈善法》分别规定了"认定"和"登记"两种类型的程序,要求已设立的社会组织需要通过"认定"程序,而新设立的社会组织需要通过"登记"程序。

具体而言,根据《慈善法》第十条第二款的规定,已经设立的基金会、社会团体、社会服务机构等非营利性组织,可以向办理其登记的民政部门申请认定为慈善组织。而民政部门需要依据《慈善组织认定办法》第四条的规定[2],除了兜底性的"其他条件"外,主要审核社会组织是否符合以下四方面条件:第一,在外部条件上,是否具备社会组织法人登记时所需满足的条件[3];第二,在目的宗旨上,是否以开展合法的慈善活动为宗旨,且其活动不以营利为目的;第三,在内部治理上,有明确的组织章程、符合条件的组织机构和负责人;第四,在财务制度上,要求建立健全的财务制度与合理的薪酬制度。对于符合以上四方面条件的社会组织,民政部门应当自受理申请之日起二十日内做出"认定"的决定,并向社会公告。

此外,根据《慈善法》第十条第一款的规定,设立慈善组织,应当向县级以上人民政府民政部门申请"登记"。民政部门需要依据《慈善法》第九条的规定,主要审核其是否符合以下三方面条件:第一,在目的宗旨上,是否以开展合法的

---

[1] 郑功成.《中华人民共和国慈善法》解读与应用 [M].北京:人民出版社,2006:42-46.
[2] 《慈善组织认定办法》第四条 基金会、社会团体、社会服务机构申请认定为慈善组织,应当符合下列条件:
(一)申请时具备相应的社会组织法人登记条件;
(二)以开展慈善活动为宗旨,业务范围符合《慈善法》第三条的规定;申请时的上一年度慈善活动的年度支出和管理费用符合国务院民政部门关于慈善组织的规定;
(三)不以营利为目的,收益和营运结余全部用于章程规定的慈善目的;财产及其孳息没有在发起人、捐赠人或者本组织成员中分配;章程中有关于剩余财产转给目的相同或者相近的其他慈善组织的规定;
(四)有健全的财务制度和合理的薪酬制度;
(五)法律、行政法规规定的其他条件。
[3] 社会组织包括了社会团体、民办非企业单位、基金会共计三类,上述三类社会组织的法人登记条件可参见《社会团体登记管理条例》第十条、《民办非企业单位登记暂行办法》第六条、《基金会管理条例》第八条。

慈善活动为宗旨,且其活动不以营利为目的;第二,在内部治理上,是否有明确的组织章程、符合条件的组织机构和负责人;第三,在外部条件上,是否有自己的名称、住所和必要的财产。对于符合以上三方面条件的社会组织,民政部门应当自受理申请之日起三十日内做出"登记"的决定,并向社会公告。

当然,以上"认定"和"登记"仅仅是停留在规范层面上的程序规则。为了在实践层面上引导、推动更多的社会组织"认定"和"登记"成为慈善组织,《慈善法》还相应赋予了慈善组织两项重要的实体权利。

2. 从社会组织到慈善组织后的实体权利

《慈善法》不仅构建了从社会组织到慈善组织的制度程序衔接,还规定了成为慈善组织后将被赋予的实体权利。其中最为重要的两项权利即为在活动上的慈善募捐权和税收上的优惠减免权。

其一,活动上的慈善募捐权。《慈善法》第二十一条明确规定:"本法所称慈善募捐,是指慈善组织基于慈善宗旨募集财产的活动。"该条规定明确将慈善募捐的主体限定为慈善组织。[1]换言之,非慈善组织除非有法律法规的明确规定,否则无权单独开展慈善募捐[2]。同时值得注意的是,《慈善法》进一步将慈善募捐区分为定向募捐和公开募捐两类,前者意指面向特定对象(如社会团体成员等)所开展的慈善募捐,此类慈善募捐在慈善组织登记认定后即可以开展;后者意指面向不特定对象所开展的慈善募捐,此类慈善募捐需慈善组织申请获得公开募捐资格后才可以开展[3],而要获得公开募捐资格必须向其登记的民政部门提出申请。值得注意的是,区别于2016年的《慈善法》,2023年修改后的《慈善法》缩短了公开募捐资格申请年限,由原来的登记满两年可以申请公开募捐资格修改为一年;同时,放宽公开募捐资格,删除了"可以公开募捐的基金会和社会团体",修改为"其他法律、行政法规规定的可以公开募捐的非营利性组织,由县级

---

[1] 于建伟.《中华人民共和国慈善法》学习问答[M].北京:中国法制出版社,2016:81-82.

[2] 吕鑫.从社会组织到慈善组织:制度衔接及其立法完善[J].苏州大学学报(哲学社会科学版),2022,43(5):101. 从实践中来看,现今除了慈善组织之外,仅红十字会获得了公开募捐资格(截至2022年7月31日共有约1 311家红十字会获得了该资格),其依据来源于民政部、中国红十字会总会《关于红十字会开展公开募捐有关问题的通知》(民电〔2017〕145号)。

[3]《中华人民共和国慈善法》(2023修正)第二十二条规定:"慈善组织开展公开募捐,应当取得公开募捐资格。依法登记满一年的慈善组织,可以向办理其登记的民政部门申请公开募捐资格。民政部门应当自受理申请之日起二十日内作出决定。慈善组织符合内部治理结构健全、运作规范的条件的,发给公开募捐资格证书;不符合条件的,不发给公开募捐资格证书并书面说明理由。其他法律、行政法规规定可以公开募捐的非营利性组织,由县级以上人民政府民政部门直接发给公开募捐资格证书。"

以上人民政府民政部门直接发给公开募捐资格证书"。

同时值得注意的是，在取得公开募捐资格之后，慈善组织还需要根据《慈善法》第二十四条的规定，将募捐方案向慈善组织登记认定地的民政部门进行备案，其备案的内容包括：募捐目的、起止时间和地域、接受捐赠方式、受益人等详细信息[1]。如若在开展慈善募捐时，该慈善组织未备案或未根据备案活动，则根据该法第一百一十条的规定将会受到处罚[2]。据此可知，我国《慈善法》对于慈善组织的公开募捐采取了各国慈善立法中少有的"资格审核"与"活动备案"相结合的模式[3]。

其二，税收上的优惠减免权。《慈善法》第八十六条明确规定："慈善组织及其取得的收入依法享受税收优惠。"该条规定不仅赋予慈善组织通过募捐获得捐赠后享受的税收优惠，且该条以及《慈善法》第八十七条[4]还赋予了捐赠财产用于慈善活动的个人和企业税收上的优惠，其可以凭借所开具的公益性捐赠税前扣除票据享受税收优惠的权利[5]。但应注意，与《慈善法》相配套的税收立法明确规定，慈善组织要想获得税收优惠以及开具公益性捐赠税前扣除票据，必须在符合一定条

---

[1]《慈善组织公开募捐管理办法》第十条规定："开展公开募捐活动，应当依法制定募捐方案。募捐方案包括募捐目的、起止时间和地域、活动负责人姓名和办公地址、接受捐赠方式、银行账户、受益人、募得款物用途、募捐成本、剩余财产的处理等。"

[2]《中华人民共和国慈善法》（2023修正）第一百一十条规定："慈善组织有下列情形之一的，由县级以上人民政府民政部门责令限期改正，予以警告，并没收违法所得；逾期不改正的，责令限期停止活动并进行整改：
（一）违反本法第十四条规定造成慈善财产损失的；
（二）指定或者变相指定捐赠人、慈善组织管理人员的利害关系人作为受益人的；
（三）将不得用于投资的财产用于投资的；
（四）擅自改变捐赠财产用途的；
（五）因管理不善造成慈善财产重大损失的；
（六）开展慈善活动的年度支出、管理费用或者募捐成本违反规定的；
（七）未依法履行信息公开义务的；
（八）未依法报送年度工作报告、财务会计报告或者报备募捐方案的；
（九）泄露捐赠人、志愿者、受益人个人隐私以及捐赠人、慈善信托的委托人不同意公开的姓名、名称、住所、通讯方式等信息的。
慈善组织违反本法规定泄露国家秘密、商业秘密，依照有关法律的规定予以处罚。
慈善组织有前两款规定的情形，经依法处理后一年内再出现前款规定的情形，或者有其他情节严重情形的，由县级以上人民政府民政部门吊销登记证书并予以公告。"

[3] 吕鑫.论公民募捐的合法性［J］.当代法学，2014，28（4）：20-28.

[4]《中华人民共和国慈善法》（2023修正）第八十七条规定："自然人、法人和非法人组织捐赠财产用于慈善活动的，依法享受税收优惠。企业慈善捐赠支出超过法律规定的准予在计算企业所得税应纳税所得额时当年扣除的部分，允许结转以后三年内在计算应纳税所得额时扣除。"

[5] 阚珂.中华人民共和国慈善法解读［M］.北京：中国法制出版社，2016：249-261.

件的前提下另行申请非营利组织免税资格和公益性捐赠税前扣除资格。

一方面,就非营利组织免税资格而言,慈善组织要想获得该资格必须向相应税务部门提出申请[1]。税务部门在收到慈善组织的申请后,将从以下三方面对其条件进行审核:第一,在外部条件上,是否是符合法定条件注册登记的非营利组织;第二,在目的宗旨上,是否具备公益性和非营利性;第三,在内部治理上,是否具备合法的财务会计制度。对于符合上述条件的慈善组织,税务部门及财政部门将授予其非营利组织免税资格,获得该免税资格的慈善组织在运营过程中获得的非经营性收入(不包括经营性收入)将享受税收减免优惠,其范围包括如获得来自其他单位或个人的捐赠收入、符合条件的股息红利等投资收益、按照规定收取的会费等八大类。[2]

另一方面,就公益性捐赠税前扣除资格而言,慈善组织要想获得该资格则必须向财政、税务和民政部门提出申请,财政、税务和民政部门在收到慈善组织的申请后,将从以下三方面进行审核:第一,在外部条件上,是否具有法人资格及其所需满足的条件;第二,在目的宗旨上,是否具备公益性和非营利性;第三,在内部治理上,是否具备健全的财务会计制度等内部治理制度,且未受处罚和严重失信。对于符合上述条件的慈善组织,财政、税务和民政部门将授予其公益性捐赠税前扣除资格,获得该扣除资格的慈善组织可以为向其捐赠的企业和个人开具公益性捐赠税前扣除票据,企业凭票据可在计算纳税额时全额扣除占其年度利润总额12%以内的捐赠支出[3],个人凭票据可以在"六类

---

[1]《关于非营利组织免税资格认定管理有关问题的通知》第二条规定:"经省级(含省级)以上登记管理机关批准设立或登记的非营利组织,凡符合规定条件的,应向其所在地省级税务主管机关提出免税资格申请,并提供本通知规定的相关材料;经地市级或县级登记管理机关批准设立或登记的非营利组织,凡符合规定条件的,分别向其所在地的地市级或县级税务主管机关提出免税资格申请,并提供本通知规定的相关材料。"

[2]《中华人民共和国企业所得税法》第二十六条规定:"企业以下收入为免税收入:(一)国债利息收入;(二)符合条件的居民企业之间的股息、红利等权益性投资收益;(三)在中国境内设立机构、场所的非居民企业从居民企业取得与该机构、场所有实际联系的股息、红利等权益性投资收益;(四)符合条件的非营利组织的收入。"根据《关于非营利组织企业所得税免税收入问题的通知》相关规定,慈善组织还享有以下免税收入:"(一)接受其他单位或者个人捐赠的收入;(二)除《中华人民共和国企业所得税法》第七条规定的财政拨款以外的其他政府补助收入,但不包括因政府购买服务取得的收入;(三)按照省级以上民政、财政部门规定收取的会费;(四)不征税收入和免税收入孳生的银行存款利息收入;(五)财政部、国家税务总局规定的其他收入。"

[3]《中华人民共和国企业所得税法》第九条规定:"企业发生的公益性捐赠支出,在年度利润总额12%以内的部分,准予在计算应纳税所得额时扣除。"

所得"[1]中扣除其捐赠支出，但扣除限额为当年应纳税所得额的30%[2]。

（二）《慈善法》与慈善组织治理机制

当代中国慈善事业进入一个新的时期，"治理吸纳慈善"是当前慈善事业的总体特征。慈善组织的治理成为国家治理体系的一个重要组成部分，对此，《慈善法》做出了一系列的制度规定。

其一，明确了慈善组织的章程。《慈善法》第十一条规定了慈善组织章程载明的事项，包括名称和住所、组织形式、宗旨和活动范围等事项。

其二，由民政部门指定互联网公开募捐信息平台。《慈善法》第二十七条规定："慈善组织通过互联网开展公开募捐的，应当在国务院民政部门指定的互联网公开募捐服务平台进行，并可以同时在其网站进行。"[3]

其三，建立健全慈善组织内部治理机制。《慈善法》第十二条规定："慈善组织应当根据法律法规以及章程的规定，建立健全内部治理结构，明确决策、执行、监督等方面的职责权限，开展慈善活动。慈善组织应当执行国家统一的会计制度，依法进行会计核算，建立健全会计监督制度，并接受政府有关部门的监督管理。"慈善组织依法成立后即具有独立的法律主体资格，应当依照法律和章程实行自我管理。

同时，由于慈善活动涉及慈善组织与捐赠人、受益人以及公众的关系，以及双方各自的权利与义务，广泛影响公共社会利益，而不同形态的慈善组织对内部治理机构又有不同的要求，故慈善组织必须建立自己相应的章程，且这些章程必须在符合法律法规的同时，又有该慈善组织的特点。对此，慈善组织应当进一步优化内部治理的结构，严格遵守章程规定。慈善组织内部治理结构与公司的治理结构有相通之处，也有所不同。在慈善组织内部治理结构中有

---

[1]《关于公益慈善事业捐赠个人所得税政策的公告》第三条第一款规定："居民个人发生的公益捐赠支出可以在财产租赁所得、财产转让所得、利息股息红利所得、偶然所得（以下统称分类所得）、综合所得或者经营所得中扣除。在当期一个所得项目扣除不完的公益捐赠支出，可以按规定在其他所得项目中继续扣除。"

[2]《中华人民共和国个人所得税法》第六条规定："个人将其所得对教育、扶贫、济困等公益慈善事业进行捐赠，捐赠额未超过纳税人申报的应纳税所得额百分之三十的部分，可以从其应纳税所得额中扣除；国务院规定对公益慈善事业捐赠实行全额税前扣除的，从其规定。"

[3]《中华人民共和国慈善法》（2023修正）第二十七条规定："慈善组织通过互联网开展公开募捐的，应当在国务院民政部门指定的互联网公开募捐服务平台进行，并可以同时在其网站进行。 国务院民政部门指定的互联网公开募捐服务平台，提供公开募捐信息展示、捐赠支付、捐赠财产使用情况查询等服务；无正当理由不得拒绝为具有公开募捐资格的慈善组织提供服务，不得向其收费，不得在公开募捐信息页面插入商业广告和商业活动链接。"

理事会、会员大会、执行机构以及监事会。其中,理事会是慈善组织的中心,慈善组织内部治理结构主要是围绕理事会进行建构和运作的。这种治理基本等同于理事会职能与角色的发挥。此外,慈善组织得以良好发展不仅需要制定出好的章程,还需要严格遵守章程规定。实践中,有的基金会未按照章程规定的宗旨和公益活动的业务范围进行活动,如借款给企业;有的基金会存在超出章程规定的宗旨和公益活动的业务范围开展活动以及在编制财务会计报告中弄虚作假,情节严重;有的基金会在开展募捐、接受捐赠以及使用财产等活动中,存在不符合章程规定的宗旨和公益活动的业务范围的情形……这些慈善组织未按照章程规定的宗旨和公益活动的范围进行活动,被民政部门依法进行行政处理。[1]

(三)《慈善法》与慈善组织监督机制

1. 总领性法规

监督机制是慈善治理机制中的重要组成部分,也是当前中国搞好慈善治理的关键部分。对此《慈善法》主要做出如下规定:

(1)依法成立行业组织,加强行业自律。《慈善法》第十九条和第一百零七条分别规定"慈善组织依法成立行业组织"及"慈善行业组织应当建立健全行业规范,加强行业自律"。

(2)不得危害国家安全和公共利益。《慈善法》第十五条规定:"慈善组织不得从事、资助危害国家安全和社会公共利益的活动,不得接受附加违反法律法规和违背社会公德条件的捐赠,不得对受益人附加违反法律法规和违背社会公德的条件。"

(3)信息公开,权责明确。《慈善法》第七十五条规定:"国家建立健全慈善信息统计和发布制度。国务院民政部门建立健全统一的慈善信息平台,免费提供慈善信息发布服务。"[2]

2. 监督机制组成部分

总体而言,慈善组织的监督机制可以分为两部分。

---

[1] 周中之.法治思维下当代中国慈善组织的治理和监督机制[J].上海师范大学学报(哲学社会科学版),2021,50(2):102-109.

[2]《中华人民共和国慈善法》(2023修正)第七十五条:"国家建立健全慈善信息统计和发布制度。 国务院民政部门建立健全统一的慈善信息平台,免费提供慈善信息发布服务。 县级以上人民政府民政部门应当在前款规定的平台及时向社会公开慈善信息。 慈善组织和慈善信托的受托人应当在本条第二款规定的平台发布慈善信息,并对信息的真实性负责。"

（1）坚持信息公开透明制度是慈善组织监督机制的基础。国际上慈善组织监督机制的普遍做法是其运作全过程的信息公开和透明，当代中国慈善组织建设的实践研究充分证明了信息公开透明对于其健康发展的极端重要性[1]。原因在于，只有在公开透明的信息中，政府、社会和公众才能掌握事实，对慈善组织的情况做出客观正确的评价。《慈善法》第九章以整章的篇幅安排了"信息公开"的内容，后民政部又根据《慈善法》制定了二十六条《慈善组织信息公开办法》，内容更为具体、详细。法律规定了要在统一的信息平台上发布慈善组织信息，信息公开应当真实、完整、及时，也对信息的时限做了明确的规定，同时，涉及国家秘密、商业秘密、个人隐私的信息，以及捐赠人、志愿者、受益人、慈善信托的委托人不同意公开的姓名、住所、通信方式等信息，不得公开。

（2）强调多元主体协同监督慈善组织。慈善组织工作的实质是对"资金"或"资金过程"的管理，为防止部分慈善组织迫于生存的压力或受市场利益的驱动，以慈善的名义谋求个人、小团体的不当利益，滥用、挪用各种形式的资助或侵吞慈善资金，对慈善组织的监督还需要外在的"硬约束"，即由政府、社会、行业组织、慈善组织等主体协同监督慈善组织。

第一，政府监管。政府应该通过制度设计加强对慈善组织的管理和监督。《慈善法》第一百零三条规定："县级以上人民政府民政部门应当依法履行职责，对慈善活动进行监督检查，对慈善行业组织进行指导。"即民政部门作为分管慈善组织的政府部门，有权代表政府对一些涉嫌违法违规的慈善组织进行调查和处理。民政部门有责任建立慈善组织及其负责人信用记录制度，并向社会公布；有责任建立慈善组织评估制度，鼓励和支持第三方机构对慈善组织进行评估，并向社会公布评估结果。同时，政府对慈善组织的监管，在税务、财务、审计监督方面还需要其他相关部门共同参与。

第二，社会监督。慈善组织第三方评估是社会监督的重要组成部分。《慈善法》第一百零六条规定："县级以上人民政府民政部门应当建立慈善组织及其负责人、慈善信托的受托人信用记录制度，并向社会公布。"独立性是第三方监督的核心价值，独立性的基本要求是不受任何机构和个人的干涉，能够保证监督的

---

[1] 焦克源.社会组织参与公共危机协同治理的困境与出路——以红十字会慈善捐赠工作为例[J].行政论坛，2020，27（6）：122-129.

公正性。专业性是第三方监督的固有价值,这种专业性要求第三方机构是专业机构,同时该专业机构的工作人员具有专业知识和专业技能,能够在对具体事务进行评估时起到指导、监督作用,增强评估结果的说服力。在国外,许多国家的慈善组织的第三方监督研究成为常态,但这在中国才起步不久。要推进慈善组织第三方评估的工作,必须健全相关制度,保障第三方监督的独立性不受干涉、专业性得到发挥。具体而言,其应尽的职责包括对慈善机构的财物进行全面审计,对捐赠物的管理和使用流程进行全程监控,对慈善机构接受及购买的捐赠物进行评估,对慈善机构重大事项的决策进行监督。另外,现代社会生活中,网络社交媒体的影响力越来越大,可以通过微信、微博、论坛等方式进行慈善社会监督。现在,许多慈善组织的问题首先在网络上被披露出来,并且迅速传遍社会。青年人是网络社交的主力军,应该充分发挥他们通过网络对慈善组织进行监督的作用。

第三,行业自律。《慈善法》第一百零七条规定:"慈善行业组织应当建立健全行业规范,加强行业自律。"行业组织可以通过相互之间约定的完整的、有效的自律条款来进行监督,假如有成员违反条款,可以予以处罚,甚至开除其会员资格,以推动行业良性竞争局面的形成。

第四,内部监督。内部监督体现了组织自治,能最灵活、最经济地实现自治。《慈善法》第十一条规定,慈善组织的章程应当载明内部监督制度。这一内部监督是由监事会来实施的。慈善组织应充分赋予监事会独立的监督权和质询权,加强对组织日常管理、财务运作、项目执行的监督。[1]

二、行为规范:慈善募捐

(一)慈善募捐法律概念要素简析

随着慈善事业法治化进程的推进,"募捐"一词被纳入法律规范之中,成为专门的法律概念。1988年国务院出台的《基金会管理办法》中开始出现"募捐"一词,但并未明确进行界定。2004年《基金会管理办法》被《基金会管理条例》所替代,并对募捐做了较之前相对详细的规定,区分了公募基金会和非公募基金会,并对公募基金会的募捐行为做了法律上的规制,但是对于何谓募捐仍无明确

---

[1] 周中之.法治思维下当代中国慈善组织的治理和监督机制[J].上海师范大学学报(哲学社会科学版),2021,50(2):102-109.

规定。[1]2016年我国第一部《慈善法》出台,首次以法律形式对"慈善募捐"进行了明确的界定。

1. 慈善募捐的性质

《慈善法》所调整的募捐行为的目的是"为了不特定人的某个公益目的"。这种行为在《慈善法》出现之前,被称为"公益募捐";《慈善法》颁布之后,则被称为"慈善募捐"。这种行为不再适合由民法调整,而是适合由《慈善法》调整。其一,慈善募捐的公益目的使得募捐不只是简单地募集的行为,还包含了接受和管理捐赠财物以及将捐赠财物用于公益目的等诸多环节。其二,慈善募捐公益目的的设置使得仅凭个人的力量难以实现该目的,而需要具有专业性与组织性的慈善组织参与、运行。而慈善组织相对募捐人、受益人、相对人而言,虽然形式上地位平等,但是存在着实质上的优劣势之差,在交往过程中劣势地位者无法实现与优势地位者的平等对话,其自由意志也无法充分表达,在这种情况下,就需要有公权力的干预。因此,无法完全依赖民法进行调整,具有公私混合性质的《慈善法》对慈善募捐进行调整成为必然。[2]

2. 慈善募捐的用途

《慈善法》第二十一条规定,慈善组织"基于慈善宗旨"而募集财产,并未认可慈善组织可以基于自身发展而进行募捐;第二十四条有关于募捐成本的规定;第六十一条有关于年度管理费占年总支出比例的规定。应当认为,慈善募捐的目的必然包含慈善目的和慈善组织自身的存在与发展。原因在于,慈善募捐本身并不能自动启动,必然需要人力、物力、财力等各方面资源要素的投入,必然会产生成本和费用支出。由于慈善募捐属于社会力量动员社会资源解决社会问题的努力,不同于国家利用税收资源解决社会问题,故其成本和支出费用无法通过税收体系予以弥补,慈善组织只能从其所筹集的财产中支付成本。这就意味着慈善组织自身的存在和发展有赖于社会资源的筹集,其中也包含募集的财产。

---

[1] 刘志敏,沈国琴.公权力介入公益募捐行为的正当性及其边界[J].国家行政学院学报,2014(4):75.

[2] 沈国琴.慈善募捐法律概念要素分析[J].晋中学院学报,2019,36(2):53-59.

3. 慈善募捐的对象

如前文所述，一般认为，根据募捐对象是否为不特定的社会公众，慈善募捐可以区分为公开募捐和定向募捐两种类型。我国《慈善法》第二十九条对两者进行区分规定："慈善组织开展定向募捐，应当在发起人、理事会成员和会员等特定对象的范围内进行，并向募捐对象说明募捐目的、募得款物用途等事项。"本书认为，定向募捐主要为针对"熟人社会"的募捐。针对特定的人、在特定的地方的募捐都应当被纳入定向募捐的范围之内，如慈善组织针对特定人群邀请发起的慈善晚会上的募捐等。[1] 反之，公开募捐是面向不特定的社会公众进行的募捐，这类募捐面对的是"陌生人社会"，"熟人社会"中对募捐所形成的压力机制均失灵，因此需要引入公权力对公开募捐进行监管。监管的方式一方面是可以设立许可制度，通过许可使符合条件的慈善组织进入，另一方面是进行许可后的动态监管。

4. 慈善募捐的方式

慈善募捐方式也是慈善募捐概念的重要组成要素。我国《慈善法》第二十三条以"列举"方式对慈善募捐方式进行规定，"在公共场所设置募捐箱；举办面向社会公众的义演、义赛、义卖、义展、义拍、慈善晚会等；通过广播、电视、报刊、互联网等媒体发布募捐信息"，另外也规定了一项兜底条款，即"其他公开募捐方式"。

（二）我国慈善募捐的监督机制

近年来"汶川慈善赈灾频现的诈骗、挪用和贪污事件"、"红十字会万元餐事件"以及"郭美美事件"将社会各界的目光聚焦到慈善事业存在的弊病上，全程监督机制亟待引入。

在《中国慈善事业发展指导纲要（2011—2015年）》中，我国政府将完善监督立法视为慈善事业发展的"重点任务"，并有针对性地提出应构建慈善募捐的"全程监督机制"，即"对慈善资金从募集、运作到使用效果的全过程监管"机制。

1. 全程募捐监督机制

从慈善法学出发，全程募捐监督机制包括事先监督和事后监督两部分，以此涵盖募捐开展及使用的全过程。

---

[1] 沈国琴.慈善募捐法律概念要素分析［J］.晋中学院学报，2019，36（2）：53-59.

（1）"事先监督"，即在募捐行为开展前，为了保障募捐行为合法、合理地开展，通过设置"许可"或"备案"的"事先准许"机制所进行的监督。事先监督的目的包括两点：其一，预知募捐开展，即监督者能够及时掌握募捐开展的具体信息；其二，规范募捐开展，即监督者通过对募捐开展的方法、时间等方面进行规制，以督促募捐合法、合理地开展。

（2）"事后监督"，即在募捐结束后，为了保障募捐资金能够合法、合理地使用，通过对募捐者设置公开义务和对监督者授予检查职权所开展的监督，其包括两部分内容：其一，募捐者的公开义务，即要求募捐者将募捐的结果和使用情况依法定形式公布的义务；其二，监督者的检查职权，即授予特定监督者对募捐者的募捐结果和使用情况进行调查与处罚的监管权力。[1]

2. 监管体系

从监管体系上看，《慈善法》确立的监管体系为政府监管、社会监督和行业自律三位一体。

政府监管主要由民政部门执行，形式为年度报告、检查评估、抽查、约谈、行政处罚等。针对社会组织，民政部先后发布了《关于开展全国性行业协会商会、基金会和民办非企业单位评估工作的通知》《全国性社会组织评估管理规定》和《社会组织抽查暂行办法》；2017年1月26日，民政部制定《关于开展基金会2016年度报告和年度检查工作的通知》，要求在2016年12月31日前登记或者认定为慈善组织的基金会，应当报送2016年度工作报告（含财务会计报告）。为规范社会组织登记管理机关实施的行政处罚和约谈工作，民政部发布了《社会组织登记管理机关行政处罚程序规定》和《社会组织登记管理机关行政执法约谈工作规定（试行）》。

社会监督方面，民政部于2016年8月15日印发《社会组织登记管理机关受理投诉举报办法（试行）》，鼓励公众对慈善活动进行监督，在发现慈善组织、慈善信托的违法行为时，向民政部门、有关部门或者慈善行业组织投诉、举报。综合以上内容以及相关规定，我国以《慈善法》为基础、多种慈善配套制度相结合、社会组织相关规定做补充的慈善法律体系已经基本形成和完备，目前正处于不断细化、具体落实、逐步完善的过程中。

---

[1] 吕鑫.我国慈善募捐监督立法的反思与重构——全程监督机制的引入［J］.浙江社会科学，2014（2）：55-56.

第三节 《中华人民共和国信托法》与金融社会工作

一般认为,信托制度最早起源于英国,即当法定权利被一个人(受托人)拥有,并且另一个人(受益人)享有利益时,最简单的信托关系就可以确定了[1]。《中华人民共和国信托法》(以下简称《信托法》)中与金融社会工作具有直接密切关系的内容为慈善信托。慈善信托作为同时受到《慈善法》与《信托法》双重规制的金融形式,具有重要地位。

慈善信托是以慈善为目的设立的信托,这是慈善信托的首要特征。关于慈善信托与公益信托的关系,主要存在两种观点:一是普遍认为公益信托和慈善信托仅是不同法系对于同一事物的不同用词。二是部分人认为公益信托范围要比慈善信托范围大,主要理由是大陆法系国家或地区法律界定的"公益目的"比英美法系国家或地区法律界定的"慈善目的"更宽泛。[2]

实际上,"慈善目的"与"公益目的"并无孰大孰小之虞。随着各国法律的发展,"慈善目的"由注重弱者救助的"慈善"不断向注重公共生活的"公益"扩展,这是大势所趋,二者并无实质性差异。但在大陆法系国家和地区,公权力介入程度明显存在差异。慈善信托强调慈善是个人的事情,国家干预应减少到最小程度。而公益信托则基于发展公益事业的目的,强调政府监管的重要性。

一、慈善信托受托人的规定

慈善信托受托人在慈善信托中处于核心地位,一般指与慈善信托委托人签订信托文件,约定慈善目的,接受委托人转移的信托财产,按照法律和信托文件对慈善财产进行经营、投资、管理和分配的主体。

(一)慈善信托受托人的范围

根据《慈善法》第四十七条的规定,在我国慈善信托的受托人只能由慈善组织或信托公司担任。单从主体外延上看,法律对慈善受托人资格的限制相较于委托人要严格。

---

[1] 伊恩·麦克唐纳英,安·斯特里特.衡平法与信托法精义[M].北京:法律出版社,2018:19.
[2] 王建中,燕翀,张时飞.慈善信托法律制度运行机理及其在我国发展的障碍[J].环球法律评论,2011,33(4):108-117.

1. 慈善组织受托人

慈善组织属于非营利组织,在我国必须依据《慈善法》等相关法律成立。慈善组织可以采取基金会、社会团体、社会服务机构(民办非企业单位)等组织形式。数据显示,慈善组织在我国的发展已经初具规模并且数量与日俱增,以慈善组织作为受托人的慈善信托也逐步得到发展。

2. 信托公司受托人

信托公司是主要经营信托业务的金融机构。其经常参与商事活动,组织机构内部有较多金融人才,在运用信托资金投资保值、金融资产管理方面优势显著。将信托公司以及信托法律制度引入慈善事业,一方面能使信托公司的相对优势充分发挥,另一方面也将市场机制引入慈善事业,提升慈善活动的效率,最终促进慈善事业发展。

3. 受托人资格的特殊要求

私益信托的受托人通常通过委托人自行指定,或者由信托当事人协商确定,法律一般对此并无特别限制。但是慈善信托的受托人则有更为严格的要求。例如英国《1993年慈善法》规定:"有下列情形之一的,没有资格担任慈善信托受托人:(一)被判决认定有任何不诚实或者欺诈行为的;(二)被宣告破产或者被处以扣押财产,且该情形尚未被解除的;(三)与其债权人达成债务和解,或者将信托契约让与其债权人,且该情形尚未被解除的;(四)基于受托人在由其所负责的、或者与其个人利益存在利害关系的、或者能为其带来利益或便利之慈善组织管理业务中,出现处理不当或者管理不善的情形,从而被免除受托人资格的;(五)因其与任何团体之管理或者控制相关联,从而被免除受托人资格的;(六)其受托人之资格,根据公司法或者破产法的相关规定被免除的。"英国对慈善信托受托人资格的限制性规定值得我国研究与借鉴。

(二)慈善受托人的权利和义务

慈善信托法律关系一旦设立成功,委托人应当按照信托协议的约定移转信托财产,则受托人取得慈善信托财产的占有、管理、处分等权利。此外,在慈善信托合同中还可以为受托人约定其他权利,如获取合理报酬的权利。

在信托法律制度中,受托人应根据信托文件约定的内容和法律的规定,实现委托人的意愿,即为受益人利益运营信托财产并进行分配,这是信托的核心所在。但是,在慈善信托法律关系中受托人的"信赖义务"是其首要义务。

1. 忠实义务

受托人的忠实义务是指受托人应忠实于委托人、受益人以及慈善信托的设立宗旨，一般情况下不能有自私的动机，应当为了社会公共利益的提升而遵循信托文件或社会道德规范，不谋取私利，不滥用职权。

忠实义务来源于英国衡平法的基本原则，即受托人不应从其作为受托人的地位中获利；不应让自己处于一种对信托的义务与其个人利益相冲突的地位；不应将个人财产与信托财产进行交易；不应违反信托合同，获取不合理报酬。受托人的忠实行为可以提高其知名度和社会声誉，从而可能更好地激发捐赠者进行慷慨捐赠。

2. 谨慎义务

受托人的谨慎义务是指受托人在运行慈善信托的过程中应当保持慎重、仔细，像一位善良管理人那样，即使其管理慈善信托没有任何报酬。

慈善信托的受托人比私益信托的受托人在履行信托合同过程中负有更高的谨慎义务，这主要表现为谨慎管理慈善信托财产和谨慎保存慈善财产账目与相关数据。谨慎的慈善受托人将能够使慈善财产大幅增加，促使捐赠者不断捐赠，也会通过金融活动不断实现慈善财产的保值增值。这是慈善信托所追求的目的。我国在相关法律规范中也明确了慈善受托人的谨慎义务。[1]

二、慈善信托的信息披露制度

在慈善信托中，所有权和收益权被分割，受托人作为信托财产的所有权人，为公众利益和慈善目的处分该财产。慈善信托信息披露主要是为受托人设定的一项法律义务，即受托人有义务依照法律规定将管理、处分慈善财产过程中的重大事件向社会公开，以便慈善信托委托人、受益人、监察人、监管部门以及社会公众及时了解慈善信托的运行情况。

（一）英美国家的慈善信托信息披露制度

英美国家的慈善信托信息披露制度主要呈现以下几个特点：

（1）法律和专门会计准则。以法律和专门会计准则的形式详细规定了慈善信托的信息披露。比如，英国慈善信托信息披露的规定主要体现在其《慈善法》《慈善组织会计与报告：推荐实务公告》里面，美国的慈善信托信息披露主要规

---

[1] 孙洁丽.慈善信托法律问题研究［M］.北京：法律出版社，2019：62-71.

定在《国内税收法典》中,另外美国财务会计准则委员会针对慈善受托人还制定了专门的会计原则,以加强信息披露活动的开展。

（2）政府部门作用。通过相关法律明确特定政府部门在慈善信托信息披露方面的作用。比如,英国《2022年慈善法》明确规定慈善委员会主要负责监督慈善信息的公开,慈善信托的注册、变更与终止需要到慈善委员会登记,并定期向慈善委员会公开报告。在美国,国税局在慈善信托的信息披露中发挥重要作用,美国相关部门还会对慈善机构发布的信息进行分析,以此引导公众设立慈善信托的行为。

（3）强制和自愿结合。同时采用强制性信息披露与自愿性信息披露。比如,英国明确规定慈善信托受托人年度报告、资产负债表、财务活动表、现金流量表、报表附注属于慈善信托强制性信息披露的内容,慈善信托受托人汇总财务报表、简要财务信息等属于自愿性披露的内容。在美国,所有的慈善信托受托人均需要填报国税局"990表格",披露相关信息,受托人还可以通过美国基金会中心自愿披露其他信息。

（4）强调附注。英美国家均强调附注在信息披露中的重要作用。财务报表附注是对报表内容的解释与说明,英国《慈善组织财务与报告文件推荐标准》（SORP）要求慈善信托受托人在附注中说明各项活动的资金和成本等。在美国,慈善信托受托人披露"990表格"时,需要通过附注对相关内容进行详细说明。报表附注有助于各方理解慈善信托财务信息,是英美国家慈善信托受托人信息披露制度中不可或缺的一部分。

（5）采用奖励与惩罚机制。英美国家均采用奖励与惩罚机制来推动慈善信托进行有效的信息披露。比如,英国慈善救助基金和英国会计师协会通过设立账目披露奖和网上账目披露奖等,激励慈善信托披露高质量的信息。美国慈善信托的信息披露采用"披露—分析—发布—惩罚"机制,对不依法履行信息披露义务的慈善信托受托人进行处罚。

通过信息披露制度,慈善信托和捐赠者之间的信息不对称得到缓解,促使捐赠者进行有意义的捐赠。英美国家均建立了较为完善的慈善信托信息披露制度,保障了慈善信托设立、运行及终止过程中的透明性,其先进的立法与实践经验值得我国借鉴。[1]

---

[1] 孙洁丽.慈善信托法律问题研究[M].北京:法律出版社,2019:373-378.

（二）我国慈善信托信息披露制度

(1)《慈善法》的相关规定。《慈善法》第五章第四十九条原则性地规定了慈善信托受托人就财务等信息的披露义务。第九章构建了我国慈善信托、慈善组织信息披露的整体框架。其中第七十五条规定了政府在慈善信息披露方面的职责，即应建立健全慈善信息统计和发布制度。第七十六条规定了慈善事业监管部门，即民政部门应当及时向社会公开的慈善信息。第七十七条规定了依法进行信息公开是慈善信托受托人的一项法定义务。第七十八条规定了慈善信托受托人信息公开的具体项目。第八十一条规定了慈善信托受益人的部分知情权。

(2)《信托法》的相关规定。依据《信托法》第三十三条和第六十七条第二款的规定，《信托法》只要求受托人进行完整记录、报告信托事务处理情况及财产状况，未就信息披露的方式、内容等做出规定。

(3)《慈善信托管理办法》的相关规定。《慈善信托管理办法》有关信息披露的规定依然很粗糙，没有规定信息披露的基本原则，对要求发布的信息列举不全面，没有涉及重大事项信息的临时披露、会计审计报告的披露等，更没有规定违反信息披露的法律责任等。

(4)《民间非营利组织会计制度》的相关规定。一般认为，慈善信托在从事慈善活动时需要遵守《民间非营利组织会计制度》。根据该规定，慈善受托人信息披露的主要内容有三部分：一是按期披露年度工作报告，说明受托人基本信息、年度内开展的各项慈善活动、收支成本等；二是财务会计报告，财务会计报告是反映慈善信托受托人财务状况和收支情况的书面文件；三是审计报告，慈善信托受托人应定期在指定媒体发布相关财务信息。

从我国现有制度来看，当前慈善信托信息披露制度主要存在以下问题：一是现有规定仅原则性地规定了慈善信托的信息披露义务，以及慈善信托受益人与社会公众享有知悉慈善信托事务处理情况及信托财产管理使用情况的权利。反观国外立法，对会计报告和会计记录的制作、提交、保管、审计等的规定非常详细。我国法律并没有从会计记录的角度进行明确要求，也没有对慈善信托的强制性信息披露与自愿性信息披露加以可操作性规定。二是对慈善信托成本类信息的披露规定模糊，财务报表附注未得到重视。目前，我国慈善信托受托人侧重对资产的信息披露，忽视成本信息的详细披露。若慈善信托对日常运营费用、工作人员薪酬、管理费用、善款去向等信息披露不明确，慈善信托将遭受严重信任危机。三是现有规定对受托人信息披露渠道、披露程序监督措施缺乏明确统一的规定。互联网时代为慈善信托的公信力、慈善信息的权威性带来了巨大挑战。当前，社会公众普遍习惯通过网络了解慈善信托的信息，但是实践中很多慈善机构不能通过官方网站、微信公众号披露年度报告、财务报告等信息。此外，对信息披露程序的规定也存在欠缺，如慈善机构信息披露的时间没有统一规定。最后，现行法律对慈善机构信息披露监督机制也未做明确有效的规定，不利于保障捐赠者的合法权益，也不利于引导慈善资源的有效分配。

综上所述，我国法律中有关慈善信托信息公开的规定过于粗略，远远落后于英美国家。在慈善信托领域，未来趋势将是朝着更完善的信息披露方向发展。信息披露是一种强大的、可以有效地提高慈善信托运行透明度、实施有效监管的措施，因此，立法及实践部门需要通力合作，进一步完善慈善信托的信息披露制度。[1]

三、慈善信托的监察人制度

私益信托中，由于受益人特定，信托关系内部有受益人、外部有委托人，共同约束监督受托人。与之相比，慈善信托具有慈善性、公益性，其最大特点是受益人的不特定性，因此不存在受益人监督受托人的机制。此种制度难以保证受托人忠实、客观、勤勉地执行职务，以实现慈善目的，并保护受益人利益。慈善信托监察人制度可以弥补委托人及受益人对受托人内部监督的不足，是慈善信托的一项重要监督机制。

在我国，慈善信托监察人是选择性设置的，是指由委托人确定的，作为受益人代表，以法律和信托文件为依据，对慈善信托受托人运行慈善信托的行为进行监督的人。

（一）慈善信托监察人的产生与变更

1. 慈善信托监察人的选任

监察人的选任主要有三种方式，包括：由委托人选任监察人并规定在信托文件中；由利害关系人或者检察官向法院申请指定信托监察人；法院依照职权选任信托监察人。

---

[1] 孙洁丽.慈善信托法律问题研究［M］.北京：法律出版社，2019：379-392.

如果委托人在设立慈善信托时没有选任监察人或者选任的监察人不同意或者不能履行职责,由利害关系人或检察官向法院提出申请选任监察人,或者法院依照职权选任信托监察人。这两种监察人选任方式最终目的是保护受益人利益,代表国家为日本与韩国。

2. 慈善信托监察人的变更

(1) 辞任。辞任是指慈善信托监察人具有正当事由,不能执行职务或丧失任职资格时,主动提出不再担任监察人,退出慈善信托的行为。我国《信托法》及《慈善法》尚未对慈善信托监察人辞任事项做出规定。

(2) 解任。当慈善信托监察人严重违反信托文件,怠于履行职责或者存在其他重大违法违规行为时,应赋予原选任者或特定机关解除慈善信托监察人职务的权利。慈善信托监察人因其行为给慈善信托造成损失的,应当承担相应的法律责任。

(3) 消灭。慈善信托监察人因死亡、解散、破产或者被撤销等原因而导致主体资格消灭,也会发生慈善信托监察人的变更,需要选任新的监察人继续履行职责。

(二) 慈善信托监察人的权利与义务

1. 慈善信托监察人的权利

(1) 知情权。慈善信托中,监察人有权获知信托财产管理、运用、处分与收支信息,并有权要求受托人做出说明。当监察人对受托人披露的相关信息有疑问时,可以向受托人询问,要求其进行合理解释。

(2) 报酬请求权。慈善信托监察人因履行监督受托人职责,理应取得相应报酬,信托文件明确约定慈善信托监察人无偿监督的除外。

(3) 合理支出请求权。慈善信托监察人为保障受益人利益可能会产生合理支出,该费用监察人可以请求受益人偿还。在慈善信托中由于受益人具有不特定性,以上费用及损害赔偿只能从信托财产中拨付。

(4) 撤销权与损害赔偿请求权。如果慈善信托受托人违背信托义务或者慈善目的而处分信托财产的,慈善信托监察人可以向法院请求撤销受托人处分行为。如果受托人利用信托财产从事营利性、高风险投资,除法律另有规定外,监察人有权要求受托人停止相关行为,恢复信托财产原状,受托人对信托财产造成损失的,有权要求受托人赔偿信托财产所受损害。

(5) 诉权。慈善信托监察人在履行监督职责的过程中,如果发现慈善信托受托人存在不当行为或滥用职权时,有权要求受托人及时纠正,受托人拒不改正的,监察人有权向人民法院提起诉讼。

2. 慈善信托监察人的义务

(1) 注意义务。在慈善信托中,设立监察人时应选择具有相关专业知识的人员与机构担任。监察人应如同善良管理人一样在履行职责中尽到足够的注意义务,监督受托人管理、运用慈善财产的行为,并将对受托人的监督情况及时报告民政部门。

(2) 忠实义务。慈善信托监察人在执行职务的过程中应当忠实、善意地履行职责。具体体现在以下两点:一是不能滥用监察权;二是监察人应当如实告知其在履行职责过程中发现的慈善信托受托人不当行为。诚信原则要求监察人不应从其作为监察人的地位中获利;在个人利益和监督职责相冲突时,坚持受益人利益的最大化,并尽量避免此类冲突出现;不应利用职务之便将个人财产与信托财产进行交易;不应取得违反信托文件和法律规定的利润和佣金等。

(三) 我国慈善信托监察人制度的不足

实际上,我国慈善信托监察人制度的规定不足以保护受益人权益。

一方面,英美等国家十分重视法院的作用,如英国慈善信托的监察人是检察总长,美国为各州检察长,他们有权代表受益人,为受益人的利益行使诉讼权。我国确立的信托监察人制度与日本、韩国的有关规定相似。不相同的是,当信托文件未规定信托监察人时,日本、韩国规定由利害关系人或检察官申请法院选任,而我国则要求由公益事业管理机构指定。显然,慈善信托监察人制度不完全以受益人为本位,而是行政管理机构的一个帮手,对受益人权益的保护有限。法律对慈善信托监察人的任职资格和退出机制缺乏规定,必然对监察人制度的健康运行产生障碍。

另一方面,现行法律对慈善信托监察人享有的权利与义务规定较为笼统。此外,我国《信托法》规定慈善信托监察人享有实施其他法律行为的权利,作为兜底性规定,该规定容易扩大慈善信托监察人的职权。且现行法律并没有明确慈善信托监察人应承担的义务,慈善信托监察人在行使权利时容易滥用职权或者怠于履行职责。慈善信托监察人权利与义务等方面的不明确规定,必然使慈善信托监察人制度难以发挥应有的功效。[1]

---

[1] 孙洁丽. 慈善信托法律问题研究 [M]. 北京:法律出版社,2019:572-602.

第四节 《中华人民共和国证券法》与金融社会工作

《中华人民共和国证券法》(以下简称《证券法》)中的金融社会工作立足于对弱势群体的保护,在具体的制度设计上体现为对投资者的倾斜保护。由于证券市场的专业性与高风险性,为了维护证券市场的平稳可持续发展,证券投资者保护一直以来便是我国《证券法》的重中之重,而随着2019年《证券法》的修订,证券投资者保护更是被单独列为一章。在现行《证券法》中,涉及证券投资者保护的制度较多,以下将一一展开论述。

一、事前保护机制

(一) 投资者适当性义务

《证券法》要求:"证券公司向投资者销售证券、提供服务时,应当按照规定充分了解投资者的相关信息;如实说明证券、服务的重要内容,充分揭示投资风险;销售、提供与投资者上述状况相匹配的证券、服务。"同时,《证券法》将普通投资者和专业投资者进行区分,目的是为了充分保护风险承受力较低、投资知识和经验不足的普通投资者。明确在普通投资者与证券公司发生纠纷时,证券公司应当证明其行为符合法律规定,不存在误导、欺诈等情形。

(二) 上市公司投资者关系制度

投资者关系管理(简称"投资者关系")是指上市公司通过便利股东权利行使、信息披露、互动交流和诉求处理等工作,加强与投资者及潜在投资者之间的沟通,增进投资者对上市公司的了解和认同,以提升上市公司治理水平和企业整体价值,实现尊重投资者、回报投资者、保护投资者目的的相关活动。

投资者关系(Investor Relations,IR)的三要素是:第一,投资者关系工作的主体是公司,而不是公司的某个部门或某一部分人。第二,投资者关系工作的对象是投资者,包括现有投资者与潜在投资者。第三,投资者关系工作的手段是信息披露、交流和沟通。信息披露是单向的,交流和沟通就是双向的。因此,投资者关系工作不仅是信息披露,更要听取投资者的意见,与他们交流、沟通。

《上市公司投资者关系管理工作指引》第四条规定,投资者关系管理工作的基本原则是:第一,合规性原则。上市公司投资者关系管理应当在依法履行信息披露义务的基础上开展,符合法律、法规、规章及规范性文件、行业规范和自律规则、公司内部规章制度,以及行业普遍遵守的道德规范和行为准则。第二,平等性原则。上市公司开展投资者关系管理活动,应当平等对待所有投资者,尤其为中小投资者参与活动创造机会、提供便利。第三,主动性原则。上市公司应当主动开展投资者关系管理活动,听取投资者意见建议,及时回应投资者诉求。第四,诚实守信原则。上市公司在投资者关系管理活动中应当注重诚信、坚守底线、规范运作、担当责任,营造健康良好的市场生态。

二、事后救济制度

（一）证券投资者保护基金

我国证券投资者保护基金最初通过证监会会同财政部、中国人民银行于2005年6月30日发布的《证券投资者保护基金管理办法》正式设立。《证券法》（2019年修订）第一百二十六条规定:"国家设立证券投资者保护基金。证券投资者保护基金由证券公司缴纳的资金及其他依法筹集的资金组成,其规模以及筹集、管理和使用的具体办法由国务院规定。"证券投资者保护基金是我国最早建立的金融保障基金,作为国家金融安全网的组成部分,是促进证券市场稳定、健康发展的基础性制度。

证券投资者保护基金的用途为:其一,证券公司被撤销、被关闭、破产或被证监会实施行政接管、托管经营等强制性监管措施时,按照国家有关政策规定对债权人予以偿付;其二,国务院批准的其他用途。

投保基金公司应依法合规运作,按照安全、稳健的原则履行对基金的管理职责,保证基金的安全。为处置证券公司的风险需要动用基金的,证监会根据证券公司的风险状况制定风险处置方案,投保基金公司制定基金使用方案,报经国务院批准后,由投保基金公司办理发放基金的具体事宜。

（二）先行赔付制度

《证券法》明确发行人因欺诈发行、虚假陈述或者其他重大违法行为给投资者造成损失的,发行人的控股股东、实际控制人、相关的证券公司可以委托投资者保护机构,就赔偿事宜与受到损失的投资者达成协议,予以先行赔付。先行赔付后,可以依法向发行人以及其他连带责任人追偿。

先行赔付制度的运行需要有稳定和持续的资金来源作为支撑,虽然从现行法律规定上看,我国投资者保护基金的资金渠道较为广泛,但相对于庞大的证券市场潜在赔偿需求而言仍然捉襟见肘。既然投资者保护基金的功能扩展到先行赔付证券市场违法行为所造成的投资者损失,那么将这些违法行为的罚没款提取一部分纳入投资者保护基金也未尝不可,既符合"取之于市场、用之于市场"的原则,也可以实现惩罚(违法者)和保护(投资者)的双重目的。

(三)投资者服务中心的维权制度

投资者服务中心以中小投资者为服务对象,丰富中小投资者的行权维权手段,建立多元化纠纷解决机制,完善中小投资者的赔偿救济渠道,维护中小投资者的合法权益,提升资本市场法治与司法救济等软实力水平。

持股行权,特指投资者保护机构以普通股东的身份持有上市公司股票,依法行使《证券法》《公司法》等法律法规赋予投资者的法定权利,积极维护中小投资者的合法权益,促进上市公司的规范运作,示范引领上市公司广大中小投资者积极行权、依法维权的行为。

证券支持诉讼是指投资者服务中心选择特定案件(一般都是涉及中小投资者众多、矛盾比较突出、社会影响较大的典型证券侵权纠纷),接受中小投资者的申请、委托,由投资者服务中心作为支持机构,委派诉讼代理人,支持权益受损的中小投资者依法诉讼维权。

自投资者服务中心成立以来,尽管2019年修订之前的《证券法》并未明确规定投资者保护机构的调解职权,但是投资者服务中心结合中小投资者诉求多元的客观实际,先后推出了小额速调机制、单边受理机制、诉调对接机制等,以及中国投资者网网上调解、资金提存、司法执行过户等调解方式,在纠纷调解方面做出了很多尝试。随着最高人民法院、证监会《关于全面推进证券期货纠纷多元化解机制建设的意见》出台,尤其是《证券法》(2019年修订)第九十四条第一款明确投资者保护机构的调解职权以及普通投资者的强制调解请求权,为投资者服务中心未来的调解工作奠定了坚实的制度基础,投资者服务中心有望发展成为全国性证券期货纠纷调解机构。[1]

(四)证券民事纠纷代表人诉讼

1. 普通代表人诉讼

对于普通代表人诉讼,《证券法》(2019年修订)第九十五条第一款和第二款规定:"投资者提起虚假陈述等证券民事赔偿诉讼时,诉讼标的是同一种类,且当

---

[1] 邢会强.证券法学[M].北京:中国人民大学出版社,2019:202-217.

事人一方人数众多的,可以依法推选代表人进行诉讼。""对按照前款规定提起的诉讼,可能存在有相同诉讼请求的其他众多投资者的,人民法院可以发出公告,说明该诉讼请求的案件情况,通知投资者在一定期间向人民法院登记。人民法院作出的判决、裁定,对参加登记的投资者发生效力。"在操作层面,《最高人民法院关于证券纠纷代表人诉讼若干问题的规定》对与普通代表人诉讼相关的权利登记公告内容、公告期间、权利人登记、代表人资格与确定、代表人权限等具体方面进行了逐一规定。当原告一方人数十人以上且符合《民事诉讼法》第一百一十九条规定和共同诉讼条件时,即可发起普通代表人诉讼。

2. 特别代表人诉讼

对于特别代表人诉讼,《证券法》(2019年修订)第九十五条第三款规定:"投资者保护机构受五十名以上投资者委托,可以作为代表人参加诉讼,并为经证券登记结算机构确认的权利人依照前款规定向人民法院登记,但投资者明确表示不愿意参加该诉讼的除外。"此条建立"明示退出、默示加入"的代表人诉讼制度,便于投资者自身合法权益的维护。由此一来,在满足五十名以上投资者委托的前提下,投资者保护机构可借助于证券登记结算机构所提供的完整投资者名单,代表适格证券投资者向发行人、证券违法行为人提起民事赔偿诉讼。尽管投资者可以明确表示不参与该诉讼,但这种声明的概率和投资者再单独起诉的意义都十分有限。不难想见,一旦投资者保护机构提起集团诉讼,将对违法主体造成极大的经济与声誉压力,康美药业股份有限公司所涉证券虚假陈述责任纠纷,正是典型例证。不仅如此,对于法院已根据《民事诉讼法》规定发布权利登记公告的案件,根据《最高人民法院关于证券纠纷代表人诉讼若干问题规定》第三十二条的规定,投资者保护机构在公告期间接受五十名以上权利人的特别授权后,同样可作为代表人参加诉讼。[1]

第五节 《中华人民共和国商业银行法》与金融社会工作

商业银行是我国金融体系中极其重要的组成部分,因此重视商业银行业

---

[1] 邢会强.证券法学[M].北京:中国人民大学出版社,2019:188-189.

务开展过程中对相关弱势群体的保护,是金融社会工作的一项重要议题。根据《中华人民共和国商业银行法》(以下简称《商业银行法》)的规定,我国商业银行最主要的业务分别是存款业务与贷款业务,立足于金融社会工作的视角之下,这两项业务中对于存款人与贷款人的保护制度成了重中之重。

一、个人存款业务的存款人保护制度

(一)个人存款业务的基本原则

根据《商业银行法》的规定,商业银行办理个人储蓄存款业务,应当遵循存款自愿、取款自由、存款有息、为存款人保密的原则。存款自愿是指存款人自愿与商业银行发生存款关系,不受任何干涉。取款自由是指存款人要求支取存款时,只要符合法律规定和双方约定,商业银行应当保证存款本金和利息的支付,不得拖延、拒绝支付存款本金和利息。存款有息是指商业银行应当按照依法确定并公告的存款利率、存款的种类和期限、法律规定的计息方法,向存款人计付利息。为存款人保密原则是指商业银行对存款人与存款相关的信息和资料,负有保密的义务,不得泄露。商业银行有权拒绝任何单位或者个人查询、冻结、扣划,但法律另有规定的除外。

(二)商业银行要为储户保密

为储户保密是指银行对储户的姓名、地址、工作单位、储蓄存款的来源、存款种类、数额、密码数字等存取情况负有保密的义务。

《商业银行法》第二十九条第二款规定:"对个人储蓄存款,商业银行有权拒绝任何单位或者个人查询、冻结、扣划,但法律另有规定的除外。"根据这一规定,除了全国人大及其常委会通过的法律规定有权查询、冻结、扣划个人储蓄存款的单位外,其他任何单位和个人都没有这个权利。法律规定有权查询、冻结、扣划的单位有公安、检察、法院、海关、国家安全机关、税务机关等为数不多的几个部门。查询个人储蓄存款涉及银行为存款人保密的问题;冻结、扣划个人储蓄存款,直接涉及对公民个人财产的保护问题。《商业银行法》的这一规定,是对《宪法》关于保护公民储蓄及财产原则的具体贯彻落实,也有利于我国商业银行存款业务的开拓和发展。[1]

---

[1] 唐波.新编金融法学[M].北京:北京大学出版社.2018:91.

（三）存款保险制度

存款保险是保险中的一种特殊形式，具体为符合条件的存款类银行按照所吸收的存款的一定比例向存款保险机构缴纳保费，投保银行出现危机或者倒闭而无法支付存款人存款时，存款保险机构对存款人的存款进行赔付或者存款保险机构向投保银行提供财务援助。存款保险与一般保险的基础原理是相同的，由保险主体、客体及内容三要素构成。存款保险主体是存款保险机构（保险人）、投保银行（投保人）以及存款人（受益人），存款保险客体是存款人在银行的存款，存款保险内容涉及保险主体之间的权利及义务。存款人将存款存入参保机构（投保银行），投保银行向存款保险机构支付保费，存款人被确立为受益人，当投保银行出现危机或者破产时，由存款保险机构向存款人支付保险金，存款保险机构取得存款人的存款债权，由存款保险机构向破产银行提出资金请求，并在破产银行进行清算后向其回收资产。[1]

我国的《存款保险条例》中规定，保障同一存款人在同一投保机构存款本金加上利息累计在50万元以内全额赔付；超过50万元的部分将由投保机构清算财产中受偿。投保机构是指我国存款保险基金管理有限公司，2019年由中国人民银行全资注册。

投保费用由商业银行缴纳。依据《存款保险条例》第十条：投保机构应当交纳的保费，按照本投保机构的被保险存款和存款保险基金管理机构确定的适用费率计算，具体办法由存款保险基金管理机构规定。

二、贷款业务中的借款人保护制度

《商业银行法》中规定，借款人拥有相关的知情权。商业银行在发放贷款时，应对贷款合同的主要条款进行说明，如贷款的金融、还款日期、贷款利率等主要条款。在对履行说明义务的形式进行规范时，要特别强调口头说明和口头解释的重要性。相关规定不仅应要求金融产品或服务提供者将需披露的事项在相关文件中予以记载，还应规定相应的口头解释义务，如规定金融产品或服务提供者应以客观、公正的立场，用浅显易懂的语言，向借款人说明产品或服务的风险。

---

[1] 孙田坤.我国存款保险法律制度问题研究［D］.烟台：烟台大学，2019.

三、商业银行的适当性义务

根据《全国法院民商事审判工作会议纪要》的有关规定,适当性义务是指卖方机构在向金融消费者推介、销售银行理财产品、保险投资产品、信托理财产品、券商集合理财计划、杠杆基金份额、期权及其他场外衍生品等高风险等级金融产品,以及为金融消费者参与融资融券、新三板、创业板、科创板、期货等高风险等级投资活动提供服务的过程中,必须履行的了解客户、了解产品、将适当的产品(或者服务)销售(或者提供)给适合的金融消费者等义务。金融产品发行人、销售者未尽适当性义务,导致金融消费者在购买金融产品过程中遭受损失的,金融消费者既可以请求金融产品的发行人承担赔偿责任,也可以请求金融产品的销售者承担赔偿责任,还可以请求金融产品的发行人、销售者共同承担连带赔偿责任。

银行在推荐产品和提供服务时,应当依据客户所提供的材料和信息,充分了解其风险承受能力。"了解客户"具体包括:一是银行应当充分了解客户的个人信息、投资经历、风险偏好、财务状况、风险认知能力和承受能力等情况,并对客户风险承受能力进行科学评估;二是银行在评估客户风险承受能力的基础上,应对客户风险承受能力做出科学评级。

银行在推荐产品和提供服务前,应当了解所销售产品或者所提供服务的具体信息。"了解产品"具体包括:一是银行应独立对金融产品和合作机构开展全面、详尽的尽职调查,充分审查金融产品的合法合规性以及合作机构的有关情况;二是银行要科学划分产品的风险等级,建立金融产品的风险评估及相应管理制度。

"告知说明"义务是金融机构对金融产品及相关市场风险等重要事项的信息披露义务,是投资者真正了解金融产品或者服务风险和收益的关键。银行在推介金融产品时,应当根据产品、投资活动的风险和金融消费者的实际情况,综合理性人能够理解的客观标准以及消费者能够理解的主观标准,实质性地向客户充分说明金融产品的具体信息,全面地揭示产品的投资风险,不能简单地以客户签署格式性风险告知文件或手写诸如"本人明确知悉可能存在本金损失风险"等内容主张其已经履行了告知说明义务。

"适当销售"要求银行在推介、销售金融产品时,一是应将金融产品推介、销售给与之风险等级匹配的客户,避免产品风险等级与客户的风险承受能力评级出现错配;二是对产品的推介和介绍符合实际情况,不得为产品提供直接或间接、显性或隐性担保,不得违规向客户承诺投资本金不受损失、限定损失比例或者承诺最低收益等情形。[1]

第六节 《中华人民共和国证券投资基金法》与金融社会工作

证券投资基金是重要的金融形式,《中华人民共和国证券投资基金法》(以下简称《证券投资基金法》)在证券市场上为投资者保护提供了必要的法律制度保障。在金融社会工作视角之下,《证券投资基金法》中的投资者保护制度对金融社会工作提供了法律指导。

一、投资者

(一)合格投资者制度

《证券投资基金法》规定非公开募集基金应当向合格投资者募集,确定了合格投资者累计不得超过二百人的限制性条款,并授权中国证监会对合格投资者的具体标准进行规定。这一制度的确立为保护风险承受能力较弱的投资者提供了法律防火墙,严格控制合格投资者的人数,有效地防止非公开募集基金违法乱集资,也预防了在基金证券投资过程中因投资不利而导致社会矛盾激化的情形。

(二)投资者知情权

《证券投资基金法》特别规定了投资人的知情权,公开募集基金的基金份额持有人有权查阅或者复制公开披露的基金信息资料,非公开募集基金的基金份额持有人对涉及自身利益的情况,有权查阅基金的财务会计账簿等财务资料。

(三)投资者常设权力机构

《证券投资基金法》加强了基金投资人对基金的日常管理,规定按照基金合同约定,基金份额持有人大会可以设立日常机构,行使召集基金份额持有人大会,提请更换基金管理人、基金托管人,监督基金管理人的投资运作、基金托管人的托管活动,提请调整基金管理人、基金托管人的报酬标准以及基金合同约定的各项职权。

---

[1] 周磊,郭玮,王宁.从典型案例看商业银行适当性义务的履行——兼析代销业务中适当性义务的内涵和风险防范[J].中国银行业,2023(8):72-75.

二、基金管理人

（一）管理人无限连带责任

《证券投资基金法》规定基金合同当事人可以依照约定，由部分基金份额持有人作为非公开募集基金的基金管理人负责基金的投资管理活动，并在基金财产不足以清偿其债务时对基金财产的债务承担无限连带责任。一方面扩大了非公开募集基金的基金管理人的选择范围，充分尊重了投资各方的意见；另一方面通过加重基金管理人的债务承担的义务，有效保护投资人的合法权益。

（二）基金管理人组织形式

《证券投资基金法》规定，基金管理人由依法设立的公司或者合伙企业担任，将以合伙企业形式存在的基金管理人纳入法律调整范围，有利于保护投资者和相关当事人的合法权益，加强了对合伙企业性质的基金管理人的规范和监管力度。

（三）风险准备金制度

《证券投资基金法》明确了公开募集基金的基金管理人应当从管理基金的报酬中计提风险准备金，公开募集基金的基金管理人因违法违规、违反基金合同等原因给基金财产或者基金份额持有人的合法权益造成损失，应当承担赔偿责任的，可以优先使用风险准备金予以赔偿，投资者损失得到保障。

三、二次召集制度

《证券投资基金法》规定，因参加基金份额持有人大会的持有人的基金份额不足50%而导致基金份额持有人大会首次召集失败，召集人可以在原公告的基金份额持有人大会召开时间的3个月以后、6个月以内，就原定审议事项重新召集基金份额持有人大会。重新召集的基金份额持有人大会应当有代表1/3以上基金份额的持有人参加，方可召开。[1]

---

[1] 姜山赫，张雯. 新《基金法》的实施将促进资本市场的健康发展——新《证券投资基金法》解读[J]. 中国律师，2013(6)：44-47.

第二篇

金融社会工作的人群服务实务

第六章　老年人与金融社会工作

人口老龄化是社会发展的重要趋势,是人类文明进步的重要体现。在低生育率和寿命延长的共同作用下,老龄化已成为全球普遍现象。人口老龄化问题日益凸显,对社会经济、文化发展等都造成了诸多影响。庞大的人口基数、不断推进的城市化、受教育程度的提升以及单身不婚等背景下,中国总和生育率呈下行趋势,人口老龄化形势将更为严峻。

第一节　老年人口的群体特征

一、中国人口老龄化现状

我国老年人人口基数大,增长速度快,且独居老人、空巢老人比较多,对养老事业的发展提出了各种挑战。

1. 老年人口规模大

截至2022年底,全国60岁及以上老年人口28 004万人,占全国总人口的19.8%,其中65岁及以上老年人口20 978万人,占全国总人口的14.9%[1]。据测算,"十四五"时期,我国60岁及以上老年人口总量将突破3亿人,占比将超过20%,进入中度老龄化阶段。2035年左右,我国60岁及以上老年人口将突破4亿人,在总人口中的占比将超过30%,进入重度老龄化阶段。[2]我国人口老龄化程度持续加深,全球每4个老年人中就有1个中国人,老年人口数量将长期保持在世界第一位。

---

[1] 民政部,全国老龄办.2022年度国家老龄事业发展公报[R/OL].[2023-12-14]. http://mca.gov.cn/n152/n165/c1662004999979996614/attr/315138.pdf.

[2] 国家卫健委:2035年左右60岁及以上老年人口将破4亿　占比将超30%[EB/OL].[2022-09-20]. http://news.cctv.com/2022/09/20/ARTInjejQDvmMaZi5jzTPHYT220920.shtml.

2. 老龄化速度快

中国于1999年进入老龄化社会，2021年65岁及以上老年人口占比已超14%，人口老龄化程度严重。与2021年相比，2022年60岁及以上老年人口增加1 268万人，增加0.9%；65岁及以上老年人口增加922万人，增加0.7%。中国老龄化呈现速度加快的特点。随着第二次生育高峰时期出生的"60后"群体（累计出生2.83亿人）步入退休年龄，未来五年年均新增低龄老年人为2 360万人左右，到2030年占比将达到25%，其中80岁及以上高龄老年人口增加幅度将更加明显。[1]中国人口老龄化速度明显加快，程度快速深化。预计到2032年，中国老龄人口占比将超过20%，从而进入超级老龄化社会。从老龄化到深度老龄化，法国用了126年、英国用了46年、德国用了40年、日本用了24年。而从深度老龄化到超级老龄化，法国用了28年，德国用了36年，日本用了11年。由此看来，中国的老龄化形势严峻。

3. 高龄老年人问题日益突出

老年人口分为80岁以下的低龄老人和80岁及以上的高龄老人。2010—2020年，中国80岁及以上老年人口从2 099万人增至3 660万人，占总人口比重从1.6%增至2.6%。预计到2035年、2050年，中国80岁及以上老年人口将分别增至8 256万人、15 962万人，占总人口比重分别达6%、12%。2022年我国失能、半失能老年人大约4 400万人。在80岁及以上的老年人群中，失能、半失能的人数占40%左右，他们不同程度地需要医疗护理和长期照护服务。[2]

4. 老年人口抚养负担加重

所谓老年人口抚养比，是指人口中65岁及以上老年人口数与劳动年龄人口数之比。《中国统计年鉴2022》显示，2021年末，老年人口抚养比为20.82%，与2020年（19.74%）相比上升1.08个百分点，且呈现持续上升趋势。而适龄人口生育意愿偏低、晚婚晚育或不婚不育现象等造成的低出生率，将会使老年人口抚养比持续增加，预计2050年老年人口抚养比达53.2%，即每两个年轻人需要承担抚养一位老年人的责任，社会养老负担进一步加重。

---

[1] 陈功.我国人口发展呈现新特点与新趋势——第七次全国人口普查公报解读［EB/OL］.［2021-05-15］. http://finance.people.com.cn/GB/n1/2021/0513/c1004-32101889.html.

[2] 减轻失能老人家庭负担 我国加快健全老年护理和长期照护服务体系［EB/OL］.［2023-08-30］. https://www.sohu.com/a/718929017_121687424.

5. 未富先老问题突出

中国在1999年进入人口老龄化阶段时，人均GDP仅处于900美元的水平，中国在追赶阶段已进入人口老龄化阶段，2021年中国人均GDP为1.25万美元，接近高收入国家下限水平，但中国65周岁及以上人口占比13.5%，高于中高收入经济体10.8%的平均水平。[1]而发达国家大部分都是在物质财富积累到一定程度后，才开始进入人口老龄化阶段，有足够的财力来解决老年人的养老问题。

二、中国老年人口的特征

社会经济持续转型、产业结构不断优化升级、互联网科技迅速发展等社会变迁，使得老年群体的人口规模、年龄结构、性别结构等出现了巨大的变化。长期以来，中国老年人的自身状况导致人们形成了老年人文化水平很低、思想落后保守、身体素质较差、经济状况窘迫等思维定式和刻板印象。然而，随着"60后"人群的相继加入，老年群体的经济财富、独立意识以及自我价值实现等方面呈现出明显的动态性，表现出新特征。

1. 老年人受教育程度提升

老年群体普遍接受教育的程度大幅度提升。2015年中国综合社会调查数据显示，约10%的"60后"拥有过大学及以上学历。与"40后""50后"相比，"60后"的成长环境相对平稳和安定，中国社会经济处于逐步上升期，良好的外部环境使得"60后"的受教育程度得到明显提升。[2]这意味着未来新进入老年人队列的"60后"的整体文化素质和知识水平相比传统老年群体将会有很大的改观。在未来人口老龄化高潮期内，相继步入老年的人口队列的文化素质和知识水平将会有非常明显的提升。

较高的受教育水平，通常伴随着良好的社会经济地位。国家卫健委发布的《2018年我国卫生健康事业发展统计公报》显示，我国居民人均预期寿命已提高到77.0岁，新老年群体由于在其生命历程中几乎没有遭遇社会重大变动和挨饿的经历，该群体的整体人均预期寿命将会更高。这意味着新老年群体在进入老年阶段后有更长的时间参与社会活动，继续实现人生价值，这是新老年群体与传

---

[1] 多地公布老龄化最新数据：65岁以上人口占比明显提升 如何面对变老的世界？［EB/OL］.［2022-06-21］. https://finance.ifeng.com/c/8H1zBOjtue0.

[2] 王雪辉.中国老年群体变迁及老龄政策理念转变［EB/OL］.［2020-07-07］. http://www.rmlt.com.cn/2020/0707/586136.shtml.

统老年群体差异的本质所在。

2. 老年人财富积累和消费实力显著提升

家庭收入水平通常决定着消费水平。2015年中国综合社会调查数据显示,"60后"高收入水平家庭的比例相对较高,低收入水平家庭的比例则相对较低。对很多家庭来说,房产已经成为证明家庭财富实力和彰显其消费能力的重要组成部分,房产能够转换成货币或其他类型的财富以满足各种各样的生活需求。与"40后""50后"相比,"60后"拥有两处及以上房产的比例最高,达到15.7%。[1]房价的快速增长,使"60后"轻松实现了丰厚的财富积累,将成为最"不差钱"的一代老年人,他们具有较强的养老产品及服务消费欲望和消费实力。经济上对养老的担忧也大大降低。

3. 互联网丰富了老年人的精神生活

互联网是构建智慧养老模式所需依托的重要技术平台,很大程度上决定了老年人的社会参与方式、养老选择以及生活质量。第52次《中国互联网络发展状况统计报告》显示,截至2023年6月,我国网民规模达10.79亿人,较2022年12月增长1 109万人,互联网普及率达76.4%。与受教育程度类似,越晚出生的人口队列,互联网普及率越高。"60后"对新生事物的接受度明显高于"40后""50后",这在很大程度上影响着他们的养老方式和生活质量。他们在通信方式、信息获取和娱乐生活等方面所面临的多样化选择,进一步丰富了老年人的精神生活,提高了生活便利程度。

4. 自理预期寿命延长

老年群体面临着生理机能的日渐衰退和身体素质的不断下滑,这会导致老年人生活自理能力的持续弱化。而住房设施的升级以及生活环境的改善,能使人们生活起来更为便捷省力,能够帮助老年人在一种更差的身体健康状况下,更为轻松地实现更高程度的自理。随着人们日常生活环境的进一步改善,老年人有望在更长的生命历程中实现部分甚至完全的自理,自理预期寿命将持续延长。

步入老年的"新一代"老年人所展现出的诸多新特征,可以为养老政策设计开拓两条新思路。其一,未来的养老政策设计要在现有养老政策专注于养老物质保障及资金支持体系建设的基础上,更多地着眼于引导社会养老服务体系的

---

[1] 王雪辉.中国老年群体变迁及老龄政策理念转变［EB/OL］.［2020-07-07］. http://www.rmlt.com.cn/2020/0707/586136.shtml.

构建；其二，养老政策设计要尽可能将老年人自身优势有效转化为养老资源和养老力量，进而减轻家庭和社会的养老负担。

5. 空巢以及独居老年人进一步增加

改革开放以来，伴随着快速的现代化、工业化和城镇化进程，人口流动不断加剧，中国的家庭结构发生深刻变迁，家庭规模小型化、代际结构简单化、关系松散化以及居住离散化的趋势日趋明显。我国自20世纪80年代初开始正式实施计划生育政策，第一代独生子女父母以"50后"和"60后"为主。2015年中国综合社会调查数据显示，接近一半的"60后"是独生子女父母，因此他们可依赖的家庭养老资源相对匮乏，深刻影响了该群体的养老方式选择。在养老责任主体上，由于独生子女较强的流动性，进一步弱化了他们依靠家庭养老的可能性。随着现代化进程的进一步提高，中国的空巢老人和独居老人规模将继续攀升。这意味着，包含关怀访视、心理咨询、情感交流等服务在内的居家社区养老服务机构将蓬勃发展，以满足他们对社交、娱乐、陪伴和精神慰藉的需求强烈。

老龄群体特征出现的新情况和新问题，使得老龄社会政策的制定，应该针对老年群体的差异性，出台更多专向老龄政策和法规，以便更好地提升老年人的生活质量，满足老年人对美好生活的向往。

第二节 老年人的金融服务需求

一、老年人金融需求

从金融业务来看，储蓄需求、消费需求、投资理财需求以及银行业务办理需求均呈不断升高的趋势。

1. 储蓄需求

储蓄可以满足老年人资金存放和灵活支取的需要。根据老年群体养老需求和生命周期特点，目前养老储蓄产品主要包括整存整取、零存整取和整存零取三种类型。中国养老金融调查（2022）显示，最受欢迎的养老服务金融产品依然是银行存款，64%的调查对象都通过银行存款为自己储备了一定量的养老财富。

2. 消费需求

退休是美好人生的另一个起始点。受消费方式、消费理念、消费结构不断变化的影响，老年人更加注重生活质量的提高和幸福指数的提升，老年人消费观念发生了很大的变化。越来越多老年人精神方面消费的需求不断提升，他们在文化教育、医疗康养、旅游等方面的消费欲望更强，慢慢开始享受高品质的生活；此外，受传统的家族观念的影响，在儿女或孙辈身上，他们也会通过各种形式进行金钱方面的支持与辅助。

3. 投资理财需求

伴随着"60后"加入老年群体，老年人对于各种理财产品的需求早已经从"不懂、不需要"向着"我乐意接受一些适合自己的理财产品，并实现财产增值"的方向变化。购买房产、银行理财、基金、股票、信托产品和国债等是老年人养老服务金融的重要选择。

4. 银行业务办理需求

近年来，60岁及以上网民占比快速上升，截至2022年12月，老年网民规模达1.53亿人，不少老年人日均上网时长超过4小时乃至6小时[1]。日益普及的智能化金融服务在给部分低龄老人带来"数字红利"的同时，也让部分老年人望而却步，成为横亘在他们面前的一道"数字鸿沟"。自助提款机怎么取钱？手机银行如何转账汇款、缴纳水电费？如何线上购买理财产品？……智慧金融浪潮下，相当一部分老年人在互联网世界还是"小白"，"看不清""怕出错"的情况比比皆是，因而部分老年人仍然青睐线下银行业务。

二、老年人金融需求的特征

从老年人自身需求来讲，作为社会弱势群体，其需求也带有特殊性。

1. 普遍性

经济困扰是老年人面临的一个重要议题。老年人在退休之后收入减少，但是他们的财产积累往往价值更高，在财务方面更多集中在资产维持而不是资产建设。在互联网加速发展的时代背景下，老年人受到金融知识不足、情感孤独、家庭关系复杂等条件限制，在互联网的使用方面存在很大的数字鸿沟，由此使得老年人金融服务问题呈现出一定的普遍性。

---

[1] 新华网三评"老年人数字困境"：跨过"数字鸿沟"，避开"数字陷阱"，跳出"数字沉迷"［EB/OL］.［2023-10-22］. https://news.ifeng.com/c/8U5lbsxwXIM.

2. 个性化

互联网的不断普及改变了老年群体的生活方式。随着互联网基础设施的不断更新优化,"互联网+"与医疗、金融、养老等行业的融合程度也进一步加深,越来越多的老年人通过互联网满足交友、养生、投资与网购的需要。很多银行采用了设置字体显著增大、可语音操控、可绑定亲情账户等措施,在某些交易关键节点,系统还会用朗读的方式提醒老年人的手机银行APP的操作流程,以便更好地帮助老年人掌握智能技术,享受数字生活带来的便利。

3. 人性化

传统的家庭养老能够使老年人处于熟悉的家庭环境中,更好地为老年人提供人文关怀。在智能时代,健康设施技术不断完备,但老年人的健康状况、受教育程度、社会关系的差异性,使得老年人对养老金融服务的需求不同。根据老年人的需求设计不同类型的养老金融产品,提供人文关怀,设计可以满足老年人个人需求的养老金融服务,减少老年人对金融科技产品和理财产品等的排斥感,调动老年人参与金融市场的积极性,丰富老年人的精神生活。

4. 城乡差异显著

城市退休职工因为有退休养老金,掌握的金融资产相对较多,他们的金融需求主要集中在老年金融投资、理财、购买金融产品以及家庭财产纠纷问题等方面。此外,城市社区金融基础设施相对完善,各种个性化金融产品开发以及特色老年融资项目等能够更好地满足老年人金融需求。城市老年人的金融需求呈现出普遍性、较高的业务黏性、便捷性、投资安全性等特点。

农村老年人更多以务农为生,资产积累较少,投资和获得信贷渠道缺乏,导致生计资产缺乏,易遭受金融冲击且抵御风险能力低,金融投资与参与度较低。农村老年人表现出更高的金融脆弱性,具体表现在物质贫困、能力贫困、文化和权力贫困。农村女性老年人的家庭特征、性别角色和家庭经济地位使其属于金融边缘群体。

老年群体的金融需求日益多样化,老年金融问题随之逐渐增多,单纯靠金融机构等一些利益主体去解决这些问题,显然收效甚微。金融社会工作的服务理念以及服务方式能够为老年人提供精准化金融服务,从金融认知与知识教育、金融资产管理与建设、金融风险防御与处理、金融资产分配与家庭关系应对处理,以及拓展贫困老年人金融机会等方面入手,可以有效提高老年金融能力,增强老年金融福祉。

三、老年人的金融问题

1. 金融需求不足

养老群体收入差异制约养老金融服务需求。随着改革开放的不断深化,我国国民财富整体水平和质量不断增长,但是城乡以及地区差异仍然存在,老年人口的收入差异较大,导致城乡养老金融需求存在显著的不同。此外老年人口收入来源单一,他们积累的财产多用于保障基本生活、帮扶子女孙代等,很难有足够的资金来支撑不断升级的养老需求。因此老年人参与养老金融活动的积极性较弱,养老金融需求乏力。

2. 金融素养较低

现阶段我国国民的金融素养、养老金融素养远远不能适应现代金融快速发展的要求。老年人作为社会弱势群体,对于金融知识与技能的掌握更少,养老金融参与率低,风险识别力弱,导致养老财富积累不足,养老诈骗事件频发。2021年《中国养老金融调查报告》显示,当前我国居民理财投资观念偏保守,普遍将投资安全性放在首位,对收益的期待性不高。尤其随着数字技术的广泛应用和普及,"数字鸿沟"的存在使得老年群体难以享受数字金融的便利,这也在很大程度上影响了老年人养老财富的保值增值。

3. 容易遭受金融剥削

金融剥削主要由老年人健康状况不佳、社会保障不足、照料老年人的成员侵占资产或者社会财务风险造成。由金融剥削导致的资产危机,进一步带来健康恶化、羞愧、信任不足等消极心理后果。

4. 金融滥用问题较多

金融滥用是指在不知情或未经允许的情况下,不正当地使用老年人的财产或金钱,包括伪造、盗窃、强制更改遗嘱、将金钱或财产转让给他人等情况。

"以房养老"诱惑,老人被赶出住所

2016年5月,有人向北京一位李姓老人推荐"以房养老"的理财形式,称完全没风险,并保证"做的人都挣到钱了"。

老人动了心,随即被介绍给了广某。得知老人离异,房产能由她完全处置的情况后,广某告诉老人,这种"以房养老"只需把房产证交给他3个月,抵押到的钱交给他理财,老人每个月都能拿到9万多元的利息。3个月期满后,本金全部退回,老人可以再用本金赎回房产证。

老人签下了几个不知所谓的合同后,在3个月的时间里仅拿到15万元左右的利息,本金也没有被归还。而老人听信了广某会替她向"金主"归还欠款的说辞,一直没有向其讨要。

2016年10月的一天,老人和女儿突然被一群黑衣人赶出了唯一的住所。在被赶出家门的第二天,老人的女儿查询到,一周前,老人的房子以260万元卖出,而这套东二环的学区房当时的市价高达450万元。

在求问真相的过程中,老人家属发现,老人签署的并非"以房养老"的合同,而是一份借款合同和一份委托书。在委托书中,老人将自己房屋的抵押、买卖、产权转移、纳税甚至是收取房款等权利通通委托给了一名中间人。

李姓老人的遭遇并非个案。老年人被告知把房子抵押借款3个月,就能获得每月10%到15%的高利息,到期还能全额返还本金,这样的"以房养老"项目让不少老年人心动不已。然而数月后,不仅承诺的高利息不见踪影,老年人的房子也被抵押,借款的"金主"凭借老年人签字的公证材料以低价悄悄买卖,过户给他人。

从金融社会工作角度来看,老年人由于自身金融认知度低与金融知识技能的缺乏,金融理财的辨识度低,容易受到外界环境的蛊惑。加上老年人"贪小便宜"的传统金钱观念,极易为金融界不法分子所利用,造成极大的后果。司法介入确实能够帮助解决部分老年人的金融问题,但是却不能从根源上杜绝这一现象的发生。

第三节　老年人金融社会工作实务

老年人的金融需求越来越多样化,反映出老年人能够更多地参与金融市场,更好地融入金融圈子的美好愿望。金融社会工作开展为老服务,能够改善老年人的金融脆弱性,增加老年人金融的可获得性,提升老年人的金融能力。

一、微观层面

随着老年人参与互联网金融的需求增加,他们所面临的金融风险也在进一步增长。建立一个完备的适老化金融平台,避免老年人被金融市场边缘化,以便帮助老年人安全地参加金融市场。

1. 加强对老年人的金融赋能

第一，针对老年人运用智能技术困难的问题，金融社会工作者需要及时发现老年人的需要，指导老年人通过使用手机、电脑等设备，运用互联网获取金融信息，提高老年人金融设备的使用率，打破老年群体获得金融信息的时间性和空间性障碍。

第二，通过对老年群体开展金融知识教育，使其掌握更多金融知识，更好地参与金融市场，挖掘老年人资金管理与建设的潜能，增强老年人参与金融市场的能力，有效规避金融风险，增加老年人的金融福祉。

第三，在老年人的金融服务方面，金融服务机构可以从现金管理、支付服务、普惠金融等方面打造适老化的金融服务，努力使服务种类更加多样化和个性化，兼顾多种需求。

第四，金融社会工作服务老年人，不应仅仅着眼于老年人个体，还要扩展到对老年人家庭的服务。家庭支持与照料是防止老年人经济虐待的保护伞，金融社会工作对金融产品不断进行适老化改造的同时，还需要对老年人进行赋权增能，提升其金融产品的接受能力和使用程度，如为老年人专门推出幸福专线、打造家庭智慧金融。

第五，金融社会工作者要积极引导老年人正确看待人与金钱的关系，以及树立正确的金钱观，在遭遇金融风险时能够泰然处之，引导老年群体寻找正确的解决方式，敢于维护自己的权利，提高维护自身利益的能力。

2. 提供智能反哺，抵御金融风险，减少金融排斥

市场经济的发展带来了家庭财富积累，老年人参与金融市场的程度明显提高。但老年人的金融能力呈现明显的城乡差异与地区差异。金融知识不足、缺乏金融参与渠道等问题，使得金融剥削、金融滥用等成为制约老年人金融参与的影响因素。在此背景下，家庭作为老年人活动的主要场所，可以在抵御金融风险方面发挥关键作用。如可以通过对老年人家庭子女提供相关服务，传授新兴的金融知识与技能，通过家社联动增强家庭反哺能力，帮助老年人更加理性地参与金融市场，夯实老年智慧金融的基础。[1]在经济欠发达的农村地区，金融社会工

---

[1] 尹银，崔优优.金融社会工作助力智慧养老——"积极老龄化"的视角［J］.社会工作与管理，2022，22（5）：57-63.

作者可以通过资产建设帮助老年人及其家庭制定合理的理财计划。家庭作为一个"同居共财"的社会单元[1]，以家庭为单位的资产建设能帮助老年人更好地抵御金融风险，减少金融排斥。

3. 提供人文关怀，满足精神需求

智慧养老为老年人实现数字生活创造了更多机会，但是仍有一些老年人陷入数字鸿沟，而仅通过智慧养老平台为老年人服务在一定程度上缺乏人文交互和关怀。金融社会工作者可以充分发挥其专业特长，通过建设老年服务型社区，充分进行资源整合，积极为老年人充能，提高老年人对智慧居家和智慧型社区的接受程度与使用程度。金融社会工作者通过开展社区工作和社区服务，帮助老年人掌握智能技术，享受数字生活带来的便利，改善老年人信息交互的能力。同时，努力提升社区适老化水平，消除老年人数字鸿沟，成立帮助中心，多方协作，为使用智能设备困难的老年人提供服务。

针对农村老年人的金融弱势地位，金融社会工作者可以帮助农村老年人获得国家社会保障的待遇，帮助农村老年人实现资金获得与积累，挖掘农村老年群体的金融潜能，比如，建立农村老年金融互助社，吸引老年人投资一些发展项目，发挥资金再生产效益；鼓励和帮助农村老年群体建立个人发展账户，增强资产建设的包容性。

二、中观层面

1. 社区方面：开展社区活动，提升金融知识和金融素养

老年人作为社会弱势群体，往往缺少足够的机会来获取金融服务。社区作为老年人生活的重要区域，也是金融社会工作发挥职能的主要舞台。第一，社区可以借助社区活动室等场地优势，以老年人喜闻乐见的方式向其传播金融知识，为社区老年群体开展金融知识培训，提高其金融风险认知能力，减小其陷入金融陷阱的可能性。第二，依托发展智慧社区的趋势，社区加强与金融机构的合作。金融机构可以借助社区平台，在老年人熟悉的场域中对老年人进行金融知识的普及活动。也可以通过小组工作的形式，形成老年人金融互助小组，充分了解老年人的金融需求，并提供有针对性的服务，提高老年人的金融参与感。对高龄、

---

[1] 张剑源.同居共财：传统中国的家庭、财产与法律[J].北方民族大学学报（哲社版），2015（5）：135-139.

有特殊需要的老年人提供上门咨询服务,更新其金融知识储备。第三,社区可以成立老年人金融互助组织,定期分享金融经验,共同购买金融风险低、回报率高的金融产品,共同抵制金融风险。

2. 金融机构:强化金融创新,开发适老金融产品

(1) 开展金融倡导宣传,提升老年人的金融认知。金融机构应当充分利用传统的营业网点宣传栏、电子视频设备及报刊栏等宣传平台,加强对适应老年人认知能力的相关金融业务、金融知识和金融服务等宣传服务的开发,引导老年群体提高金融电子化设备服务方式的认知度和利用率,减小其面临的金融技术排斥。

(2) 积极研发金融产品,减少老年人的金融陷阱。金融机构应当立足国家倡导的相关助老政策,遵循老年群体风险承受能力弱、风险偏好普遍保守等特点,以"创新为老,服务于老"为目标,进行金融产品的创新,丰富金融服务类型,并为其提供稳健的养老型金融产品服务[1]。如注重开发老年金融使用APP,结合老年人金融需求,倡导老年人设计参与,从不同角度为老年人提供特色金融服务。在老年金融服务方面,设置专职服务人员与服务窗口,设置专职的金融社会工作者的岗位。加强老年人特色金融基础设施建设,增强老年人在金融市场上的风险抵御能力,减小其陷入金融陷阱的可能性。

(3) 提供针对老年人的个性化服务。配合社区积极推进智慧居家养老服务,为居家养老的老年人群体提供相关上门服务,开展有针对性的金融知识宣传科普活动,现场解答老年人的咨询,方便老年人办理各类业务。

三、宏观层面

1. 加强社会各部门的联合,提升老年人的金融参与

由于部分老年人可能对新事物产生一定的抵触心理,对新兴金融产品的接受程度和意愿较低,因此,政府可以为购买养老服务金融产品的老年人提供一定的优惠政策,鼓励其从正规渠道购买养老金融产品,充分利用老年人这个宝库,进一步推动养老金融行业的创新与发展[2]。此外,通过政策扶持,加强社区、非营

---

[1] 尹银,崔优优.金融社会工作助力智慧养老——"积极老龄化"的视角[J].社会工作与管理,2022,22(5):57-63.

[2] 尹银,崔优优.金融社会工作助力智慧养老——"积极老龄化"的视角[J].社会工作与管理,2022,22(5):57-63.

利社会组织以及社会工作等作用主体的联合,推动"三社联动"在老年金融服务体系中的作用。

2. 实施普惠金融政策,拓展贫困老年人的金融机会

贫困老年人往往在金融市场中处于边缘位置,属于金融排斥群体,要营造贫困老年人参与金融市场的社会环境,实施普惠金融政策,建设福利性金融机构网点,现在已经有一些实践开展了类似的探索,如银行向贫困人士提供小额贷款,降低金融准入门槛,增加金融的包容性,实现金融社会服务全覆盖;成立金融互助组织,构建非正规金融支持体系,实现贫困老年人的金融融入,这些有效的实践切实地帮助了贫困老年人。

3. 加大养老金融行业政策扶持力度,促进养老金融机构提质增效

我国养老金融服务市场起步晚,市场业务尚不完善,对于金融机构而言,其开展养老服务金融相关业务需要投入大量的资金成本,且资金回收期长,金融机构普遍对其投入资金的盈利能力和水平存在较大质疑。为刺激金融机构加入养老服务金融行业的积极性,政府部门应加大对金融机构在养老服务金融行业的政策支持力度,对养老服务金融产品的开发制定相应的税收优惠扶持政策,以此来鼓励更多金融机构加入养老服务行列。

总之,从不同层面介入老年群体金融问题,对老年人进行金融赋能,提高老年人资产决策能力,打造老年人金融服务的零距离,可以有效地解决老年人的经济困扰,提升老年人的幸福感。

第七章　儿童青少年与金融社会工作

近年来,随着数字技术的发展,人们在便利获得金融服务的同时也不得不面对更多风险。对于缺乏金融素养的弱势群体而言,一旦面临未知的金融风险,极有可能难以抵御,从而加重家庭负担,进一步陷入生活的"泥沼"当中。金融社会工作的服务对象往往是最脆弱的人群之一,经常面临复杂的财务问题,如贫困、债务、缺乏获得金融服务的途径以及使用高风险的替代金融产品等。儿童青少年是各类风险的易感人群[1],相较于其他群体则更具脆弱性。

金融社会工作为解决服务对象的财务脆弱性问题提供了实践方法。在充满未知风险的金融领域,金融社会工作者可能不是为参与金融市场活动的群体直接提供物质帮助(金钱及资金替代物),而是增强他们的金融能力[2]。美国圣路易斯华盛顿大学社会发展中心根据社会工作的人类行为与社会环境的视角,依据阿马蒂亚·森所提出的"可行能力办法",发展了"金融能力"的理论框架。该理论认为,个体只有在拥有金融知识技能且同时可以享受符合需求的金融服务的前提下,才具备金融能力[3]。只有金融能力得到长足发展,才能够保障儿童青少年的社会化过程平稳,同时也确保儿童青少年的发展需求(包括求学、就业、财富管理、人生规划和必需消费)得到合理满足。[4]

在如今这样一个金融化充斥日常生活方方面面的时代,社会工作者开展的专业服务不可避免地会与服务对象的金融事务相关,或需要与家计金融事务互

---

[1] 柴雪,王子川,王菁滢,等.青少年金融素养干预手册的开发和实施——基于金融韧性框架的设计[J].社会工作与管理,2023,23(1):26-34.

[2] 王思斌.金融增能:社会工作的服务领域和能力建设[J].社会建设,2019,6(2):3-6.

[3] 黄进,玛格丽特·谢若登,迈克尔·谢若登.金融社会工作的核心内容:美国的探索[J].社会建设,2019,6(2):19-22.

[4] 方舒,刘世雄.互联网社会与青少年金融赋能实务研究[J].中国社会工作,2019(1):33-34.

动、或需要包括家计金融事务的内容[1]。例如,帮助贫困儿童家庭建立"儿童发展账户"有利于提升个人及家庭的理财能力;帮助大学生加强相关金融知识和金融技能有利于避免遭遇诈骗。因此,金融社会工作对于儿童青少年的成长和发展具有重要的意义,可以帮助其在金融方面树立健康的认知和态度,为未来的生活做好准备。

本章将探讨儿童青少年这一特殊群体的金融社会工作。通过对儿童青少年群体特征和群体需求的分析,以及对儿童青少年金融社会工作实务的系统介绍,展现儿童青少年金融社会工作发展的新图景,为未来的理论和实践研究提供重要参考。

第一节　儿童青少年的群体特征

一、儿童青少年的年龄界定

"儿童"和"青少年"是两个用途广泛的词语。但儿童和青少年的年龄界定,目前并没有统一的标准,在不同的领域和文化背景中,广大研究人员、工作者以及其他人群所运用的划分方式不尽相同。因此,对于儿童青少年的年龄界定,应当根据其生理、心理、社会发展特征以及儿童工作的实际情况来进行界定。本章根据儿童青少年的生理发育阶段、心理发展阶段、官方文件中的相关内容以及教育领域中的主流划分方式对儿童青少年的年龄界定进行梳理。

1. 按照生理发育阶段划分

全国高等医药院校教材《儿科学》把儿童划分为7个时期[2]:胎儿期(从受精卵形成到出生,共40周)、新生儿期(自胎儿娩出脐带结扎时开始至28天之前,按年龄划分此期实际包含在婴儿期内)、婴儿期(自出生到1周岁之前)、幼儿期(自1周岁至3周岁之前)、学龄前期(自3周岁至6~7周岁入小学前)、学龄期(自6~7周岁至10周岁前)、青春期(一般自10周岁至20周岁,是从儿童到成人的过渡时期)。

---

[1] 黄进,玛格丽特·谢若登,迈克尔·谢若登.金融社会工作的核心内容:美国的探索[J].社会建设,2019,6(2):19-22.
[2] 王卫平,孙锟,常立文.儿科学(第9版)[M].北京:人民卫生出版社,2018:2-3.

2.按照心理发展阶段划分

著名的美国精神病学家、发展心理学家和精神分析学家爱利克·埃里克森（Erik H Erikson）提出了人格的社会心理发展理论，把心理发展划分为8个阶段。其中，和儿童青少年对应的阶段为[1]：婴儿期（0～1.5岁）、儿童早期（1.5～3岁）、游戏期或学前期（3～6、7岁）、学龄期（6、7～12岁）、青年期（12～18岁）。

3.官方文件中的划分

1989年11月，《儿童权利公约》经联合国大会批准，公约中明确写道：儿童系指18岁以下的任何人[2]。我国的《中华人民共和国未成年人保护法》对于未成年人的定义也与《儿童权利公约》相一致[3]。中国国家统计局与联合国儿童基金会在合作编写的《2020年儿童人口状况：事实与数据》这一报告中指出，儿童的定义为0～17周岁的人口[4]。在我国现行的法律分析中，通常按年龄大致分成：婴儿（出生～1岁）、幼儿（1～4岁）、儿童（5～11岁）、少年（12～18岁）[5]。

4.教育领域中的划分

在教育领域中，儿童青少年所处的阶段一般在进入大学前。年龄段划分标准通常基于学生的学习进度和特点。在接受中小学教育之前，学龄前儿童一般为6岁以下的婴幼儿。在我国的中小学教育中，将学生按年龄划分为小学（1～6年级，有些地区为1～5年级，一般为6、7岁～11、12、13岁）、初中（7～9年级，有些地区为6～9年级，一般为11、12、13岁～15、16岁）和高中（高中一年级～高中三年级，一般为15、16岁～18、19岁）等不同阶段。

二、儿童青少年的人口特征

人口规模和结构的剧烈变动反映了儿童青少年群体的总体发展状况。

吕利丹等学者使用第七次全国人口普查数据以及历次人口普查数据进

---

[1] 彭华民.人类行为与社会环境（第三版）[M].北京：高等教育出版社，2016：55-56.

[2] 联合国.儿童权利公约［EB/OL］.（2023-12-03）[2024-3-1].https://www.un.org/zh/documents/treaty/A-RES-44-25.

[3] 中华人民共和国教育部.中华人民共和国未成年人保护法［EB/OL］.[2023-12-05].http://www.moe.gov.cn/jyb_sjzl/sjzl_zcfg/zcfg_qtxgfl/202110/t20211025_574798.html.

[4] 国家统计局，联合国儿童基金会.2020年中国儿童人口状况：事实与数据［EB/OL］.[2023-12-05].https://www.stats.gov.cn/zs/tjwh/tjkw/tjzl/202304/t20230419_1938814.html.

[5] 律临.国家年龄划分标准—法律知识［EB/OL］.[2023-12-05].https://lvlin.baidu.com/question/1584739230472201820.html.

行系统分析,认为儿童的人口规模呈现出阶段性的特征,即新中国成立以来,中国儿童人口规模经历了增长、下降和平稳三个阶段。具体来说,第一阶段为1953—1982年的儿童人口规模增长期。在这一阶段,儿童人口从2.36亿人增加至4.1亿人,占总人口比例超过40%;第二阶段为1982—2010年的儿童人口规模下降期。儿童人口的规模从1982年的4.1亿人逐步降至2010年的2.8亿人,占总人口的比例降至20.8%。第三阶段为2010—2020年的儿童人口规模平稳期。截至2020年,中国儿童人口规模为2.98亿人,占全国总人口的21.1%。

另外,儿童青少年的性别结构也处于失衡状态。2020年,中国儿童人口中男童1.58亿人,占53.2%;女童1.39亿人,占46.8%,男童比女童多1 918万人,儿童人口男女性别比为1.138,性别结构仍处于失衡状态。2020年中国10～19岁青少年人口男女性别比已经高于儿童人口,达到1982年以来的最高值1.155,青少年人口性别结构失衡的形势进一步严峻。[1]

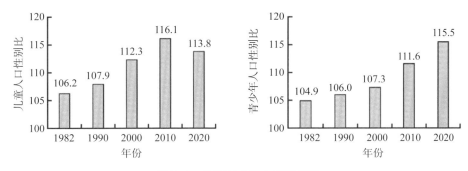

图7-1 儿童青少年人口性别比

(图片来源:吕利丹等,2023)

三、儿童青少年的特点

1. 儿童的特点

儿童时期是人生特殊的成长阶段,对于儿童而言,除了物质上的帮助以外,需要全面、多样、专业化的服务[2]。儿童因为年纪、性别、性格等因素会有着比较

---

[1] 吕利丹,梅自颖,唐语新,等.中国儿童人口发展新特点与新趋势——基于对第七次全国人口普查数据的分析[J].青年研究,2023(5):1-16+94.
[2] 李文祥,翟宁.中国儿童社会工作发展的范式冲突与路径选择[J].河北学刊,2019,39(3):157-165.

明显的差异,但也有着较为相似的特点。比如,情绪波动较大、自控能力较差、交流能力不足、模仿力强,有强烈的爱与归属感需求等。[1]另外,儿童的特点还包括具有基础性和发展性[2]。基础性是指,第一,社会发展进步的基础在于儿童的整体状况,儿童是社会的根基;第二,儿童个体生涯的发展在于儿童时期的经历,儿童时期的许多方面的经历都会对其一生的发展产生决定性的影响,可以说儿童时期是人的一生的奠基期。发展性是指,第一,儿童时期是一个人的生理、心理和社会性发展特别快的时期,即一个人的快速生长期;第二,儿童时期是人的生理、心理发生质变的一个突出阶段,即一个人的主要发育期。

2. 青少年的特点

青少年时期是人生诸多转变的开始,标志着一个人从童年走向成年,即将从学校走入社会。在身体、认知、情感、社交等各个方面都经历着巨大的变化,主要表现在:第一,认知能力逐渐成熟,开始具备能够进行更复杂的逻辑思维、抽象思维和问题解决的能力。第二,情感体验更加丰富和深刻,可能面临自我认同、情感波动和情绪管理等方面的挑战。第三,渴望与同龄人和成年人进行更深入的交流和互动,开始形成更加复杂的社交关系,并逐渐独立于家庭。第四,对于学习和探索的需求较强,开始面临更多的学业压力和未来规划,需要得到适当的支持和引导。这些身心特点对于青少年的教育和成长具有重要的指导意义,需要家庭、学校和社会等多方面的支持和关注。了解青少年人口状况,有助于政府、社区和家庭更好地根据他们的特点和需求提供相应的政策、服务与支持,促使他们充分发挥潜能,做好准备,迎接未来。

四、特殊困难儿童的群体特征

1. 留守儿童

留守儿童作为一种"制度性孤儿",常年生活在离散的家庭结构中[3],处于

---

[1] 李文祥,翟宁.中国儿童社会工作发展的范式冲突与路径选择[J].河北学刊,2019,39(3):157-165.

[2] 全国社会工作者职业水平考试教材编委会.社会工作实务(初级)[M].北京:中国社会出版社,2017.

[3] 吴重涵,戚务念.留守儿童家庭结构中的亲代在位[J].华东师范大学学报(教育科学版),2020,38(6):86-101.

学习上缺人辅导、生活上缺人照应、亲情上缺少温暖、心理上缺少抚慰、道德上缺少教育、行为上缺少管教、安全上缺少保障的状态[1]。

对于留守儿童而言，亲子分离是这一群体面临的共性问题，也是核心问题。许彩丽和张翠娥认为，亲子分离是一个具有多维内涵的概念，留守儿童的问题实际上是多维度分离共同作用的结果。在其研究中，归纳了亲子分离的基本维度，包括：地理空间的分离、经济层面的分离、心理情感层面的分离、社会关系层面的分离。留守儿童在地理空间维度上的分离具有共性，但在其他维度上，则存在着差异性，也由此形成了留守儿童与父母分离的不同类型。以下介绍许彩丽和张翠娥所划分的三种类型。

第一种类型：仅地理空间分离。这一类型的留守儿童，与父母的分离几乎未给他们的发展带来负面影响。尤其是当所在社区中的同伴大多也是留守儿童时，这种分离将被认为是常态，甚至会对其独立性发展、自我管理能力的提升产生正向促进。

第二种类型：地理空间分离+心理空间分离。事实上，无论是否有地理的分离，只要产生了心理的分离，通常都会给儿童的发展带来负面影响。心理学的研究和干预对象多属此种类型。

第三种类型：全维度分离。这种状况常常出现在地理空间分离后，家庭成员尤其是留守儿童的父母双方关系破裂，如父母离异、长期分居、父母一方或者双方的离家出走等，导致亲子间经济、社会关系等层面全面分离。这是对留守儿童发展负面影响最为严重的分离类型，此处境下的儿童多为各方关注的困境儿童。[2]

2. 孤残儿童

孤残儿童一般由于天生残疾或其他原因，在很小的时候就被送到了福利机构居住。虽然基础的生存问题得到了解决，但是成长过程中也面临着诸多问题和困难。在福利机构中，孤残儿童主要存在以下问题：教育问题、心理问题、就学问题、人际交往问题、成年后的前途问题。[3]例如在学校中，孤残儿童可能会因为其缺乏身份认同感而与其他儿童保持距离，难以发展与他人的友谊，另外

---

[1] 王占武.浅谈班主任在留守儿童管理中的教育方法[J].才智，2014（23）：214.

[2] 许彩丽，张翠娥.重新认识分离：基于家庭视角的留守儿童社会工作反思[J].华中农业大学学报（社会科学版），2023（4）：167-174.

[3] 禹倩."模拟家庭"："福利院儿童"社会化的新路径[J].中国青年研究，2012（6）：12-18.

在与外界接触时也会表现出一些社会退缩行为。

目前,我国存在以下几种孤残儿童的教养方式:第一,集中供养型(院舍照顾型),即福利院模式,由政府投资福利机构为孤残儿童直接提供服务,被照顾的儿童集中供养在福利机构内。第二,助养型,即由单位或个人出资资助一名或若干名儿童的部分或全部养育(含生活、教育、医疗康复等方面)费用,由福利机构提供集中照顾服务。第三,代养型,即由个人或机构为福利机构监护的儿童提供短期或较长期的家庭式小机构的服务,个人提供的服务多以"周末妈妈"的形式出现。第四,领养型,即根据《中华人民共和国收养法》的有关规定领养孤残儿童,使领养家庭成为孤残儿童的合法监护人。第五,家庭寄养型。第六,机构形式的家庭照顾型,即"模拟家庭"模式。[1]

残疾孤儿由于身心或智力上的失能,比一般孤儿需要更多的医疗及日常生活的照顾,其社会化过程也更加艰难[2]。尽管残疾对这类儿童恢复正常功能有较大影响,但通过康复和训练,也可以改善生存和生活状况,因此需要为残疾儿童开展康复训练创造良好条件,这也是他们回归和融入社会的希望所在。

3. 流浪儿童

根据民政部发布的《流浪未成年人救助保护机构基本规范》,流浪儿童是指18周岁以下,脱离监护人有效监护,在街头依靠乞讨、捡拾等方式维持生活的未成年人。流浪儿童因为无监护人照护,时刻面临风险。流浪儿童与孤残儿童、留守儿童等均为生活处于困境的儿童,但因流浪儿童行踪飘忽不定,流浪身份变化多端,且数量相对较少,多年来他们又往往会成为较容易被忽略的困境儿童[3],流浪儿童的生活经历和家庭背景一般也更为复杂。

儿童的流浪行为分为自愿流浪和被迫流浪,涉及儿童虐待、遗弃、儿童拐卖、残障儿童治疗康复、家庭贫困、教养方式、学校环境等诸多问题。但儿童选择流浪无论是自愿还是被迫的,做出这一选择的共同原因都在于,其环境系统(家庭—学校—社区)中互动出现障碍[4],如在缺失或是失衡的家庭结构中遭受忽略

---

[1] 奂倩. "模拟家庭":"福利院儿童"社会化的新路径[J]. 中国青年研究,2012(6):12-18.

[2] 方舒,唐瑜. 简论政府购买残疾孤儿社会工作服务的实践逻辑与政策建构——以武汉、广州模式为例[J]. 残疾人研究,2014(3):37-41.

[3] 赵川芳. 近年我国流浪儿童救助保护的演变、问题与对策[J]. 青年探索,2017(6):27-32.

[4] 李晓凤. 问题流浪儿童的生活经验叙述对政策和服务的启示[J]. 理论与改革,2009(2):60-63.

和虐待,不恰当的学校教育方式让儿童感觉到被排挤,匮乏的社区资源导致贫困儿童去城市务工等。当儿童所处的环境系统未能对他们的生活有所保障时,便会导致他们离家流浪。

4.流动儿童

目前,流动儿童并没有统一的定义。本章参照1998年教育部发布的《流动儿童少年就学暂行办法》,将流动儿童定义为"6至14周岁(或7至15周岁),随父母或其他监护人在流入地暂时居住半年以上有学习能力的儿童少年"。虽然并非所有的流动儿童都处于困境之中,但流动儿童在成长过程中确实也比较容易在诸如社会交往、身份认知等方面面临一些阻碍。流动儿童和留守儿童既有联系也有区别,他们是同一群体(进城务工人员、农民工)安置子女的两种方式,对于同一个儿童,其身份可能会在流动儿童和留守儿童之间转换。[1]

流动儿童最显著的特征即流动性。由于流动儿童父母工作的流动性和不稳定性,他们的学习和生活环境并不稳定,可能会随着父母工作地点的变动而变动。另外,部分流动儿童还具有城市化程度高于父母、生于多子女家庭、家庭贫困、整体学习基础差等特征。[2]

总之,流动儿童的生存和发展所面临的挑战主要体现在:第一,社会融入情况需要改善。第二,家庭结构不完整,家庭照料和监护存在缺失。第三,在流入地就学具有制度壁垒,其身心健康、教育机会和社会适应都需要家庭、学校、社会等各个系统给予更多的关怀与支持。

第二节　儿童青少年的群体需求

一、儿童青少年的需求类型

需求是社会工作中的重要概念,社会工作者需要掌握服务对象的需求并以此作为界定服务目标和实施服务方案的主要依据。因此,科学考察服务对象的需求则成了开展儿童青少年服务的首要核心环节。通过对儿童青少年

---

[1] 邝宏达,徐礼平.流动儿童、留守儿童和随迁儿童的界定及其关系[J].青少年研究与实践,2017,32(2):28-33.

[2] 吕少蓉.农村流动儿童的群体特征及对其义务教育的不利影响[J].南京人口管理干部学院学报,2008(4):37-41.

进行深入调查和分析，以此评估目标群体的问题、需求和潜在资源，进而依据评估结果对目标群体进行类型划分，再精准设计服务框架。针对需求的研究，学界已有大量成果。其中，美国心理学家亚伯拉罕·马斯洛（Abraham H. Maslow）提出的需求层次理论最广为人知。他将人的需要分为五个等级，即：生理需要、安全需要、归属和爱的需要、自尊的需要和自我实现需要。在社会福利领域，姚进忠总结归纳了福利治理中具有代表性的需要类型划分（表7-1）[1]。

社会工作者在提供儿童青少年服务时，不仅要提供基本的生存性照顾，还要按照不同儿童青少年的身心特点以及性格特征来满足其个性化需求，包括对关爱、归属感、尊重的需求，助其获得人际交往、生活等方面的技能。与儿童青少年相关的各项文件典章中，都更加强调儿童青少年的基本权利和对特殊儿童青少年的保护工作。

根据上述理论及现实情况，曾华源依据马斯洛的需求层次理论归纳总结了八类儿童青少年的需求：第一，获得基本生活照顾的需求。家庭和社会应提供儿童青少年成长过程中所需的基本生活和养育。第二，获得健康照顾的需求。包括适当的身心医疗照顾和预防保健服务。第三，获得良好的家庭生活的需求。家庭是提供良好亲子关系和适当管教的环境。第四，满足学习的需求。社会应提供儿童青少年充足的就学机会和良好的教育环境。第五，满足休闲娱乐需求。家庭和社会应提供足够的休闲场所和设备，并教导其学习良好的娱乐态度及习惯。第六，拥有社会生活能力的需求。家庭与社会应培养儿童青少年有关社会关系和人际交往的技巧、生活技能、适应能力和学习正确价值观等多种能力。第七，获得良好心理发展的需求。家庭和社会应协助儿童青少年建立自我认同，增进自我成长的能力。第八，免于被剥削伤害的需求。保障儿童青少年人身安全、个人权益及免于被伤害等权利。

深刻了解儿童青少年的需求，对推动社会各界深化对儿童青少年的认识，以及进一步完善儿童青少年的社会工作服务具有重要价值。

---

[1] 姚进忠.福利治理中的需要理论：内涵、类型与满足路径［J］.学习与实践，2019（2）：90-100.

表 7-1 福利治理中代表性的需要类型划分汇总（来源：姚进忠，2014）

布拉德肖(Bradshaw)	埃费(Ife)	多亚尔与高夫(Doyal & Gough)	马克斯·尼夫(Max-Neef)	纳拉扬(Narayan)	努斯鲍姆(Nussbaum)	莫林·拉姆齐(Maureen Ramsay)
感觉性需要；表达性需要；规范性需要；比较性需要	社会成员定义的需要；照顾者定义的需要；从事社会工作实务人员推断的需要	基本需要（个体健康和自主）；中介需要（营养食品和洁净的水；具有保护功能的住房；无害的工作环境；无害的自然环境；适当的保健；童年期的安全；重要的初级关系；人身安全；经济安全；适当的教育；安全生育控制和分娩）	存在（生存、拥有、行动、互动）；价值（生存、保护、感情、理解、参与、创造、休闲、身份认同和自由）	物质福祉；身体福祉；社会福祉；安全；选择和行动自由；心理福祉	生命；身体健康；躯体完整性；思想与想象力；情感；理性实践；友好关系；游戏；自我支配；个人生态	身体生存；性需求；安全；爱与关联；尊重与认同；自我实现

二、困境儿童的主要需求[1]

1. 经济物质性需求

困境儿童在经济物质资源方面所面临的困难和挑战源自家庭贫困、单亲家庭、家庭成员失业、家庭暴力等因素,导致困境儿童无法获得足够的经济支持和资源,影响其生活质量和发展。

首先,困境儿童需要足够的基本生活费用来满足日常生活所需。这包括饮食、住所、水电费用、交通费用、学杂费等方面。目前,我国出台了一系列政策来兜底保障困境儿童的基本生活。但由于家庭经济困难,困境儿童可能无法获得更多自己想要和喜欢的物品。

其次,在教育资源层面,由于家庭贫困,困境儿童可能无法获得良好的教育资源和机会。他们可能无法支付培训班的学费、购买相关书籍和参加各类活动,甚至可能因为家庭经济原因而被迫辍学。

最后,困境儿童需要获得基本的医疗保健和其他日常开支支持。处于高风险中的困境儿童,比如流浪儿童,他们可能无法获得及时的医疗照顾,无法购买必要的药品和医疗器械,甚至可能无法支付日常生活开支。

总之,这些需求对于困境儿童的生活质量和发展至关重要。政府、社会组织和个人都应该共同努力,为困境儿童提供必要的经济支持和保障,以帮助他们摆脱困境,健康成长。

2. 心理社会性需求

徐丽敏等学者认为,困境儿童的需求更集中在一种非经济的、非物质的社会性层面,如监护、生活照料、学习帮扶、社会交往、心理疏导、家庭教育等,这些个性化的需求要求为困境儿童提供"靶向性服务"[2]。金梅在她的研究中指出,贫困儿童及家庭对公共服务的需求聚焦在照护、营养、健康和教育四个维度。比

---

[1] 困境儿童是指由于儿童自身、家庭和外界等原因陷入困境,需要予以帮助或保障的儿童,包括因家庭贫困导致生活、就医、就学等困难的儿童,因自身残疾导致康复、照料、护理和社会融入等困难的儿童,以及因家庭监护缺失或监护不当遭受虐待、遗弃、意外伤害、不法侵害等导致人身安全受到威胁或侵害的儿童。根据民政部相关政策文件规定,困境儿童的年龄为18周岁以下的未成年人。此年龄段包含青少年,因此这里不再区分"儿童"和"青少年"这两个概念,均用"儿童"指代。

[2] 徐丽敏,徐永祥,梁毓熙.需求与结构:现代家庭视角下困境儿童保护的政策研究——基于天津市第二批全国儿童社会保护试点区的案例分析[J].学海,2019(5):101-106.

如疫苗接种、体检服务、残疾儿童医疗服务、普惠性早教(学前教育)、在校儿童课后补习等[1]。吕利丹等也提到,在社会资源层面,由于人口老龄化对儿童投资构成竞争和挤压,儿童公共服务和福利资源供给面临新需求[2]。随着家庭照料压力增加、照料功能弱化使得儿童的"照料危机"日益突显,因此儿童的社会化照料需求则日益上升。

可以说,困境儿童的心理社会性需求主要集中在社会支持、社会交往、身份认同、情感陪伴、自我实现等方面。具体而言,主要表现在:第一,在社会支持方面,由于家庭环境的不稳定和贫困等因素,困境儿童可能面临缺乏社会支持网络来应对阻碍和风险;第二,在社会交往方面,困境儿童可能面临社交孤立、友谊困难等问题;第三,在身份认同方面,困境儿童可能面临社会认同不足、自尊心受损等问题;第四,在情感陪伴方面,困境儿童可能缺乏温暖的家庭氛围和情感支持,较难缓解情感压力;第五,自我实现方面,困境儿童可能面临学业压力、自我发展受限等问题。

第三节　儿童青少年金融社会工作实务

一、儿童青少年金融社会工作的重要性

在金融化和数字化的社会中,金融变得更加普遍和复杂。个人和家庭必须管理一系列金融产品和服务,除了银行账户和支付账户,他们还必须管理债务、贷款、纳税、保险和其他财务事项,同时为未来需求积累资产。使用金融服务和管理财务面临着前所未有的挑战性。数字技术的迅猛发展促使金融能力成为儿童青少年在成长过程中必须具备的能力。培养金融能力是儿童青少年发展的重要组成部分,也是成功过渡到成年的关键。[3] 儿童青少年的金融知识不足,使得

---

[1] 金梅.贫困儿童及家庭公共服务需求与供给匹配研究——以甘肃省临夏回族自治州为例[J].西北师大学报(社会科学版),2020,57(2):138-144.

[2] 吕利丹,梅自颖,唐语新,等.中国儿童人口发展新特点与新趋势——基于对第七次全国人口普查数据的分析[J].青年研究,2023(5):1-16+94.

[3] Consumer Financial Protection Bureau. Transforming the financial lives of a generation of young americans[EB/OL]. (2023-12-10)[2024-3-1]. https://files.consumerfinance.gov/f/201304_cfpb_OFE-Policy-White-Paper-Final.pdf.

其成年后储蓄不足且对信用卡过度依赖,进而导致负债问题和生活质量下降,这已经成为一个全球性的问题。如果及早传授金融概念,就能抓住儿童青少年的关键发展阶段,并能影响他们一生。认知发展理论和相关研究表明,小学阶段可能是一个机会之窗,在此期间的教育可以影响日后的理财行为。[1]

各类经济问题会给儿童青少年的日常生活带来压力,也会增加监护人的焦虑。此外,经济困难会加大监护人的压力,进而导致监护人采取更严厉的养育方式。经济压力也会对儿童青少年的福祉产生负面影响。当微观个体面对复杂的金融环境时,容易产生无法理解和难以适应金融环境的问题,此时亟须金融社会工作介入加以缓解和疏通。

促进财务能力和资产建设(FCAB)是金融社会工作的一项重要的专业活动。长期以来,金融社会工作一直关注个人和家庭的金融福祉。从金融社会工作专业诞生之日起,关注个人和家庭财务状况就一直是金融社会工作实践的重点。[2]在今天,无论是理论研究者还是实务工作者,都在努力寻找支持经济弱势家庭的方法,因为经济弱势家庭承受着突发公共卫生事件、工资停滞、高通胀以及工作不稳定性的持续影响所带来的负面结果。[3]就金融社会工作而言,如果家庭的经济问题得到控制,干预措施就会更加有效。

尽管面临诸多挑战,但金融社会工作者在应对这些挑战方面具有独特的优势。他们与金融风险最大的人群打交道,对服务对象的现实生活有着深刻的理解。他们了解情感在财务决策中的力量,可以帮助家庭做出最佳决策。金融社会工作者能够深刻理解财务保护的重要性,知道基本的财务知识和技能以及信心对于家庭财务管理至关重要。就儿童青少年而言,金融社会工作不仅能帮助儿童青少年及其家庭适应社会的金融化,预防各类金融风险,又能够提升儿童青少年及其家庭的金融素养和金融机会,从而在社会福利和保障领域提升其福祉。儿童青少年金融社会工作的重要性不言而喻。

---

[1] Consumer Financial Protection Bureau. Transforming the financial lives of a generation of young americans[EB/OL]. (2023-12-10)[2024-3-1].https://files.consumerfinance.gov/f/201304_cfpb_OFE-Policy-White-Paper-Final.pdf.

[2] Suzanne Bartholomae, Jonathan Fox. Coping with economic stress: a test of deterioration and stress-suppressing models[J]. Journal of Financial Therapy, 2017, 8(1): 81-104.

[3] Margaret S. Sherraden, Jin Huang, Jenny L. Jones, Jenny L. Jones. Building financial capability and assets in America's Families[J]. Families in Society, 2022, 103(1): 3-6.

二、儿童青少年金融社会工作实务的主要内容

1. 服务对象

在儿童青少年金融社会工作领域,金融社会工作者所服务的对象大多是陷入贫困的儿童青少年及其家庭。家庭对儿童青少年理财行为的影响远远大于正规的理财教育。这种影响包括关于金钱的明确指导,消费、储蓄和借贷行为的示范,与孩子就他们的财务选择进行沟通,以及提供津贴。[1] 为家庭开展服务不仅是金融社会工作者工作的核心,而且也得到了越来越多的研究人员和政策制定者的认可[2]。

每个家庭都有其特殊情况,金融社会工作者可认真倾听家庭成员的故事和经历,从而加深对服务对象的家庭生活和支持需求的理解。重要的是金融社会工作者在开展专业服务时,要将干预措施和方法与服务对象的情况相匹配,正确的时机、顺序和方式都至关重要。因此,了解干预措施和方法在金融社会工作中很重要,同样重要的是知道如何正确使用这些方法。

2. 干预层次

金融社会工作的实务范畴不仅包括微观地改善个体的金融知识、技能和行为,更应该强调用专业方法中观和宏观地拓展弱势群体的金融服务可及程度[3]。除此以外,金融社会工作干预不仅依赖于金融管理、金融教育和金融知识,支持性的机构实践环境也至关重要,如和银行的合作等[4]。

在宏观层面,儿童青少年金融社会工作的干预主要包括政策制定、资源整合和社会环境的改善。政府部门、非营利组织和相关机构应当共同制定相关政策,确保儿童青少年金融权益得到保障。同时,需要整合社会资源,建立完善的金融社会工作服务体系。另外,宏观层面的干预还需要改善社会环境,减少金融不平等现象,营造一个良好的金融环境。

---

[1] Clinton G. Gudmunson, Sharon M. Danes. Family financial socialization: theory and critical review[J]. Journal of Family Economic Issues, 2011(32): 644-667.

[2] Margaret S. Sherraden, Jin Huang, Jenny L. Jones, Jenny L. Jones. Building financial capability and assets in America's families[J]. Families in Society, 2022, 103(1): 3-6.

[3] 黄进,玛格丽特·谢若登,迈克尔·谢若登.金融社会工作的核心内容:美国的探索[J].社会建设,2019,6(2):19-22.

[4] Jin Huang, Yun ju Nam, Michael Sherraden, Margaret M. Clancy. Improved financial capability can reduce material hardship among mothers[J]. Social Work, 2016, 61(4): 313-320.

在中观层面,儿童青少年金融社会工作的干预主要包括社区服务和学校教育。社区服务机构应当加强与儿童青少年及其家庭的联系,提供针对性的金融社会工作服务,帮助他们解决金融问题。在金融社会工作干预中应优先考虑促进金融教育资源的开发。金融社会工作者需要对社区教育的理论基础有全面的了解,将其作为在金融社会工作干预中促进家庭发展的一种手段。最终,这将有助于增强经济弱势家庭的力量、复原力和希望。此外,学校教育也是中观层面重要的一环,学校应当加强金融教育,培养学生的理财意识和金融技能,预防和解决儿童青少年金融问题。

在微观层面,为儿童青少年及其家庭提供全面的金融教育、咨询和援助。金融社会工作者提供金融教育和指导,使服务对象能够更好地管理家庭财务。凭借基本的金融知识和技能,金融社会工作者帮助经济弱势家庭改善他们的财务状况。金融社会工作者可以帮助家庭熟悉信贷基础知识,支持他们借助金融机构为自己争取权益,并协助他们努力建立信用。通过这些活动,服务对象可以获得金融知识,认识到利用特定金融信贷机会的益处和潜在弊端,并有可能做出明智的金融选择,避免长期、无法控制和螺旋式上升的债务。加强家庭干预工作,帮助监护人提高金融教育水平,增强金融管理能力,从而影响儿童青少年形成正确的金融观念和行为。在金融机会方面,推动服务对象有效率地使用不同类型的服务,如通过参加社会保险等形式来扩大他们的金融机会,帮助他们辨别非正规的金融服务。[1]

三、儿童青少年金融社会工作的国际经验

1. 芬兰:一项减轻儿童青少年家庭财务焦虑的金融社会工作干预研究[2]

芬兰开发了一种金融社会工作干预措施FinSoc[3],旨在提高芬兰的儿童青

---

[1] 周晓春.中国金融社会工作发展的背景、作为与挑战[J].社会工作与管理,2020,20(2):41-48.

[2] Anniina Kaittila, Henna Isoniemi, Katri Viitasalo, Meri Moisio, Anu Raijas, Enna Toikka, Jarno Tuominen & Mia Hakovirta. A Pilot Randomized Controlled Trial of Intervention for Social Work Clients with Children Facing Complex Financial Problems in Finland (FinSoc): A Study Protocol[J]. Journal of Evidence-Based Social Work, 2024(21): 1+32-49.

[3] FinSoc是研究人员开发的一种新的干预措施,FinSoc的干预措施是根据"以用户为中心的设计"(UCD)原则开发的。这种方法是一种迭代的、利益相关者和服务对象高度参与的过程,用于创建直接响应其目标用户的做法。UCD越来越多地被应用于社会心理干预的(转下页)

少年家庭中监护人的金融知识水平和经济自我效能感，并减轻他们的金融焦虑。这项试点随机对照试验（RCT）的目的是采用混合方法探讨FinSoc干预措施的可行性、可接受性和初步有效性。具体来说，目标是探索：第一，该干预措施的试点随机对照试验是否可行以及如何可行；第二，该干预措施在多大程度上能让金融社会工作服务对象和专业人士感到满意与有用；第三，该干预措施如何实现其目标。

这项研究在芬兰8个不同的市镇或市镇联盟（以下简称：市镇）进行。参与者是从8个市镇中的金融社会工作服务对象（成人社会工作或儿童与家庭社会服务[1]）中招募的。要获得参与研究的资格，服务对象必须在过去6个月中至少经历过以下一种经济困难：难以按时支付账单、债务或支付住房费用；难以满足基本需求（如食品、药品或衣物）；缺乏财务管理知识或技能；感到财务焦虑或压力。此外，符合条件的参与者必须有一名或多名未成年子女，且家庭为双亲或单亲家庭。在双亲家庭中，父母一方或双方均可参与研究。在共同照料的情况下，孩子应至少有一半时间与参与研究的父母居住在一起。

每个城市的参与者按1∶1的分配比例随机分配到干预组或对照组。在回答基线调查问卷（Baseline Questionnaire）时，参与者并不知道自己是被分配到治疗组还是对照组。在一个城市的所有参与者都提交了基线调查问卷后，使用SPSS统计程序将参与者随机分配到两组。当地社会服务机构的金融社会工作专业人员会告知参与者他们的分配情况。对照组照常接受服务。如果他们选择接受干预，对照组的参与者将在完成3个月的跟踪评估后接受干预。干预由他们自己的金融社会工作专业人员进行。

FinSoc干预措施的开发以相关的金融社会工作的研究为指导。研究者对在金融社会工作中促进财务能力的干预措施和方法进行了系统回顾。结果表明，只有少数研究侧重于在有子女家庭的金融社会工作中促进财务能力。此外，变革实践框架（Transformational Practice Framework）被选为促进财务能力和资产

（接上页）开发和实施。本研究的干预措施是根据以下原则制定的，这些原则是UCD框架的典型原则：让潜在服务对象参与进来，以便更好地了解需求和背景，然后通过确认服务对象的反馈意见，对现有干预程序进行原型设计和简化。这些步骤构成了一个迭代循环，在这个循环中，循证实践的设计和实施策略不断完善，直至针对特定环境进行优化。

[1] 根据芬兰的《社会福利法》，儿童和家庭社会服务指的是对有子女家庭的支持。家庭的服务需求由社会工作专业人员进行评估，其中可能包括社会援助、家庭工作、家庭支持或家政服务。在芬兰，儿童和家庭社会服务是预防性的"基本服务"，旨在为早期阶段的家庭提供支持，而有针对性的儿童福利服务则提供更高层次的支持。

建设的干预措施的广泛理论模型。根据先前的研究,还选择了三种与临床相关的方法来指导与服务对象合作的方法。这三种方法分别是财务能力法、以解决方案为中心的实践法和动机访谈法。

研究者对10位主要利益相关者进行了访谈,问题涉及金融社会工作服务对象的财务需求和金融社会工作干预的内容。这些利益相关者与服务对象一起处理财务问题,他们具有金融社会工作、心理学背景或金融社会工作经验。根据利益相关者、合作者的反馈和文献综述,研究者开发了干预措施的原型。干预模式最终确定后,研究小组为专业人员编写了培训和手册,并为服务对象编写了工作手册。

干预措施包括五个连续的环节。这些环节构成了一个合作咨询过程,促使服务对象改变他们处理财务的方式。

第一个环节的重点是家庭目前的财务状况以及他们希望如何改变这种状况。该环节以自由讨论开始,随后是三个预先确定的主题:日常开支的财务管理、与金钱有关的感受以及金钱在家庭中的作用。最后讨论家庭的优势和挑战。此外,还会为家庭设定一个财务目标。

在第二个环节中,首先要计算服务对象的净收入,然后列出固定支出,从而明确家庭当前的财务状况。在此基础上,为家庭制定预算。

第三个环节是研究家庭的社会关系及其对财务状况的影响。这项工作使用ecomap来完成,这是一种将个人或家庭生活中的相关关系可视化的工具。本干预措施使用的是侧重于财务问题的改良版ecomap。

第四个环节涉及服务对象与金钱的关系。该环节通过三个子主题展开:家庭生活、情感和态度。研究小组使用自己制作的卡片对这些主题进行讨论。卡片上有关于财务问题的陈述和不完整的句子,鼓励服务对象分享他们对每张卡片的想法。

第五个环节结束干预过程。对干预开始时设定的财务目标进行回顾,并设定一个新的、更新的目标。如果将来有需要,会告知服务对象从哪里获得帮助。

所有干预措施都是在服务对象选择的地点进行的:服务对象家中或社会福利办公室。提供家访的选择是为了减少干预对服务对象造成的时间负担。第一个环节为90分钟,其余每个环节为60分钟。如果父母双方都参加,建议将60分钟延长至90分钟。目标是每隔一周进行一次。整个干预应在2至4个月内完成。服务对象会收到一本包含干预措施概述的工作手册。工作手册包括财务术语表、一般财务信息以及查找可靠财务信息的说明。金融社会工作专业人员会收到一本关于如何进行干预的手册。

在五个干预环节结束后,将对参与试验的8至12名金融社会工作服务对象和5至10名金融社会工作专业人员进行访谈,以说明干预措施的可接受性。对服务对象和专业人员的访谈将一直持续到数据饱和,即充分了解服务对象和专业人员的观点为止。访谈在不同的市镇进行。假设该干预措施能够提高家长的财务知识水平和经济自我效能感,并减少他们的财务焦虑,这项试点研究的结果将增加金融社会工作的证据基础,并为制定针对遇到财务困难的服务对象的干预措施提供新的见解。

2. 韩国：育苗储蓄账户[1]

为应对贫富差距扩大、生育率下降、人口老龄化和传统家庭结构崩溃等当代社会问题,韩国政府采用社会投资战略作为社会福利政策的新方向,儿童发展账户正是这一政策转型的产物。2007年,韩国政府在全国范围内启动儿童发展账户计划,希望通过投资年轻一代来减少代际贫困,进而促进国民经济发展。2009年,韩国卫生与福利部(Korean Ministry of Health and Welfare)宣布将儿童发展账户更名为"育苗储蓄账户",寓意该账户为儿童的未来奠定坚实基础。

韩国的育苗储蓄账户实行初期只针对孤残儿童和在福利系统内接受安置的儿童,随后逐步扩大适用范围,又将中低收入家庭中的儿童纳入其内。目前适用对象包括三类儿童:第一,儿童福利系统内的儿童,即所有18岁以下的孤残儿童、接受机构安置或寄养安置的儿童;第二,12～17岁的中低收入家庭儿童;第三,从儿童福利系统回到原生家庭中的儿童,若符合中低收入家庭标准且保留原有账户,仍可继续接受相应的资助。

韩国政府指定新韩银行(Shinhan Bank)负责育苗储蓄账户的开立和管理。每个儿童名下有两个账户,一为儿童储蓄账户,即自存款账户,每月存款上限为50万韩元;一为基金账户,即政府配套款账户。在每个月3万韩元的限额内,政府为自存款提供1:1配套,超出3万韩元限额的部分则不享受配套款支持。除政府提供资金支持外,育苗储蓄账户本身也享有一定的优惠:儿童储蓄账户利

---

[1] 案例来源：何芳.儿童发展账户：新加坡、英国与韩国的实践与经验——兼谈对我国教育扶贫政策转型的启示[J].比较教育研究,2020,42(10):26-33.

率比一般储蓄账户的储蓄利率高1%,基金账户也只需缴纳极低的管理费。在各种政策激励下,育苗储蓄账户计划一经推出就得到了积极响应。在该计划实行的前9个月内,98.1%的账户上都有存款,超过81%的账户坚持每月储蓄。截至2010年,约4万名符合条件的儿童开立了账户,累计储蓄总额超过700亿韩元。

育苗储蓄账户的款项使用分为三种情形:第一,普通使用,即账户持有人年满18岁后,账户中的存款可用于支付高等教育、职业培训、住房、创业、医疗、结婚等领域的费用;第二,提前使用,即在儿童年满15岁且储蓄超过5年的情况下,账户中的存款有两次提前使用的机会,但仅能用于支付儿童的教育和职业培训费用;第三,延期使用,即账户持有人年满24岁后,账户中存款的使用不再受限制。此外,在前两种情形下使用款项,须经地方主管机关认可款项用途后,由银行将款项直接汇入资源或服务提供者的账户,以防止不当交易。

为避免因缺乏财务知识和技能而发生账户使用不当的情况,韩国政府还为育苗储蓄账户的参与者制定了一项名为"希望之袋"(A Bag of Hope)的财务教育计划,开发了一系列适合不同年龄段的财务教育课程,教授必备的财务知识,帮助儿童建立长期储蓄规划和理性的消费观念。

四、儿童青少年金融社会工作的本土案例

1. 陕西Q社会工作机构的"儿童发展账户"项目[1]

"儿童发展账户"项目由陕西省西安市Q社会工作机构与本地儿童康复中心合作实施,项目持续时间为6个月,参加者为10组在机构内进行抢救性康复的脑瘫儿童及其家庭。机构要求参与家长为孩子设立"儿童发展账户",将其作为激励家庭为残障儿童获得更好的康复和教育积累资产的途径。在本项目中,家庭的"资产投资"不仅仅包括有形的金钱,也包括家长对于孩子康复训练的支持性活动投入。在具体操作上,每个"儿童发展账户"可获得初始1 500元的种子基金,机构根据参加者在账户中的"资产投资"进行每月500元的固定配款。家长的资产投资包括现金储蓄、参与项目课程以及家庭康复训练三类。同时,机构为连续2个月或3个月完成投资目标的账户实行额外奖励,奖励金额为700~

---

[1] 案例来源:邓锁.资产建设与跨代干预:以"儿童发展账户"项目为例[J].社会建设,2018,5(6):24-35.

1 000元。"儿童发展账户"的储蓄金额在1个月之后可以取出用于康复、辅助器具、家居改造以及教育四类用途,参与者在金融社会工作者的协助下制定取款与使用计划。

该项目面向在机构进行康复训练的贫困脑瘫儿童及其家庭。参与项目的许多家庭来自陕西或甘肃、宁夏等周边的农村地区,为孩子的康复治疗辗转全国许多地方,面临极大的经济压力和心理压力。

我国政府从2010年开始推动建立0~6岁残障儿童的抢救性康复,对贫困家庭进行现金救助,康复补助的程序一般依照"先申请后康复再核销"的原则,由残疾家庭向户口所在地社区(村)提出申请,并需报省辖市残联符合认定。在救助政策下,每个符合条件的儿童在定点康复机构进行训练可以获得12 000元左右的补助,这在一定程度上缓解了许多贫困家庭的经济负担。但Q社会工作机构在调查中发现,康复救助政策对于脑瘫儿童及其家庭的支持仍然有限,且存在政策瞄准的困境。一是经济救助的额度偏低,没有考虑到残障儿童家庭的额外支出及照顾成本,许多家庭至少有一个照顾者因为要陪伴孩子康复而放弃工作,以及有家庭在康复治疗所在地的租房、生活等支出;二是康复救助政策仅局限于对康复儿童进行训练的资金补助,没有纳入家长以及整个家庭所面临的多元化需求,许多照顾者由于多重的压力导致对未来家庭的发展失去信心,这进一步影响了孩子的康复与发展。在脑瘫儿童康复过程中,除了在机构康复,家庭内的康复训练也至关重要,家长的理解、投入以及对相关康复技能的掌握在很大程度上决定了儿童抢救性康复的效果。对于家庭和儿童同时进行的跨代干预十分必要。

该项目中的脑瘫儿童一般年龄较小,因此家长作为孩子的主要照顾者是项目活动的重要参与者,通过家长的参与以及能力建设而使孩子受益。评估显示,"儿童发展账户"的设立使得家庭能够获得一定的经济救助支持;同时,通过在项目中进行的匹配储蓄与其他类型的资产"投资",家长也掌握了一定的家庭财务规划意识,增加了对于家庭发展的信心。在访谈中一位家长表示,原来她没有想过会单独给孩子存钱,现在通过"儿童发展账户"的设立觉得应该考虑孩子的未来需求与发展,虽然每月只会存一点,但是积累起来也不少,花的时候也更加谨慎,三思后行,长远规划。

在项目设计中,家长需要参加有关康复和理财知识的基础课程与巩固课程,金融社会工作者通过对于"儿童发展账户"的操作(包括投资、康复训练与存取款计划),不间断巩固和维持家长对于理财及康复理念的认知。Q社会工作机构的项目工作人员在3个月和6个月节点对每一位参与者进行了访谈,结果显示,在项目开始以及结束之后,家长根据康复训练的计划来合理规划家庭财务的理念和认识有了较大的提高,在账户中逐渐积累的储蓄也使得家庭的经济压力有一定缓解。脑瘫儿童的康复是一个较为长期的过程,通过"儿童发展账户"的项目干预,家长能够在逐步投资计划中学习更好地使用孩子的康复资金,科学理性地看待孩子的康复进程及增强康复的持续性。

"儿童发展账户"是一个可见的、协助儿童及家庭获得资产积累的制度性以及认知—行为的工具,账户的设立能够使得贫困儿童及家长获得资产积累的制度机会以及相关知识技能,这是一个经济赋能的过程。储蓄资金作为一种较为稳定的经济资源,能够在一定程度上发挥缓冲器的功能,减少未来发展的不确定性。

"儿童发展账户"激励孩子以及家长进行"发展性储蓄",家庭的生计发展也因而与对于子女未来的教育、康复等的发展目标连接起来。同时,匹配储蓄以及家庭在"儿童发展账户"中的"投资"行为减缓了家庭照顾者的经济压力,能够更加合理安排家庭的财务支出,增强对于孩子以及家庭未来发展的信心。

不过,项目对于参与家庭的经济赋能仍然存在一些挑战。在项目进行中发现,许多参与家庭对于资产收益、储蓄账户以及理财知识等有浓厚的兴趣,但金融社会工作者或者机构的项目人员对相关知识的掌握并不充分,课程培训也流于简单化。在互联网与移动支付时代,当前人们的经济活动、日常生活以及社会交往已经与金融有密不可分的关系,社会的金融化对反贫困社会工作的干预提出了新的要求,金融社会工作者迫切需要拥有更多相关的知识储备与训练。

2. 北京昌平区青少年金融赋能服务[1]

北京市昌平区英博社会工作服务中心(以下简称"英博")于2018年初,申请承接了昌平区社工委政府购买服务项目"昌平区青少年金融赋能服务",致力于运用金融社会工作专业手法提升青少年的金融能力,增进他们的金融福祉与生活质量。该项目遵循"金融脆弱性—金融赋能(增加金融技能与拓展金融机

---

[1] 案例来源:方舒,刘世雄.互联网社会与青少年金融赋能实务研究[J].中国社会工作,2019(1):33-34.

会)—增进金融福祉"的逻辑主线,开展金融知识教育、金融困境咨询、金融风险防范以及金融与生涯发展规划多重内容的金融社会工作干预服务。

具体来说,青少年金融赋能的金融社会工作服务,是面向初中二年级学生实施的,主要包括金融教育(Financial Education)、金融咨询(Financial Counseling)、金融实训(Financial Coaching)三大环节:

第一部分:金融教育。该部分主要是形式灵活的系列课程,由英博联系倡导中国建设银行北京分行的工作人员作为志愿者与专业金融社会工作者一道为班级学生(30人)开设,每次课程持续90分钟,一半时间是金融知识讲授,一半时间是分组讨论和模拟演示。主要课程有四门:课程一是"正确认识金钱",课程目的是解决青少年模糊或偏差的金钱观问题,使青少年对金钱形成正确的认识,从而为其理性消费奠定思想基础。其课程主题有"为什么会有金钱""金钱从哪里来""不同职业之间的收入区别"。课程二是"如何理性地消费",课程目的是帮助青少年形成正确的消费观。课程主题有"必需品和渴望得到的东西之间的区别""它真的值那么多钱吗""我真的需要它吗"。课程三是"预防金融诈骗",课程目的是向青少年揭示常见的金融骗局,提高他们的警惕心理。课程主题有"金融诈骗常见的'套路'如何辨识""为什么会有人上当""在骗子面前如何做个理智的人"。课程四是"怎么管理我的金钱",课程目的是使青少年能够合理地使用和管理自己的金钱,并形成节约和储蓄的意识。课程主题包括"我的钱到哪去了""怎么做好预算""如何让我的钱变得更多"。所有课程内容都是英博的金融社会工作者根据国内外最新实务进展精心设计的,学生比较感兴趣,参与度较高。

第二部分:金融咨询。该部分侧重金融与职业生涯规划,活动形式主要采取沙盘游戏疗法,目的是在青少年已经对各种职业有全面认识的基础上,激发和引导他们正确认识内在的兴趣、动机和能力,进而主动设计和规划自己的人生,并思考金融能力与生涯发展之间的紧密关联,从而通过增强金融能力提升青少年对未来的自我期望。

第三部分:金融实训。该部分主要开展"跳蚤市场"和"积分圆梦计划"两大活动。"跳蚤市场"活动是鼓励和发动青少年将自己闲置的书籍、玩具及其他物品,在班级内进行以物易物或自愿交易,使其从中理解财富来源和平等交易,培养青少年的节约意识和绿色消费观。"积分圆梦计划"活动从项目伊始就启动并贯穿始终,英博的金融社会工作者为全班每一位学生建立"名义积分账户",

并通过与全体学生协商,确定好他们的"心愿单"和积分范围与标准,比如参加一次课程可以积20分,在"跳蚤市场"成功售出一件物品按照售出价1∶1积分,等等。最终结项前统计每个人的积分数,并允许他们按照一定的"价格"用积分购买心愿物品圆梦,让他们在体验中理解储蓄的魅力。

在干预服务实施前后,项目组采用专业评估工具收集过程性资料和青少年在金融方面的知识、行为、态度和期望等维度的现状与变化,把握金融赋能对青少年的影响和效果。项目组通过文献回顾并结合学生实际,研制"互联网时代青少年金融可行能力量表",从金钱、消费、网络生活、理财和人生规划等板块,对青少年金融知识和技能及与之相关的行为和态度等内容,进行测量并实施预估和评估。项目组选取某中学初中二年级两个班,其中一个班作为干预服务的对象,另一个班作为对照组,通过前后收集两个班学生的基线数据、过程性材料和评估结果,完成项目实施有效性的对比分析。

就项目设计而言,仍有需要整合和改进的地方。一是互联网社会青少年金融赋能的社会政策研究。金融赋能除了增加金融技能,还涉及拓展金融机会,落到社会政策层面就体现在诸如资产建设、普惠金融等政策工具上。从宏观层面来说,结合中国微观金融环境为青少年金融赋能开展社会政策的回顾、分析和倡导,理应成为该项目后续的重要任务。二是积极拓展服务途径。英博通过与昌平区团委的沟通和合作,结合全区初中年级学生实际需求,已将"青少年金融素养教育"列入全区中学生综合素质选修课"七彩课堂"的课程目录,供感兴趣的学生选修。同时,金融社会工作者还积极与青少年所在社区联系,计划今后开展更多的"送课程进社区""社区儿童青少年金融知识教育"等活动。此外,对青少年父母和其他家庭成员进行一定干预,改善青少年所处社会环境,为青少年构建积极的支持网络,这也是金融社会工作服务的应有之义。

第八章　流动人口与金融社会工作

第一节　流动人口的群体特征

一、流动人口的概念

人口流动是自人类存在以来，全球各个历史时期都存在的社会现象，自然灾害、战争、气候等是早期人类流动迁移的主要原因，随着社会的发展与进步，流动的原因逐步被经济、政治、文化等因素取代。采集渔猎时期，人们为了采集野生食物和捕鱼围猎过着漂泊不定的流动生活。农业社会时期，伴随急剧的人口增长，为了寻找更多的土地与生存空间，人们的迁移活动也未曾停止。当进入工业社会，生产力的迅猛发展，地域发展的不平衡以及规模经济的出现，在人口压力和经济驱动力的双重作用下，人口流动更加频繁与普遍。在当代中国，随着改革开放的深入、经济结构的调整、城市化的深化与扩展，工业化进程的不断加快，大量农业人口流入城市，流动人口在城市中也成为一道独特的风景线。

历来学者由于从不同的研究领域与研究视角出发，因而对流动人口的定义也不尽相同。地理学强调流动人口居住地理位置的变化，将流动人口看成是人口空间迁移变动的一种特殊形式，即在一定地域范围内发生短暂流动行为的那部分居民，他们并没有改变常住地，一般被称为短期迁移人口、暂时性迁移人口等[1]。经济学强调流动人口谋生方式的变化，李荣时从人口经济学的角度，依据流动人口产生的根本原因来给流动人口下定义，将流动人口理解为不改变常住户口进入某一地区从事社会经济活动的人口，一般称为民工、农民工、外来务工经商人员等[2]。行政学侧重强调户籍制度与行政管理区域的变化，如段成荣依据是否有某一地常住户口为指标来确定流动人口，认为流动人口是指在某一行政

---

[1] 吴瑞君.关于流动人口涵义的探索［J］.人口与经济，1990（3）：53-55+27.
[2] 李荣时.对当前我国流动人口的认识和思考［J］.人口研究，1996（1）：10-15.

范围内滞留但没有常住户口的那部分人口,一般被称为暂住人口、人户分离人口等[1]。另外不同的研究领域对流动人口的研究侧重点也不同,如人口学侧重人口流动的过程与规模,社会学则倾向从生活方式以及态度观念转变的角度关注流动人口。尽管侧重点不同,但学界对流动人口的界定主要包含两方面的含义,一方面为一定标准的时间内,空间位置是否发生一定范围的变化,另一方面为户籍是否改变。

我国的流动人口通常被称为"农民工",其概念最早由社会学家张雨林教授提出,随后被大量引用,身份的"农民"和职业的"工人",是其概念的字面含义。拥有农业户籍却没有在农村以农业和土地为生,而是流入到城市中从事第二、三产业的工作。由于我国特有的城乡二元户籍制度不以居住地和职业来划分,而是具有很强的"世袭"的烙印,仅可通过就学、转干等少数途径来实现转移,因而农民工的概念曾一度被认为具有歧视的成分,认为其是国家政策之外给城市管理带来麻烦的"盲流"群体的延续。直至2004年中央一号文件提出,"进城就业的农民工已成为产业工人的重要组成部分",2006年中华人民共和国政府网又发布了《国务院关于解决农民工问题的若干意见》,农民工问题得到了国家政府和社会各界的重视。随着经济社会改革的深入与城市化、工业化进程的发展,国家、各地政府相继出台了各项法律、政策文件对农民工的权益进行保障,城乡一体化加快了农民工的市民化进程,但在没有从体制上根本消除城乡二元身份归属之前,农民工群体称谓还将在很长一段时间内存在。本章所谓的流动人口即指拥有农业户籍但在城市参加工作的人口。其具体内涵包括:第一,流动主体为农民,即现在依然为农业户籍的人口。第二,流动方向是从农村流入城市,包括省内的流动和跨省的流动。第三,职业取向为从农业(包括农、林、牧、副、渔)变为工业或第三产业,不包括在外旅游、上学、访友、探亲、从军的人口。[2]

二、流动人口的特征

我国特殊的流动人口,本义上只是对农业户籍的农民到城市就业的特殊人口群体的称谓,但其背后反映的是我国工业化、城市化进程中社会发展特定阶段中的城乡二元社会政策、经济发展水平以及管理体制等方面的差异。流动人口

---

[1] 段成荣.关于当前人口流动和人口流动研究的几个问题[J].人口研究,1999(2):48-54.
[2] 曹锐.流动妇女婚姻质量研究[M].上海:上海人民出版社,2013.

流入城市就业生活对个人来说是农民实现梦想，寻求收入增加的出路，是对美好生活的向往与追求；对整个社会来说，有利于沟通城乡关系，调整城乡社会结构，缓解农村劳动力大量过剩的矛盾，增加农民收入，缩小城乡居民收入差距，有利于整个社会的稳定和发展。但"农民"由于其身份的限制，在城市生活中却面临着被边缘化的问题，政治上从事着第二、三产业劳动，却没有工人的身份与权利；经济上同工不同酬、同工不同时以及同工不同权；社会上公共福利不能享受，医疗、失业、养老等社会保障方面其也被排除在政策之外。同时，由于其常年在城市工作生活，农村的村民选举、婚丧嫁娶等大事小情也不能参与，所以也处于边缘化的境地。因而有学者用"回不去的农村、留不下的城市"来概括流动人口的身份与心理归属。

流动人口的群体特征主要包括以下几个方面：

（1）户籍身份上的农民。流动人口群体的一个特点是户籍为农业户口，享有农村的土地权利，可以选择从事农业生产，享受农民的社会保险及福利待遇。

（2）职业身份上的工人。流动人口由原来的农业耕种转变为第二、三产业从业，虽然身上带有农民的影子，但在处理和解决自己遇到的种种问题与争取自己的利益诉求的过程中，已经体现为自己身为工人所具有的属性。随着城市化的推进，其从事的职业既有传统第二产业的建筑、工厂工人，也有餐饮、物流、家政等第三产业服务人员，还有少量个体经营、私人企业老板等。

（3）流动人口具有流动性特点。首先被称为"农民工"就意味着从农村流入城市，同时由于流动人口多为灵活就业，工资福利成为其就业的首要选择，因而在不同岗位甚至就业城市之间流动成为其主要特征之一。

（4）流动人口的社会地位面临被双重边缘化的尴尬。农民与工人的双重身份也注定了流动人口农村与城市的双重边缘化，流动人口选择放弃农村的生活方式，但在城市中又由于农民身份的限制，受到与市民不平等的工作与生活待遇，在住房、工会、医疗、子女教育等方面存在被边缘化的问题。

三、新生代流动人口的特征

所谓新生代流动人口，区别于改革开放以前出生、在农业生产和工业生产、第三产业作业之间季节性交替的传统流动人口，通常指20世纪70年代末80年代初以后出生，于20世纪90年代后学校毕业直接进入城市务工或经商的农村流动人口。新生代流动人口的概念，国内最早由王春光提出，体现了随时代变迁建构的新一代流动人口的群体特征。其与传统流动人口的区别还表现在：一是个人条件的不同，新生代流动人口较传统流动人口具有更高的文化水平，但农村生活经历较短，农业知识和技能水平远低于传统流动人口。二是价值取向不同，传统流动人口价值追求集中表现为三个取向：经济取向、城市取向、家庭取向。即到城市打工是为了家庭的生存和幸福，包括赡养父母，养育子女，修建"光亮"的住宅以光宗耀祖。新生代流动人口的价值则以发展取向和个人取向为主，即希望获得高品质的就业岗位、不断地学到技术和知识。三是目标追求不同，个人条件与价值取向的不同决定了新生代流动人口最终的目标追求不同于传统流动人口，传统流动人口多以打工挣钱补贴家用，最后以"荣归故里"为目标，而新生代流动人口，乡土情结淡薄，对农业生产陌生，他们多为最终融入城市、拥有城市户口而努力奋斗。[1]

第二节　流动人口的群体需求

流动人口在为城市做出贡献的同时也面临着政策、生活等方面被城市边缘化的问题。在城市里，流动人口被贴上"打工仔""外来妹""计划生育的死角"等负面的标签，流动人口聚居生活的小区，被认为是治安混乱的地方，在工作单位中，流动人口也很少有话语权。在户籍所在地的农村，由于流动人口常年在外流动，村里的村民会议、选举决策，包括乡亲们的婚丧嫁娶等大事小情也都将其排除在外，流动人口面临城乡都被边缘化的困境。

一、流动人口社会政策的演变

结合不同时期中国流动人口社会政策的文本特征、基本政策框架和社会政策的文本实践，潘泽泉将流动人口的社会政策分为五个阶段：一是控制与闭锁阶段：空间社会隔离与无流动的封闭模式。这一阶段，城乡隔绝的户籍制度、城市的单位制度、农村的公社制度和市场的被取消及物资调配权的高度集中，构筑了中国"无流动"的封闭模式，即处于政府禁止劳动力自由流动的阶段。二是松绑与"盲流"阶段：市场缝隙与社会政策松动。20世纪80年代中后期，我国处

---

[1] 曹锐.新生代农民工婚恋模式初探[J].南方人口，2010，25（5）：53-59+23.

于由计划体制向市场体制转型的过程中,原有的城乡隔离状态被打破,产生市场缝隙,农民工与企业第一次握手,从传统的农业中被松绑,可以到城市或乡镇选择第二种就业方式。三是堵疏交替阶段:治理策略的转变与围堵策略的灵活运用。由于受"民工潮"的意外冲击和治理整顿的巨大压力,政府在流动人口政策上来了一个"急转弯":由允许扶持农民工进城务工,到严格控制农民工进城就业。在农民工的流动问题上,国家开始实施有条件的控制,设置流动门槛、规范流动行为。四是调整阶段:问题源流与问题导向的社会政策框架。党的十六大后,国家对流动人口的社会政策进入全方位的调整阶段,包括抓紧解决流动人口工资偏低和拖欠问题;依法规范流动人口劳动管理;搞好流动人口就业服务和职业技能培训;积极稳妥地解决流动人口社会保障问题;切实为流动人口提供相关公共服务;健全维护流动人口权益的保障机制;促进农村劳动力就地就近转移。五是科学规划阶段:科学规划与城乡统筹。以引导流动人口科学流动为特征,体现了国家社会政策调整的科学性、长远性、系统性和战略性。基本特征表现为:政策调整趋势从控制策略到整合策略、国家与流动人口关系的升华、流动人口成为产业工人的主体、城乡一体化和城乡统筹,国家制定的相关政策和措施从战略发展高度赋予农民工"产业工人"的地位。[1]

二、流动人口社会福利理论

1. 马克思主义的社会保障理论

马克思主义的社会保障理论是马克思、恩格斯在对资本主义制度的批判中建立的科学社会保障理论。马克思指出,社会保障基金的直接来源就是剩余价值,如在《哥达纲领批判》中指出应当从社会总产品中扣除"用来补偿消耗掉的生产资料的部分"、"用来扩大生产的追加部分"和"用来应付不幸事故、自然灾害等的后备基金或保险基金"剩下的总产品在进行个人分配之前,还需要从其中扣除"同生产没有直接关系的一般管理费用……用来满足共同需要的部分"以及"为丧失劳动能力的人设立的基金"[2]。马克思在立足于科学社会主义理论的基础上对共产主义社会中的社会保障也进行了科学预见,认为共产主义社会是真正的福利社会,是社会保障制度发展的最高境界。

---

[1] 潘泽泉.国家调整农民工社会政策研究[M].北京:中国人民大学出版社,2013.
[2] 弗里德里希·恩格斯,卡尔·马克思.马克思恩格斯选集:第3卷[M].中共中央编译局,译.北京:人民出版社,2012.

2. 福利国家理论

福利国家理论以福利经济学为理论基础，福利经济学正式产生的标志则是1920年庇古（A. C. Pigou）的《福利经济学》一书的出版，他从国民收入量的增加和国民收入的分配两个方面分析，指出社会经济福利的增加意义重大。而福利国家理论主张在生产资料私有制经济中，由政府大规模地提供社会服务，以实现"全民福利"。福利国家的特征在于：对国民收入进行有利于劳动者的再分配，以减少收入的不平等，实现收入均等化；实行充分就业，保障人人都有就业的机会，并运用各种政策，消除导致失业的各种因素；实行社会保障制度，推行企业国有化，发展公共事业等。

3. 城乡人口流动理论

国外对劳动力流动与迁移的研究可追溯到古典经济学时期，古典经济学创始人英国经济学家威廉·配第（William Petty）提出产业收入差距原理，而以刘易斯（W. A. Lewis）为代表的二元经济结构论对此原理进行了发展，认为发展中国家的经济由两类性质不同的部门组成，一类是农村中以手工劳动生产为主的传统农业部门，另一类是城市中采用资本主义生产方式的现代工业部门，这两个部门构成了所谓的"二元经济"。一方面传统农业部门中劳动生产率很低，并且存在大量边际生产率等于零的剩余劳动力；另一方面，城市中现代工业部门劳动生产率较高。城乡"二元经济"生产率的差异造成了工资差异。于是，大量的农村剩余劳动力离开乡村来到城市，这些廉价的农村劳动力不断地被现代工业部门吸纳。出于追求利润最大化的动机，城市工业资本反复进行积累与再投资，直到将农村全部剩余劳动力吸纳完毕。这样就会使城乡劳动收益差距减小，最后使工农业都得到均衡发展，达到经济结构的一元化。20世纪80年代至今，新迁移经济学理论备受关注，许多学者以微观数据为基础，围绕迁移者特征、迁移决定因素、家庭成员之间的策略行为、信息不对称和风险分散等相关问题进行深入研究。如安娜·达姆（Anna P. Damm）对迁移者偏好于大城市的原因进行了分析，研究结果指出，迁移者更注重迁入地区的福利状况，在对潜在迁入地区进行选择时，相对于就业率而言，迁入者更注重教育机构和社区状况等因素。[1]

---

[1] Anna P. Damm. Determinants of recent immigrants location choices: Quasi-experimental evidence[J].Journal Population Economics, 2009, 2(1): 145–174.

4. 社会正义理论

以约翰·罗尔斯(John Bordley Rawls)为代表的社会正义论即基于差别原则的社会保障思想。罗尔斯强调,正义在社会建制中比"效率""稳定"具有更根本的优先地位,是"首要价值"。罗尔斯社会正义论的核心是两个正义原则,只有建立在两个正义原则基础上的社会制度才是公平的。第一个原则可概括为平等自由原则,第二个原则可概括为差别原则与机会的公平原则。在社会保障领域,两个正义原则不是用来直接分配福利的,而是通过体现这两个正义原则的"背景制度"来实现。差别原则是罗尔斯社会正义论的核心,基于差别原则的社会最低保障制度只有符合最不利者的最大利益才是正义的。罗尔斯的"社会最低保障制度",关键因素不是测量人们的福利水平以确定某种最低保障基准,而是不同群体之间的福利差距,所关心的东西是不同群体之间的人际比较,而不是底层群体的福利水平。[1]

三、流动人口社会福利问题

1. 城乡二元社会体制制约

中国长期以来传统的城乡二元社会体制中,农村居民与城镇居民在医疗、养老、生育、教育等方面都享受着不同的保障待遇,而户籍成为城乡居民分野的标志。流动人口为农业户籍,却在城镇从事非农活动。因为长期外出打工,绝大多数人无法享受农村的各项社会保障福利;由于户籍的归属,在城市里流动人口又被认为是"局外人",被排除在各项社会保障体系之外,无法享受城市的各项保障福利,实现与城镇居民同等的保障水平,尤其是在养老保险、医疗保险等方面与城镇居民的保险水平有着非常大的差距,权益得不到保障。

2. 政府的政策与支持力度不够

国家关于流动人口的社会保障等政策依然处于探索阶段,还没有形成完善的适用于流动人口的社会保障制度与福利政策体系,加之流动人口作为一个特殊的或许是社会发展中的一个过渡群体身份,又与城乡社会保障体系的发展与完善不可分割,因而其保障福利体系的建构是一个巨大的工程。同时,流动人口社会保障体制的改革绝不仅仅只是建立制度、政策落实实施这么简单,其牵涉众

---

[1] 何大海,赵春玲.弱势群体社会保障制度的健全和完善——基于罗尔斯差别原则的社会最低保障思想[J].理论月刊,2012(12):185-188.

多部门及群体的利益,而且各个地区和行业也存在各自的特殊背景与条件,因此农民工社会保障福利体系的建立与完善还需要国家、各级政府以及社会各界的大力支持。

3. 企业社会责任意识低

企业作为雇佣农民工的单位主体,是很多社会保障和福利政策的具体实施者。但现实情况是,很多用人单位在雇佣流动人口的时候,首先考虑的都是自身的经济收益,对流动人口应有的社会权益不重视,缺少社会责任意识。因此,在国家提倡保护流动人口利益之时,一些企业为了能够降低成本,减少企业不必要的开支,增加企业的利润,倾向于用各种方法规避国家用工政策对自身的限制,规避社会保障制度的约束,尽可能地漏保不保,造成流动人口利益受损。还有一些企业缺乏对员工保障的正确认识,在工作开展上没有实施到位,不能对鼓励流动人口参与社会保障起到积极作用,在流动人口真正遇到突发问题时不能很好地处理,因而造成员工队伍不稳定,提升企业用人成本的同时也不能保障农民工的权益。

4. 流动人口自身维权意识差

流动人口普遍学历较低,据农民工检测数据显示,其多数为初中学历。一方面因为学历较低,在城市里只能从事不需要很高技术水平的工作,而这些工作通常又不太规范,很多没有劳动合同,更不会有正规的社会保险和社会福利。另一方面,由于文化素质不高,流动人口自身缺乏维权意识,其中很多人认为进城务工主要是为了获得更多的收入,而且这些收入最好是能够看到的、直接拿到手中的,如若将辛苦赚来的薪酬存到看不到摸不着的账户中,一时在思想观念上并不是十分能接受,因此很多调查显示流动人口参与社会保障的主观意识不强,金融风险应对能力较差。另外,随着进城务工农民人数的不断增加,流动人口的用工市场需求竞争越来越激烈,原本就处在弱势地位的流动人口为了维护自身的工作,从而不敢向用人单位提出保障要求。这些都大大降低了流动人口的抗金融风险能力。

四、流动人口金融福祉需求

1. 金融诊断的需要

流动人口由于流动性的特点,生活稳定性低于非流动人口,金融风险也相应增大,因而流动人口的金融诊断能力显得尤为重要。根据瑞塔·沃尔夫森金融诊断五个模块,流动人口金融诊断需求包括:金融诊断意识,即接触金融社会工作的意识;辨识债务的能力,包括辨识良性债务与恶性债务的能力;金融计划的制定,包括个人储蓄与消费计划的制定;储蓄和投资知识的掌握;金融素养的提升,包括工作道德规范、金融责任标准等的学习。

2. 金融福祉的需要

金融福祉是金融社会工作的目标,包括金融稳定与金融发展。根据谢若登、黄进等人的金融福祉理论[1],流动人口金融福祉需求包括:收入的维持与创造,包括在城市中获得稳定的就业与公平的报酬的机会;资产建设需要,包括参与政策变革、资产建设项目的需要;消费管理计划的科学制定;信用建设能力的提升;金融保护的需要。

第三节　流动人口金融社会工作实务

一、流动人口金融社会工作的意义

1. 解决"三农"问题、全面推进乡村振兴

党的二十大报告指出,全面建设社会主义现代化国家,最艰巨最繁重的任务仍然在农村,必须坚持农业农村优先发展,坚持城乡融合发展,畅通城乡要素流动。流动人口群体是连接城乡一体化发展的纽带,完善流动人口社会保障与金融服务体系,逐步转移农村剩余劳动力,缓解我国农村大量人口与有限耕地的矛盾,加快流动人口市民化进程,进一步加快城镇化的发展。促进以机械生产带动的农业产业化、集约化、规模化、现代化的发展,实现农村经营方式转变,提升农业生产效率,提高流动人口收入,保障流动人口充分的财产权益,推动城乡一体化进程,为全面推进乡村振兴,建成社会主义现代化国家做出重要贡献。

2. 维护社会稳定、构建社会主义和谐社会

流动人口群体数量众多,且随着我国城市化、工业化进程的加快,还将长期大量存在。流动人口兼具农民与工人的双重身份又容易被排除在城市和农村的管理体制之外,成为边缘群体,增加了城市化进程中的不稳定因素,而金融福利保障,作为社会稳定的减压阀和稳定器,在流动人口市民化的进程中扮演着重要角色。健全流动人口金融服务体系,关注边缘弱势群体,可以有效减少贫富差距,促进公平正义;消除城市居民对流动人口的歧视与排斥,促进流动人口的城

---

[1] 唐俊.金融社会工作[M].北京:经济科学出版社,2023.

市融入，合理解决人民内部矛盾；为流动人口的城市生活工作提供必要保障，促进城市经济的健康发展与持续稳步增长，对维护社会稳定，促进社会和谐发展具有重要意义。

3. 提高流动人口群体的生活质量

被称为"农民工"的流动人口，"亦工亦农"但又"非工非农"的身份使其在城市建设和农业生产中都处于尴尬地位，由于中国长期城乡二元社会体制的存在，制度发展不平衡，流动人口在养老、医疗、住房、教育、技能培训、劳动合同签订等方面属于弱势群体，游离于现有社会福利保障体系的边缘，无法充分享受社会保障与福利权益。建立健全流动人口金融服务体系，一方面可以减轻流动人口的生活压力，保障基本的生活权益，提升工作、生活的安全感；另一方面消除城市居民对流动人口的偏见，减少流动人口对于城市建设中自身"异乡人"的尴尬，增强其对城市的归属感，提升生活水平与幸福感，从而加快融入城市的步伐，提高生活质量。

二、流动人口金融社会工作的内容

依据流动人口特点以及其对金融福利的需要，流动人口的金融社会工作可以从以下几个方面着手：

1. 宏观层面

金融社会工作者应把工作的重心放在流动人口城市融入、社会保障与社会福利等方面政策的制定，特别是鼓励流动人口参与到政策的变革中，反对歧视性政策，倡导包容性、保护性的金融能力改善、资产建设以及金融保护等政策的制定与实施。

2. 中观层面

金融社会工作者要承担组织、提供和倡导流动人口群体金融教育以及链接金融福利、服务项目的职责，协助流动人口享受普惠金融项目，为流动人口提供金融诊断、资产评估、资产建设、金融规划、风险管理、信用借贷等项目服务。

3. 微观层面

金融社会工作者的主要服务内容为增长流动人口的金融知识与技能，优化流动人口的金融行为。包括帮助流动人口改善自身的金融环境并建立"金融运作"的个人意识和技能，帮助其制定个人储蓄与消费计划，提供小额信贷咨询，购买商业保险等服务。

第九章 社会救助与金融社会工作

第一节 社会救助的群体特征

一、社会救助的含义

社会救助是指国家和社会按照法定的要求、程序和标准,对陷入生存危机的或因遭受灾害、失去劳动能力等而无法维持最低限度生活状况的社会成员提供能够满足最低生活需求的物质救助和服务援助的社会保障制度。作为民生保障的兜底安全网,社会救助是社会稳定和长治久安的最后一道"防护屏障"。当前,我国已经逐步构建起以城乡最低生活保障为核心,以专项救助、临时救助、补充救助为依托,覆盖城乡的,系统化、多元化的新型社会救助体系。以国家为责任主体,通过非缴费型的转移支付方式向社会脆弱群体提供给付,以维护其生存权、参与权、发展权,是社会救助的核心意涵;兜牢底线、保障基本、解救急难、促进发展是社会救助的四个核心工作原则。

2021年7月1日,习近平总书记在庆祝中国共产党成立100周年大会上庄严宣告——"在中华大地上全面建成了小康社会,历史性地解决了绝对贫困问题"。"十四五"时期开启了我国全面建设社会主义现代化国家的新征程,要求在脱贫攻坚工作中要自觉树立预防和化解返贫风险的意识,并针对存在返贫风险人群实施针对性措施,全方位做好返贫风险控制。新时代背景下的社会发展进程以及宏观政策环境的变化对社会救助体制的转型升级和提质增效提出了新的要求。而随着对贫困议题的关注由绝对贫困转为相对贫困,社会救助的工作重心也从生存型社会救助转为发展型社会救助。与此同时,社会救助工作理念和工作思路的这种结构化转向也为金融社会工作介入社会救助提供了更多契机,打开了更为广阔的工作场域。

二、社会救助对象的群体特征

一般而言,社会成员中容易遭受生活困境的脆弱群体,因不能依靠自身的力量维持基本的生活水平,需要国家和社会的扶助,因此,均可被视作社会救助的工作对象。换言之,凡是生活水平低于法定生活贫困线的个人和家庭,都是接受社会救助的主体。这些主体主要包括:生活无依靠的老人和儿童,收入水平低于贫困线的贫困人口,就业市场竞争中的失败者,因遭受自然灾害、疾病等突发事件而生活陷入困境的家庭以及因社会歧视等原因在生活和就业中处于显著不利地位的社会成员。这些群体具有以下共性的群体特征:

1. 基本生活困难

社会救助对象因较低的工资收入、遭遇失业或者经历不充分就业、缺乏补充性的收入来源等导致家庭收入不充足,或因突遭疾病、灾害、欺诈等重大变故等导致家庭在基本花销之外大额消费增加,最终导致在基本生活方面面临重重困难。而长期的收入不充足导致收入难以覆盖家庭的基本生活开支,还会导致家庭财政出现赤字。为了消除家庭赤字,借贷往往成为家庭获取流动资金的主要方式,以期实现家庭收支相抵,但若家庭难以实现收入增加,则不得不持续通过借贷以弥补家庭开支,长此以往,会导致家庭陷入债务危机,家庭生活呈现出金融脆弱性的特点。[1]

2. 心理状态负面

经济基础的薄弱会直接影响社会救助对象的精神心理状态。社会救助对象因长期的经济状况不佳,家庭成员身患重病、身心残障等状态,或因无劳动能力、缺少劳动条件、无法获得稳定的足够收入等原因,生存和生活压力巨大,继而导致其人生动机和发展动力被掩埋心底,缺乏主动进取精神;悲观消极、沉默寡言、暴躁不安、得过且过、自卑依赖、焦虑压抑、迷茫绝望等低效能感的心理特征占据主要地位。社会救助对象的负面心理情绪如果长期得不到关注、宣泄和舒缓,会导致家庭陷入"低收入—负面情绪—继续低收入—负面情绪强化—再次低收入"的恶性循环。

3. 被剥夺感强烈

社会救助对象在日常生活中经常体验到被剥夺感,具体表现为"弱权"或是

---

[1] 玛格丽特·谢若登,朱莉·贝肯麦尔,迈克尔·柯林斯.弱势家庭的金融能力与资产建设:理论与实务[M].方舒,胡洋,樊欢欢,等译.上海:格致出版社,2023:38-39.

"缺权"的状态。被剥夺感是相对于获得感而言的,被剥夺感建立在社会救助对象与他人相比较时个人所产生的缺乏感的基础上,是个人对资源"缺乏"的一种主观认知、情感体验和行为经验。这种感受来源于在生活重压之下,社会救助对象因文化素养低、缺乏专业知识和专项技能、缺少获取求职信息和获得岗位技巧的机会和途径等,在就业、增加收入、改善生活质量时受到严重制约。长期的被剥夺感使得社会救助对象游离于主流社会生活和环境体验之外,难以在社会进步的大潮中共享改革发展的成果。

4. 社会联结缺失

强社会联结不仅有助于增强社会救助对象的情感支持,增加其获得正式的和非正式的支持与帮助的可能性,而且对于回应社会救助对象的经济性议题具有意义。但实际情况是,社会救助对象的社会联结主要局限于社区内部,其对家庭和社区的依赖度较高,人际交往圈子的同质性高,社会联结的维度单一、韧性较弱。在日常生活世界里,社会救助对象的家庭内部支持力度不够,有效的守望相助关系也暂未形成网络,家庭劳动力无暇从日常生活照料等难以产生经济收益的劳动中抽身并投入到就业市场和能力建设中,以寻求更高水平的经济收入、谋求更高质量的生活品质。

5. 家庭资产不足

家庭资产的概念通常被认为是高收入家庭的专属,但它对低收入家庭同样重要。资产的积累在为家庭提供财务缓冲的同时,也在一代或几代人之间释放出发展的机会和能力。资产建设不仅是物质资源的投资,同样也会改变人们对未来生活的看法。总体而言,社会救助对象表现出资产贫乏的状态,具体来讲,无论是在货币、储蓄、投资等金融资产领域,还是在房产、汽车、珠宝首饰等有形资产领域,社会救助对象的家庭资产建设均表现出显著不足。家庭资产不足将社会救助对象置于社会关系、情绪心理和金融福祉的不利地位,损害到社会救助对象的当下稳定性和未来安全感。

第二节 社会救助的群体需求

有效甄别和发现社会救助对象的需求是精准开展社会救助工作的重要前提。随着当前社会经济环境的结构化变迁以及贫困议题的整体性变化,社会救助对象的需求越来越多样化、个性化,但依旧在某些维度上表现出一些共性的特点。

一、正常家庭生活的需求

实现家庭生活的正常化是社会救助对象最基本也是最迫切的需求。社会救助对象作为脆弱的社会群体,希望能够在获得政策性物质救助的同时,也能够在精神成长、关系发展等方面获得帮助。第一,可以获得与个人或家庭资格相匹配的收入保障和其他非正式社会支持,实现收入最大化,以满足家庭成员基本的生理需要,确保家庭成员安全和健康。第二,通过专业方法的介入,及时获得心理疏导和支持,以改善认知、缓解压力、宣泄情绪。第三,良好的家庭关系对于家庭成员的发展以及改善家庭生活状况有着积极的影响。社会救助对象需要全面了解和分析自身的家庭结构与家庭关系,及时发现问题,适时调整家庭关系,逐步改善家庭生态环境。

二、就业权益保障的需求

在参加劳动就业中获得经济收入是社会救助对象赢得外部尊重、体现自身价值、建构积极社会心理、密切社会联结的可持续方式和有效性思路。随着对贫困议题的关注由绝对贫困转为相对贫困,改善贫困家庭中劳动成员的就业观念,提升其就业技能、职业技能,为实现多种形式和渠道的创业就业提供机会,既是发展型社会救助工作的重要内核,同时也是社会救助对象的核心需求。对于有劳动能力的社会救助对象而言,其就业意愿比较强烈,但在生活重压之下,社会救助对象在学习能力、就业能力和社会交往能力的习得与发展时,往往在时间维度、机会维度存在严重壁垒,他们急切希望能够在就业能力建设方面获得专业支持,以帮助改善生活质量,摆脱生活困境。

三、提升获得感的需求

新时代背景下,获得感是衡量社会救助高质量发展水平、美好生活需求满足水平的重要指标。获得感体验是一种对"拥有"的主观感受,是在个体利益和家庭利益得到维护与实现后产生的一种满足感及成就感。对于社会救助对象而言,其获得感体验主要表现在经济水平有所提升、个体及家庭权能得以保障、民生改革成果互惠共享三个维度。社会救助对象期望在主体期待和现实满足之间实现一种动态平衡,在"拥有"资源和机会的基础上,实现物质获得和精神满足的同步发展。这里所说的物质资源主要包括货币、储蓄、资产等有形资源,精神资源主要包括发展机会、社会支持、社会公正、社会包容等无形资源。

四、促进家庭发展的需求

促进家庭发展是社会救助对象的终极需求。要摆脱贫困,仅仅依靠生存型社会救助是远远不够的,实现全面的可行能力提升和稳定的家庭资产建设才是抵御波动的收入风险、消除贫困、获得家庭长远发展的有效途径。对于社会救助对象而言,他们在市场经济的高风险性、高流动性、高博弈性以及现代社会的金融化发展中表现得无所适从,经济可行能力的缺失使得很多相关的社会功能变得低效甚至无法实现,最终影响到个体和家庭的金融福祉。在发展型社会救助的框架下,提升社会救助对象的经济可行能力就显得尤为必要,通过推动并提供贴近生活的相关能力建设服务,可以增进社会救助对象的生活福祉、实现家庭生活美好目标,促进家庭可持续发展。

第三节 社会救助金融社会工作实务

一、社会救助与金融社会工作

(一)社会救助与社会工作

人民群众对美好生活的向往为发展完善社会救助工作的体制机制提出了更高要求,而社会工作的介入是完善社会救助机制的重要支撑。社会工作专业起源于扶弱济贫的社会活动,协助人们解除财务困境一直以来都是社会工作的主要服务内容之一。1917年,玛丽·埃伦·里士满在撰写《社会诊断》时,就已经注意到个人财产困境及其社会环境的影响。此外,对服务对象经济议题的关注贯穿于个案社会工作从接案预估到介入服务直到评估结案的全过程。

近年来,社会工作在我国的脱贫攻坚和共同富裕建设事业中得到政府与学界的高度重视,在发挥人才服务、提供智力支持等方面体现出专业优势。目前,强调通过运用社会工作专业理论、方法和技巧以提升贫困个体及其家庭的金融福祉,增强其经济能力,在理论和实践层面逐渐建立起系统化思路,形成了典型性做法。

当前,我国的反贫困实践已进入"后脱贫时代",正朝着高水平小康社会建设迈进。以此为背景,我国的社会救助工作已经由传统型的以碎片化、单一化、政府大包大揽、点状推进为特征的事后救助思路转型为新时代的以一体化、多元化、政社合作互动、链式呈现为特征的事先预防模式。社会工作在系统全面介入社会救助时,特别是在有效解决相对贫困群体的复杂问题、精准满足相对贫困群体的多样化需求时,表现出较高的可及性,具体表现为在资源匹配维度具有更高的可适应性、在供需互动维度具有更高的可接受性、在需求满足维度具有更高的可获得性。目前,社会救助领域的社会工作专业实践总体呈现出整合性的特点。在救助理念上实现了从"贫有所救"向"弱有众扶"的转变,从"以救为主、以助为辅"向"救、助并重"的升级;在救助体系建设上已逐步构建起"大救助"体系,将"物质+服务"救助内容进一步解构、细化、重组,推动实现"基础性救助+专项性救助+服务性救助"的整合发展;坚持以"助人自助"为内核的社会工作价值伦理贯穿始终,在具体服务过程中将"外源性输血—外部赋权增能"与"内源性造血—自我能力提升"并重,探索出以家庭救助顾问、财商能力建设、心理危机干预和救助制度保障等具有代表性的社会工作介入社会救助实务做法。

(二)社会救助与金融社会工作

金融社会工作作为社会工作专业的重要分支,是专业社会工作的一个新兴学科和实务领域。金融社会工作起源于美国长期以来服务对象和弱势群体所面临的经济与财务问题,社会心理的观点、与金钱的关系、金融行为以及金融资讯和金融知识构成了金融社会工作的重要元素。金融社会工作的核心重点在于拆解分析造成服务对象陷入贫困和落入经济弱势的关键点,协助并培养服务对象形成处理财务的能力,做好资产积累、管理和财务运用,协助服务对象通过创业、就业改善经济困境。

社会救助金融社会工作是一个新兴专精的服务领域,具有福利属性、社会化干预和面向钱财议题三大本质特征[1]。在经济全球化、社会金融化的大背景下,金融越来越深刻地影响着人们的经济生活和社会生活,金融逻辑与社会生活的逻辑已经密不可分,这种复杂的交叉和全面的互嵌可能会导致越来越大的贫富差距、财富不平等和社会排斥。金融化的现代社会中,经济弱势的个体及家庭

---

[1] 方舒,兰思汗.金融社会工作的本质特征与实践框架[J].社会建设,2019,6(2):17.

更容易由于金融参与机会不足、金融知识技能的缺乏而深陷发展困境,最终落入贫困循环。

金融社会工作围绕社会救助对象的"钱财"议题,以阿马蒂亚·森提出的"可行能力"概念为基础[1],以迈克尔·谢若登的资产为本理论范式为指引,秉持"人与环境互动"的系统论视角,坚持社会工作的专业价值伦理,运用社会工作的理论方法和实务技巧,以关照本土化的制度情境和文化敏感性为前提,在倡导营造包容性和平等性的金融制度环境外,还应将经济学、金融学、会计学等学科知识融入不同层面的社会工作服务之中,通过直面低收入群体和老年人、妇女、儿童、残障人士等弱势群体的金融能力、生计发展、脱贫需求以及其他民生议题,透过宣扬金融服务、资产积累机会以及金融教育与引导,以提升个体、家庭和社区的福利,为改善他们的能力、处境和资源系统发挥专业作用。

促进社会救助对象的金融能力建设是金融社会工作的重要关切。金融能力建设是经济可行能力概念中个体获得可及的金融服务以及最终实现家庭资产建设的重要基础。金融能力建设同时也以一种积极、开放、发展的姿态响应了发展型社会救助的内涵,体现出一种发展性社会工作的取向。聚焦金融能力建设为核心的金融社会工作实务试图回应社会救助对象所遭受的更具结构性的发展困难和能力限制,对于拓展社会工作的实践领域、丰满社会工作的实务维度,尤其是在进一步推动社会工作介入后脱贫时代的反贫困工作,进一步促进社会发展方面具有较大的实践价值和积极启示。[2]

二、面向个人和家庭的社会救助金融社会工作实务

憧憬·积累·实现——家庭财商培育计划由上海真爱梦想公益发展中心联动芝麻街工作室共同策划开展。项目旨在帮助儿童及成人在人生中设立目标、开发梦想、制定计划,并认识到每日生活中所做的选择就可以帮助自己实现愿望。该项计划通过幼儿园、社区中心,以及多媒体平台等多重渠道,融入生动有趣的芝麻街特色,以及消费、储蓄、分享和捐助的有效方法,把精心研发的教育内容带给儿童及家庭。下面,将以南京市栖霞区尧化街道社会工作站的项目经历为例进行阐释。

---

[1] M. S. Sherraden, J. Birkenmaier, J. M. Collins. Financial capability and asset building in vulnerable households: theory and practice[M]. New York: Oxford University Press, 2018: 5.
[2] 邓锁.社会发展、金融能力与社会工作参与反贫困[J].中国社会工作,2018(28):25-26.

（一）关注议题

财商能力建设、金融教育。

（二）项目名称

憧憬·积累·实现——家庭财商培育计划[1]。

（三）项目实践

为了提升家庭金融素养，在丰富儿童暑期生活的同时培养儿童财商素养，2023年8月18日，尧化街道社会工作站在尧化新村社区烷美客厅开展了"憧憬·积累·实现"财商家庭日活动，吸引了近20组家庭参加。活动时长约2小时，包括六个主题游戏，分别为：缤纷愿望树，共建梦想家园，制作小钱包，精彩故事会，五彩爱心墙，芝麻街小超市。这六个主题游戏从设立目标、制定计划、理解价值、学会积累、学会分享等多个芝麻街财商项目相关教育理念出发，让孩子们在动手体验、与家人互动的游戏过程中，建立财商的基本技能和策略，以帮助促进行为。

表9-1 "憧憬·积累·实现"财商家庭日活动主题游戏

活动名称	活动内容
游戏一：缤纷愿望树	"我的愿望是绿色的树叶，妈妈的愿望是红色的树叶"，在志愿者的帮助下，家长和孩子互相分享了彼此的心愿，并在写下愿望的同时约定要朝着实现心愿的目标迈进
游戏二：共建梦想家园	志愿者引导孩子回忆自己所处的社区环境，包括建筑物和植物、不同的居民等，帮助他们了解社区的构成，通过在画板上粘贴纸，发挥孩子的想象力
游戏三：制作小钱包	家长带领孩子利用手工材料制作孩子专属的小钱包，孩子边制作边与家长讨论小钱包如何缝合、如何装扮更美观，志愿者引导孩子通过制作钱包制定零钱存储计划，邀请家长和孩子共同执行
游戏四：精彩故事会	志愿者邀请家长与孩子进行故事共读，锻炼孩子的表达和分享能力，了解到"分享的快乐"这一知识
游戏五：五彩爱心墙	引导孩子分享身边的爱心故事，让孩子意识到在帮助他人的同时自己也能收获快乐，培养孩子学会感恩与分享

---

[1] 资料来源：芝麻街（sesame street）官方网站、南京市栖霞区启蒙社区发展中心项目资料。

（续表）

活 动 名 称	活 动 内 容
游戏六：芝麻街小超市	每组家庭会领取10枚芝麻币，通过营造超市购物的场景让孩子完成简单的加减计算，潜移默化地了解花钱需要计划，学会区分必要和需要。在体验过程中，孩子们通过比较后，都有所取舍，却不约而同地都选择了捐赠帮助他人

（四）项目成效

财商教育是人生的必修课。本次活动通过趣味性的金融知识教育方式，帮助孩子们树立科学理财观，为家庭财商教育打下启蒙基础。从学习场所走向生活领域，相信孩子们在未来的日常中能够学以致用，逐渐养成坚持阅读、运动等良好习惯，为实现梦想积蓄知识、健康等重要力量，从而为成长保驾护航。

三、以组织和群体为核心的社会救助金融社会工作实务

2021年8月，杭州市临平区运河街道助联体服务站作为全区首家镇街级社会救助服务联合体正式成立。社会救助服务联合体的成立，旨在联合社会各方力量参与社会救助工作，以困难群众的需求为靶向，搭建帮扶救助"爱心桥"，有效链接政府、社会组织、企业、媒体、爱心人士等帮扶服务资源，为困难家庭编织一张立体化的救助网络，实现"弱有所扶"的目标，确保"共同富裕路上一个都不少"。以助联体为载体平台，以社工站为专业抓手，以辖区企业和慈善资源为辅助，运河街道积极探索开展以金融社会工作为专业内核的女性群体就业技能提升及家庭收入增加计划。

（一）关注议题

收入创造与维持议题。

（二）项目名称

"手创希望"妇女就业技能提升项目[1]。

（三）项目实践

本项目以运河街道助联体服务站为平台，以辖区内困难、待业以及无业妇女需求为导向，为服务对象提供手工缝制等技能提升培训及志愿服务，搭建企业

---

[1] 资料来源：杭州启新社会工作发展中心社工站项目、杭州市临平区运河街道"共富基金"项目。

资源网络,提高服务对象经济收入,缓解家庭压力,拓宽服务对象就业途径。本项目在前期项目的基础上建立和扩大了妇女志愿服务队伍,为服务对象以及社区提供志愿服务,在共富的道路上添活力、增动力。

项目面向运河街道内困难、待业以及无业妇女,这一群体亟需拓展获得经济收入的方式,来缓解家庭经济压力。项目的目标为开展技能提升培训,并为妇女开展志愿服务活动,建立起一支妇女职业技能提升专项团队,针对具有一定劳动能力的困难家庭或困难女性,提供上门指导服务。

在项目执行过程中,运河街道助联体服务站联合禾佳欢社会组织服务中心每月开展一场妇女技能提升活动,分别设置了"手作传情,爱心抱枕"培训、"温馨小'垫'·缝制幸福"培训、"巧手缝珠,情暖夕阳"培训、"潮流手创,成就希望之U形枕"培训、"禾佳欢巧手编织巾帼梦之抱枕"培训、"禾佳欢巧手编织巾帼梦之法国结"培训等。项目还为妇女群体开展了志愿服务活动两场,并建立了一支妇女职业技能提升专项团队。

(四)项目成效

此项目创造了一个可持续性的平台,通过以组织为核心联动社会资源为困难妇女等群体提供社会正式及非正式支持,为其搭建提升技能、增强自信心的服务平台。通过妇女团队上门指导及小组合作的形式、以老带新的传帮带模式实现服务对象达成每月收入近千元,一定程度上缓解家庭经济压力并促进家庭和谐,项目周期内服务近380人次。

四、以社区为本的综合性社会救助金融社会工作实务

为推动普惠金融发展,构建社区金融教育新模式,中国金融教育发展基金会联合中国社会工作联合会于2021年12月发起设立"金社工程——社区金融教育项目"[1],发挥慈善组织优势,委托益保(北京)科技有限公司(益宝)运营实施,在全国城乡社区建立"社区金融教育服务站",打造社区居民身边的金融知识普及平台,提供公益性金融教育服务,营造良好的金融和诚信教育氛围,培育居民金融风险防范意识,提高居民防范金融诈骗的能力,全面提升居民金融素养。下面,将以成都市新都区金东社会工作服务中心承接的"金社工程——社

---

[1] 资料来源:中国金融教育发展基金会官方网站、成都市新都区金东社会工作服务中心项目资料。

区金融教育项目"为例进行阐释。

（一）项目背景

在中国人口老龄化形势日益严峻，以及社会泛金融化、数字化的发展趋势下，老年人因获取信息渠道少，社会支持缺乏，具有更强的金融脆弱性，生活品质也受到更大影响。同时，随着人民生活水平不断提高，孩子的零花钱也更多了，培养孩子理财意识和能力的重要性更加突出。故"金社工程——社区金融教育项目"针对正兴社区"一老一少"群体开展金融教育活动，以此提升长者、儿童青少年群体金融素养。

（二）项目关注议题

财务收支（及消费）管理、信用管理和金融保护。

（三）项目实施过程

（1）布置社区金融教育服务站。2022年2月15日，由新都区金东社会工作服务中心运营的正兴社区金融教育服务站在正兴社区揭牌成立。

（2）培育一支志愿服务队。建立了一支10人左右的志愿服务队，同时动员近10名大学生志愿者、5名家长志愿者，针对志愿者开展宣传培训，以便协助开展社区金融教育活动。

（3）开展金融教育系列课程。开展1次大型金融宣传活动、15次社区教育课程。针对老年群体，结合传统节日宣传课程；针对儿童青少年及家庭群体，以孩子为切入点，开展亲子课堂、餐厅招聘、银行桌游、手账制作、外出采购等活动，将金融教育辐射到家庭。

（4）打造线上学习交流平台。组建线上学习微信群2个（44人学习群、212人推广群），联络社区退休银行职工，提供专业知识支持；开展在线积分问答、问卷收集，激发老人学习欲望。

（四）项目成效

该项目针对"一老一少"群体开展各项金融教育活动，灵活采用线上+线下的形式，提升居民信息技术掌握能力，儿童青少年和长者互帮互助提升自身及家庭金融理财能力。同时，本次项目整合外部资源，有效拓展了社区服务内容，提升了社区服务能力，增强了居民认同感、归属感。

第三篇

金融社会工作的实践领域服务

第十章 普惠金融

第一节 普惠金融的由来及概念

一、历史由来[1]

（一）西方起源

1. 格莱珉银行

学界普遍认为现代普惠金融诞生的标志是格莱珉银行的成立。格莱珉银行起源于教授穆罕默德·尤努斯（Muhammad Yunus）在孟加拉国乡村开展的穷人贷款试验，并探索出了适合穷人的贷款模式，成功解决了穷苦民众因缺少抵押品难以控制风险而出现的信贷配给问题，是国际上公认的最成功的信贷扶贫模式之一，正在被全球数十个国家复制。"格莱珉"在孟加拉语中是乡村的意思，因此格莱珉银行也被称为乡村银行、穷人银行、草根银行，其设立初衷是致力于服务那些因无法提供抵押而被正规金融机构排除在外的乡村穷人，帮助他们获得发展的起步资金，保障他们的金融发展权力，从而减少贫困发生。因此，这一实践探索亦是反贫困的政策工具和制度安排。

2. 雷发巽信用合作社

世界第一个信用合作社是1848年诞生于德国的雷发巽信用合作社，是具有代表性的合作金融实践形式。1846—1847年，德国发生了严重的农业歉收，民众生活凄凉。时任佛兰玛斯菲尔特市长的威廉·雷发巽（William Lefaxun）在田间调查中发现，部分百姓生活比较宽裕，但手里的闲钱不足以经营生意便闲置起来。于是，雷发巽于1849年在富裕平民的支持和赞助下成立了"清寒农民救助合作社"。这是一家集消费和信用为一体的合作社，主要为社员提供优质的种

---

[1] 李钧，李冠青.普惠金融的历史演变及其在中国的发展［J］.经济与管理评论，2023，39（2）：69-82.

子和肥料。而农民再生产还需要一定资金支持，商业银行出于追求利润的经营目标不愿向农民提供贷款，于是合作社附设了互济金库，开展储蓄与农业生产贷款业务。1854年，互济金库改组成为"储蓄金库协会"，工作范围扩展至为农民购买农具、肥料、种子、牲口提供信贷支持，至此农村信用合作社诞生。合作性金融的核心是按照合作制原则组织同一阶层或特定群体共同参与的金融组织形式，初衷是通过信用合作满足弱势群体的金融服务需求并实现商业可持续，其具有普惠金融的精神内核，应归为普惠金融的行为范畴。

（二）中国起源

普惠思想在我国已延续千余年，两千年前逐步发展起来的农村金融制度已有普惠金融的雏形。"常平仓"及"青苗法"是以粮食为媒介施行的普惠行为。在汉代，官府为调节粮价，建立了"常平仓"制度，即当市场粮价低时，官府适当提高粮价大量收购（平籴），使得仓廪充盈；在粮价高时，适当降低价格出售储备粮（平粜），维持粮价"常平"。这一措施运用价值规律来调剂粮食供应，既避免了"谷贱伤农"，又防止了"谷贵伤民"，是以物济贫、以物赈济的做法。北宋熙宁年间，为"救民乏""抑兼并"，王安石推行"青苗法"（也称常平新法）将"常平仓"制度"货币化"，即官府利用"常平仓"的储备金，向通过市场无法获得可负担融资的农户提供小额贷款以助力农业生产，这一贷款于农的粮食预购制使得粮食储备机构具备了金融职能，保障了农户这一弱势群体的金融可得性，本质上是对农民以粮食为媒介施行的普惠金融行为。

（三）发展阶段

1. 小额信贷

普惠金融概念的提出虽然只有短短的十年时间，但它的理念和探索已有相当长的历史。18世纪20年代，爱尔兰产生了"贷款基金"，向穷人发放小额贷款；19世纪开始，世界上很多国家如日本、德国等都开展了小额信贷业务；进入20世纪，小额信贷在发展中国家普遍出现，尤其是孟加拉国的尤努斯教授创办的乡村银行最为著名。[1]

我国普惠金融的实践初探可以追溯到20世纪90年代的公益性小额信贷。1993年成立的河北易县扶贫经济合作社发放了全国最早的小额信贷，由美国福特基金会资助，借鉴格莱珉银行的运作方式，以民间组织形式为农村地

---

[1] 刑乐成.中国普惠金融：概念界定与路径选择［J］.山东社会科学，2018（12）：47-53.

区贫困户提供生产经营性资金。此外,联合国开发计划署在云南麻栗坡、四川仪陇、西藏珠穆朗玛自然保护区等地开展了小额信贷示范运动,世界银行在四川闽中和陕西安康启动了小额贷款扶贫试点。公益性小额信贷最初资金来源于国际捐助和软贷款,是具有一定慈善性质的减贫试点项目。1999年,中央扶贫开发工作会议提出,要积极稳妥推进扶贫到户的小额信贷模式。自此,小额信贷模式开始转为由政府主导、国家贴息的扶贫手段,主要通过农业银行进行管理,运作方式多以农户小额信贷和农户联保贷款方式进行,无须抵押,单笔贷款平均额度为1 000元至5 000元,由于有中央和地方政府补贴利息,贷款利率低至2%~3%,甚至可以是无息贷款。可以说,公益性小额信贷模式致力于改善贫困户的生产生活境遇,是普惠金融在扶贫领域的有益探索。

2. 微型金融

随着微型金融理论研究的不断深化,以存款、支付、小额信贷等为主要内容的微型金融服务迅速成为发展中国家正规金融体系的有益补充。进入21世纪,小额信贷不再局限于扶贫领域,而是兼顾提高居民生活质量和经济发展水平的目标,延伸成了通过带有资源配置公平性意向的储蓄、贷款、担保、保险、公益信托等一系列金融产品服务低收入人群和小微企业的微型金融。2005年,国家开发银行支持包商银行实施微贷项目,标志着正规金融机构基于商业可持续原则开始参与微型金融。2006年,《中国银行业监督管理委员会关于调整放宽农村地区银行业金融机构准入政策更好支持社会主义新农村建设的若干意见》出台,随后小额信贷公司、村镇银行、农村资金互助社等金融服务提供者相继获准试点,逐步成为支持县域经济发展的重要力量。

3. 普惠金融

进入21世纪以来,微型金融的概念逐渐被"普惠金融"概念所取代。这就意味着微型金融已成为一个国家金融体系的重要组成部分,普惠金融从此进入了创新性发展时期[1]。2005年联合国大会提出"构建普惠金融体系"的主张,这标志着普惠金融这一概念开始被广泛运用,微型金融理论开始进入普惠金融实践阶段。这具体表现在:从资金供给方来看,小额信贷机构和村镇银行的不断设立,为普惠金融体系的建立创造了条件;从资金需求方来看,小微

---

[1] 邢乐成.中国普惠金融:概念界定与路径选择[J].山东社会科学,2018(12):47-53.

企业融资难的问题始终存在,农村金融服务不足,银行金融机构开始关注这些弱势群体,拓展了金融服务的空间;从金融体系依托的金融工具和支撑条件来看,金融服务不断有网络化、移动化的趋势,为普惠金融的发展提供了技术支撑。[1]

2013年,党的十八届三中全会审议通过《中共中央关于全面深化改革若干重大问题的决定》,明确指出"发展普惠金融""鼓励金融创新",这是普惠金融首次被写入党的文献,标志着普惠金融进入成熟和快速发展阶段。其间,在河南省兰考县、江西省赣州市、江西省吉安市设立普惠金融改革试验区,在浙江省台州市设立小微企业金融服务改革试验区,在山东省临沂市设立普惠金融服务乡村振兴改革试验区,形成各具区域特色的改革模式。

2015年,国务院印发《推进普惠金融发展规划(2016—2020年)》,明确到2020年建立与全面建成小康社会相适应的普惠金融服务和保障体系,这是我国第一个普惠金融领域的规划纲要。随后,党中央、国务院出台了系列普惠金融扶持政策,形成了完整、系统的政策支撑体系。在政策引导体系设计、金融基础设施建设、机构专营体系、数字普惠金融融合发展、金融改革试验区先驱探索等方面形成了一些独具特色甚至是国际领先的成就,推动普惠金融迈向高质量发展的新阶段。我国持续加大普惠金融对服务实体经济和精准滴灌社会薄弱环节的支持力度,普惠贷款规模保持高位有力增长,近5年普惠型小微企业贷款年平均增长率达25.34%;金融供给体系更加完善,截至2022年6月末全国银行业金融机构法人4 599家,商业银行、地方法人金融机构、政策性银行、互联网金融机构等成为普惠金融供给的重要力量;各类减费让利政策持续出台,有效降低了普惠群体的综合融资成本;运行管理持续完善,一线信贷人员尽职免责有效落实,线上线下服务方式进一步优化,银行网点密度等金融服务基础设施水平已达国际中高水平,有效提高了普惠金融的可得性和满意度;首贷客户挖掘力度持续加大,针对老年人、农民工、新市民等群体的金融服务不断提升,普惠金融服务覆盖面持续稳步扩展;数字化转型进度加快,数字技术广泛运用到普惠金融服务供给中,普惠群体获取金融服务的便利性和业务办理的安全性有效提升。

---

[1] 邢乐成.中国普惠金融:概念界定与路径选择[J].山东社会科学,2018(12):47-53.

二、概念辨析

(一) 各界定义

1. 联合国定义

普惠金融是联合国2005年提出的一个新概念,它的基本含义是让社会上的所有群体和阶层,特别是贫困和低收入者,在成本合适的情况下,都能享受到金融服务。

2. 国务院定义

2016年1月国务院印发《推进普惠金融发展规划(2016—2020年)》,对普惠金融的描述为"立足机会平等要求和商业可持续原则,以可负担的成本为有金融服务需求的社会各阶层和群体提供适当、有效的金融服务"。

3. 学界定义

从金融市场和金融机构的角度,普惠金融是指立足于机会平等要求和商业可持续原则,以可负担的成本为有金融服务需求的社会各阶层和群体提供适当、有效的金融服务。为所有的群体提供普遍而有效的金融服务是普惠金融的最根本要求。普惠金融的本质就是金融机会平等,是实现个体和家庭经济金融福祉的重要条件与保障。因此,美国社会工作从最广泛的含义界定普惠金融:它指所有个体和家庭都能享有基本的经济金融资源,接受合适有益的金融服务(包括金融教育和培训),并从使用这些资源和服务的过程中获得经济发展和金融利益。要实现普惠金融,提供最充分的金融机会,除了市场上金融机构的努力,包括提供各种各样的金融服务与产品等以外,还需要政府和政策体制以及社会服务机制的全面配套与共同发展。[1]

泰州市乐助社会工作事务所、泰州市同心社工服务中心发布的《金融社会工作服务指南》中提出,普惠金融确保所有服务对象拥有必需的金融和政策服务。普惠金融指所有个体都能接受可负担的、合适和有效的金融服务。普惠金融的提供者包括政府、市场和社会服务机构。

---

[1] 黄进,方舒,周晓春.究竟何为金融社会工作:美国社会工作专业的思考和探索[J].社会工作与管理,2020,20(2):16-23.

（二）目标人群[1]

1. 弱势群体是重点

普惠金融的本质是反贫困，因此学界认为其首要服务对象为贫困人群，以及包括与其概念相近的弱势群体、低收入群体（吴晓灵，2017）、"三农"客户（何德旭、苗文龙，2015；邢乐成，2019）、弱势的（小微）企业和人群（马建霞，2012；胡文涛，2015；杨驰，2016；黄震，2017）。

学者邢乐成提出的普惠金融"三服务"原则，是支持普惠金融服务重点应聚焦在弱势群体上的典型代表。一是小微企业。小微企业是普惠金融服务的主要客体。小微企业的自身特点是小规模、轻资产、不确定性大、有发展潜力。这类特点决定其在盈利能力和成长性方面具有优势，而在资产规模和当期偿债能力方面存在不足。小微企业的融资特点是"短、小、频、急"。以上这些特点与现行金融体制产生了错配，资金问题成为困扰小微企业发展的瓶颈。二是"三农"客户。"三农"客户是普惠金融服务的又一大客体。"三农"问题的核心是农民收入低、增收难，实质是农民权利得不到保障，特别是享受金融服务的权利严重缺失。目前，农村金融二元结构矛盾十分突出：一方面，"三农"金融服务弱化、满足率低，对金融资源的需求不断扩大；另一方面，商业金融体系将农村地区的存款大量吸收到城市，使广大农民特别是贫困地区中低收入群体的金融需求无法得到满足。因此，"三农"客户急需得到普惠金融的支持。三是其他弱势群体。这主要是指贫困人口、偏远地区居民等。这一群体的基本特征是贫穷，金融业如何支持他们脱贫是当前全社会关注的重要问题。

2. 各个阶层是目标

普惠金融的实践结果不仅是使贫困人群有可用的金融服务，更是让每一个人（周小川，2015）、社会所有阶层和群体（郭田勇、丁潇，2015）、各类企业（何德旭、苗龙文，2015）都能够从现有金融服务中获益。

（三）服务原则[2]

普惠金融不是扶贫金融、不是福利金融，也不是慈善金融、不是高利贷金融（胡金焱，2017）。当一种金融服务或金融产品完全符合"三可"原则，同时坚持了"三服务"原则以服务客体时，就可以将其界定为普惠金融的行为范畴。"三

---

[1] 邢乐成.中国普惠金融：概念界定与路径选择［J］.山东社会科学，2018（12）：47-53.
[2] 邢乐成.中国普惠金融：概念界定与路径选择［J］.山东社会科学，2018（12）：47-53.

可"原则具体如下：第一，可获得。它是普惠金融首要的题中之意，是基本概念考察的核心指标。它包含两层意思：一是指普惠金融的服务通道畅通且服务效率高，在客观上是指金融网点或金融产品在地域和空间上的覆盖密度；二是指这些服务产品或服务通道不得违法。第二，可负担。它是指普惠金融产品和服务的定价合适，不存在价格排斥和歧视，即能够让有金融服务需求的人可以承担和接受。第三，可持续。它是指金融服务机构或者第三方服务平台要有一定的消费者剩余，即让金融机构成本可负担、商业可持续，或让第三方服务机构有持续经营的能力。

第二节　普惠金融的核心议题

一、普惠金融的实践路径和主体[1]

（一）实践路径

普惠金融的实现路径可分为三种：第一种是市场自由路径，指提供普惠金融服务的机构或产品通过市场自由产生；第二种是政府调控路径，指由政府调控的普惠金融发展模式；第三种是民间合作路径，指依托民间地方金融机构或组织产生的金融服务。

第一种路径主要涉及商业性金融和互联网金融。商业性金融在普惠金融实践中起基础性主导作用。商业性金融作为现代金融体系的支柱，在融资体量、机构规模、经营范围方面与其他金融供给形式相比均处于主体地位，是金融资源配置的主渠道，是发展普惠金融的主力军。在运营机制方面，商业性金融发展普惠业务始终坚持市场导向和比较收益原则，业务宗旨是追求利润和股东收益最大化，遴选普惠客户看中的是整体实力特别是财务实力，将风险因素充分纳入资产定价策略中，资源配置呈现出显著的趋利性、效益性和流动性特点（刘新宇，刘傲琼，2018）。对于商业性金融机构而言，发展普惠金融不仅是社会责任，也是市场机遇和转型方向所在，更是高质量发展的内生动力和必然选择。普惠市场潜力巨大，小微企业、涉农贷款需求旺盛，成为商业银行拓展业务渠道、丰富盈利模

---

[1] 李钧，李冠青.普惠金融的历史演变及其在中国的发展［J］.经济与管理评论，2023，39（2）：69-82.

式的蓝海。

互联网金融是技术爆炸的产物，极大地促进了商业性金融向弱势群体的渗透和普及。《人民银行　工业和信息化部　公安部　财政部　工商总局　法制办　银监会　证监会　保监会　国家互联网信息办公室关于促进互联网金融健康发展的指导意见》给出互联网金融的定义为"利用互联网技术和信息通信技术实现资金融通、支付、投资和信息中介服务的新型金融业务模式"。相比传统金融，互联网金融创新了融资渠道和方式，具有高效低耗、信息量大、支用快捷、规模效益等特点和优势。产品类型十分多样，包括网络借贷、移动支付、财富管理、保险、虚拟货币、众筹融资、微型股权融资、征信等形式。与商业性金融相同，互联网金融的发展有效缓解了融资难，但没有完全解决融资成本高的问题。

第二种路径主要涉及政策性金融。政策性金融作为中国特色社会主义金融体系的重要制度安排，具有鲜明的政治属性和显著的制度优势。其"政策性"表现在不以利润最大化为目标，也并不主动追求规模最大化，而是看中服务国家战略、扶持实体经济、维护公平、稳定社会、提升国家竞争力、扶植弱质产业等社会效益的实现，补充并引导商业性金融参与金融资源配置，应被视为宏观经济调控的政策工具。从这一角度来看，发展普惠金融符合政策性金融的初衷和定位。在运营机制方面，政策性金融遵循保本微利的经营原则，向国土开发、外贸、"三农"、中小企业、低收入者住房、西部大开发、助学、灾后重建等限定业务领域和服务对象提供优惠性的融资条件。这些领域往往是市场机制作用的盲区，其运营需要必要的补偿机制，包括以国家信用对高风险预期予以承担或容忍的风险补偿、对负效益运行的利益补偿以及引导发挥补位作用的政策补偿。在风险定价方面，政策性金融也坚持保本微利经营原则，以比商业性金融更加优惠的利息率、期限、担保等条件提供贷款，将低成本资金精准滴灌至普惠群体。因此，政策性金融参与普惠金融既解决了融资难的问题又解决了融资成本高的问题，提升了社会经济发展的公平与效率。

第三种路径主要涉及合作性金融。合作金融机构指由经济力量弱小群体彼此联合起来通过民主管理形式相互提供信用金融服务的经济互助组织，具有互助性、民主性、群众性和非营利性特点，这一形式在农村经济中得到广泛应用。在运营机制方面，合作性金融遵循合作与信任的原则，以优惠的利率或融资便利，向参加互助合作的组织内部成员提供贷款、投资、保险等金融服务，经营收益主要来源于组织自身积累,以盈亏平衡为前提经营运作,同时高度强调扎根基层、扎根社区、服务组织成员的基本信念。合作性金融的信用创造能力虽不及商业性金融,但在扶植弱势群体、服务"三农"领域常居于基础性的主体地位。合作性金融的功能定位于为普惠群体特别是农民这一弱质产业中的弱势群体提供民间的、基层的、平民的金融支持。其利率定价出于合作性及互助性较为优惠,提供的融资形式和期限结构更为灵活多样,能够匹配生存能力较弱的农户信贷需要,促进了生产力和县域经济的发展,缓解贫困地区、赤贫群体的贷款难和贷款贵问题。

(二)实践主体

1. 国有大型商业银行、股份制商业银行

普惠金融实践的主体首先是国有大型商业银行(中国工商银行、中国农业银行、中国银行、中国建设银行等)、股份制商业银行(招商银行、浦发银行、中信银行、民生银行等),国有大型商业银行"头雁效应"明显。在政策号召下,国有大型商业银行将普惠金融纳入战略规划及重点布局,普遍设立普惠金融事业部,实行专业化运营管理。而市场化程度较高的股份制银行创新能力突出,组织架构敏捷,贷款品种更加灵活,客户群体更为下沉,通过构建生态场景、综合化经营手段,打出了全渠道产品组合拳,为市场注入了活力。如浦发银行通过"全景银行"模式将金融服务嵌入政府平台、产业互联网平台、电商、核心企业等场景,共享品牌、渠道、流量、技术资源,为生态圈内小微企业生产经营各环节提供综合化泛金融服务。又如平安银行将小微企业金融服务纳入自身金融服务体系的重要板块,小微企业客户以自然人的名义,凭房贷、车贷、公积金、税单等任一证明即可快速贷款,是普惠型小微贷款户均额度最小的股份制银行。

2. 政策性银行

政策性银行承担着支持国家战略、推动普惠金融培优扶弱的重任,面向政策性限定业务领域和服务对象,形成了特色品牌和优势产品,在带动商业银行扶持薄弱领域方面发挥着引领和示范作用。如农业发展银行发挥支农支小职能,聚焦粮食收储、生产资料购置、农产品加工等产业链环节为小微企业提供涉农信贷服务。相较于商业银行,政策性银行还可通过转贷款渠道支持小微企业,具体运行模式为与中小商业银行合作,将低成本的政策性信贷资源与商业银行服务网点多的优势结合,带动信贷资金向小微企业倾斜配置,提升了政策性优惠的可得性。如进出口银行作为重点支持外贸产业的政策性金融机构,创新推出风险共担转贷款,通过与转贷行风险共担的方式引领带动对小微外贸企业的精准支持。

3. 地方法人金融机构

地方法人金融机构依靠本土化和特色服务深耕当地。参与普惠金融服务的地方法人金融机构主要有城商行、农商行、信用社、村镇银行,具有区域性优势,长期深耕本土、下沉重心、服务当地,具有自身覆盖城乡的网络优势、贴近客户的人缘优势、本土机构的地缘优势、方式灵活的经营优势,通过在地方吸收储蓄拥有着普惠客户集群的目标积累,且客户集群与地区经济、本地产业深度融合,触达更多"小而美"的小型和微型企业(张正平等,2019)。如涪陵中银富登村镇银行深度融入地方经济和产业发展,通过扩展抵押标的支持涪陵榨菜、生猪等特色效益产业发展。这一发展特点也使得地方法人金融机构在社区和乡村领域形成与股份制银行差异化的竞争优势,占据了重要的市场份额。

4. 互联网金融主体

互联网金融主体的实践模式主要为两种:一是互联网银行,以微众银行、网商银行、新网银行、百信银行为代表,显著特点为以强大的网络平台替代了实体分行,依托社交网络、信息化技术和数据获取分析优势,实现了线上营销获客、全天候智能化服务、简化申贷手续以及分钟级批贷放款,客户门槛较低,产品突出定制化、灵活化特点,满足了更为平民化、长尾化、小额化的融资需求。如微众银行针对个人客户推出了全线上、纯信用、无抵押的"微粒贷"循环消费贷款产品,主要客户集群为微信用户,贷款额度小,周期灵活,按日计息,满足了资金周转和应急需求。二是互联网助贷平台,如腾讯、阿里、百度、京东等头部互联网公司,发挥平台客户资源、场景、数据和科技优势,协助银行实现获客、活客、信用评价,解决普惠客户信息透明度低、额度定价不精准等痛点问题,更好实现信贷成本、收益和风险的动态平衡。

(三)实践模式举例

1. "互联网+"模式

商业性普惠金融实践的一个典型例子为"互联网+"模式。这一模式包括互联网银行模式和传统银行的数字化转型模式。前者以微众银行、网商银行为代表的互联网银行,利用金融科技服务能力和客户获取渠道优势,依托全线上化的业务系统,批量获客,自动审批,灵活授信。后者以国有大型商业银行、股份制商业银行为代表,将传统银行与互联网形式相结合,线上线下协同发展。银行机构依托自身积累的个人客户和小微企业支付结算、个人金融等表现数据,辅助以征信、工商、税务、司法、物流等外部信息数据,借助风控算法和技术赋能,实现了精准化画像和自动化审批,并开放场景系统,接入各类场景生态,为客户提供全方位服务,进而实现获客、活客与锁客。"互联网+"模式所具有的信息联通、智能高效、边际成本低等特点,有效回应了普惠金融亟须解决的信息不对称、拓展长尾客户[1]、小额高频融资等诉求,提升了客户体验和运营效率。如中国建设银行推出"建行惠懂你"数字普惠模式,以手机APP和应用小程序为载体,提供智慧缴费、惠企查、小微指数、智慧税服务、咨询推荐等非金融增值服务,打造了"以客户为中心"的精细化服务模式。

2. 供应链金融服务模式

商业性普惠金融的另一个例子是供应链金融服务模式。该模式依托供应链产业链寻找业务机会,挖掘占据产业链主导地位的核心企业上下游小微企业客户集群,依靠核心企业与上下游小微企业的真实交易场景,整合信息流、资金流、物流、商流、单据流、业务流等信息,构筑产业链一体化的信用评价体系,快速响应链上小微企业交易融资需求。平安银行是国内最早推出供应链金融的银行,自主搭建的"星云物联网平台",实时监测工厂设备运行状态、牧场动物的生命体征以及车船的行驶轨迹等生产经营数据实现风险控制。

3. "政银保担"四方联动增信模式

政策性普惠金融实践的典型例子为"政银保担"四方联动增信模式。政策性银行担保是指政策性银行对其他银行所发放的符合政策意图的贷款给予偿还性保证,同时还对业务对象的债务进行保证。当借款人到期无力偿还贷款时,由政策性银行负责偿还全部或部分贷款。按照风险分担主体,业务模式主要有信保增信和担保增信[2]。由于小微企业保险风险损失较高,为提高保险企业承保积极性,地方政府会通过保费补贴等财政措施,给予一定风险补偿和承保激励。政策性融资担保机构主要为国家融资担保体系,政府通过资本金补偿机制、保费财政补贴等渠道给予支持,具有明显的公共属性。这些做法的核心价值在于信用增信和风险分担,缓解了银行机构面对小微融资"不敢贷、

---

[1] 长尾客户指个人拥有、支配资产规模较小但数量庞大的群体,小微企业、初创企业、涉农人员多属于此类。
[2] 信保(信用保险)指权利人向保险人投保债务人的信用风险的一种保险,是一项企业用于风险管理的保险产品,是权利人要求保险人承担对方信用的一种保险。担保是指法律为确保特定的权利人实现债权,以债务人或第三人的信用或特定账产来督促债务人履行债务的制度。

不愿贷"的困境。

4. 社区银行模式

合作性普惠金融实践的例子还有社区银行模式。该模式是农商行、城商行的主要业务模式,特点是机构和人员下沉到市场、农户,通过贴近服务对象提供精准金融服务,即所谓的"跑街"模式。采取网格化模式,以营业网点为中心,将周边区域内地理位置相近、产业类型趋同、经营模式类似的客户划分在同一网格内,由网格内客户经理拉网式筛选客户,提高客户获得率和营销效率;在尽职调查授信方面,依靠客户经理的"高频率拜访"深度了解客户的生产经营、资金周转、融资需求等情况,在信用评价判断中通过核实水表、电表、海关报表,以及通过走访客户周边人群了解企业主人品、企业声誉、社交环境、借贷信用历史等"软信息"辅助评价。

表10-1 普惠金融的实践路径和实践主体

实践路径	各类金融作用	实践主体	实践模式举例
市场自由	商业性金融: 基础性主导作用; 始终坚持市场导向和比较收益原则	国有大型商业银行(工行、建行、中行、农行) 股份制商业银行(浦发、平安)	供应链金融服务模式; 构筑产业链一体化信用评价体系,快速响应链上小微企业交易融资需求
	互联网金融: 创造性参与作用; 利用互联网技术和信息通信技术实现资金融通、支付、投资和信息中介服务的新型金融业务模式,促进了商业性金融向弱势群体的渗透和普及	互联网银行和互联网助贷平台(互联网银行以微众银行、网商银行、新网银行、百信银行为代表;互联网助贷平台包含腾讯、阿里、百度、京东等头部互联网公司)	"互联网+"模式; 互联网银行模式(微众银行、网商银行)+传统银行数字化转型(国有大行、股份行); 以客户为中心、全方位服务、精细化服务
政府调控	政策性金融: 整体性调控作用; 遵循保本微利的经营原则	政策性银行(农业发展银行、进出口银行)	"政银保担"联动增信模式; 政府性特色明显,政策性融资担保机构主要为国家融资担保体系,政府通过资本金补偿机制、保费财政补贴等渠道给予支持,具有明显的公共属性

(续 表)

实践路径	各类金融作用	实践主体	实践模式举例
民间合作	合作性金融：辅助性补充作用；遵循合作与信任的原则，以优惠的利率或融资便利，向参加互助合作的组织内部成员提供贷款、投资、保险等金融服务	地方法人金融机构；城商行、农商行、信用社、村镇银行、农村合作银行、农村资金互助社以及农村信用社	社区银行模式；农商行、城商行"跑街"模式，贴近服务对象，提供精准金融服务

二、普惠金融的实践原则和困境

（一）普惠金融的实践原则[1]

1. 市场化运作

市场化运作是普惠金融经营运作的重要原则，也是保障制度安排稳定性、持久性和持续性的方法手段。这些历史实践探索均采取了一些防范和规避信贷风险的有益措施。格莱珉银行延续至今并保持财务稳健得益于始终推行市场化的运作机制，如坚持利率市场化的定价原则，采取小组联保并辅以储蓄保证体系以提高贷款的偿还性和安全性，帮助受到洪水灾害的农民重组还款方案，要求银行职员异地任职来规避行内腐败等。"青苗法"将粮食预购、折算交易、结社相保、资金循环等商业化、市场化的元素纳入制度设计，以保证"来日可继"。20世纪90年代的公益性小额信贷也由最初依靠于国际捐助的慈善性质逐步过渡到正规金融机构参与、基于商业可持续原则的微型金融。普惠金融的实现形式必然要遵循商业可持续原则，按照经济规律和市场化运行规则进行经营管理，与传统商业金融一样，同样具有信用性、有偿性、盈利性等金融中介基本属性，并且其发展演化应当是一种渐进、稳健主义的制度推进，避免盲目追求规模造成风险潜藏和运营失衡。

2. 共建共享

共建共享是普惠金融发展的活力所在，必须发挥广大受益主体的主观能动

---

[1] 李钧，李冠青.普惠金融的历史演变及其在中国的发展[J].经济与管理评论，2023，39（2）：69-82.

力量。广泛的人民群众是普惠金融的直接受益群体,也需要共同参与其中。

3. 符合内生要求

符合内生要求是普惠金融的生存根基,需要因时、因势、因情优化调整金融供给结构。普惠金融的产品/服务应该是由于其在市场上存在的合理性而得到广泛认可并反复出现的,形成了真正有内在需要的市场。

(二)普惠金融的实践困境[1]

普惠金融在实践中也出现了一系列问题:

1. 概念泛化,产生了舆论误导

现实生活中普惠金融成了一个"筐",所有的金融创新都可以往里装,严重误导了金融消费者,很容易引发金融风险。

2. 业务异化,违背可负担原则

业务异化最典型的例子就是小额信贷。本来小额信贷被认为是普惠金融的核心业务,但当小额信贷产品年化利率很高,甚至超过"高利贷"利率时,就彻底异化了普惠金融业务。中国担保体系的功能也出现了严重的扭曲和异化:商业性担保偏离了正常业务,基本上都是做"高利贷"业务;政府性担保过度强调商业性和盈利性,偏离了政府引导的政策性初衷。发展普惠金融必须建立政府引导的政策性担保体系,大力发展以政府出资为主的融资担保机构或基金,健全农业信贷担保体系,建立重点支持小微企业和"三农"的省级再担保机构,强化再担保机构功能定位。这是普惠金融体系的题中应有之义。

3. 使命漂移,服务客体偏离

普惠金融的服务对象属于长尾群体,一旦离开了长尾群体,就失了普惠金融的本意。比如,一些P2P网络借贷平台成为网络套利的工具。因此,要审慎界定普惠金融的制度边界。

总的来说,普惠金融概念需要再界定,普惠金融是引领、规范与实现金融发展的,要突出强调秉持金融的哲学人文发展理念、突出强调彰显金融为促进人类经济与社会发展而生、突出强调坚持金融为最广泛社会大众竭诚服务的一种共享的金融发展方式。人类经济社会漫长发展历史与实践证明,货币、信用以及金融本来就是普惠的,只是在资本化条件下普惠金融被异化了,重提普惠金融是对

---

[1] 邢乐成.中国普惠金融:概念界定与路径选择[J].山东社会科学,2018(12):47-53.

金融普惠性异化的回归[1]。

三、中国特色的普惠金融

（一）农村包容性增长、精准扶贫与普惠金融

1. 普惠金融促进农村包容性增长

包容性增长是2016年G20杭州峰会的"4I"主题之一，将在一定程度上影响全球经济发展走向。从根本上说，包容性增长既关注效率，也关注公平，二者都是发展经济学的核心。简单地说，如果某种因素对收入的增长影响为正，同时相对贫穷的人从该因素获益更多，那么该因素就带来了包容性增长。

一份2019年基于京津冀2 114位农村居民的调查数据显示，数字普惠金融对农村包容性增长有促进作用：一是数字支付服务使用情况和数字借贷服务使用情况对农村包容性增长有着直接的促进作用；二是数字金融服务的可得性既可以直接推动农村包容性增长，也可以通过促进数字支付和数字借贷等金融服务的使用间接推动农村包容性增长。这对于我国农村数字普惠金融的未来发展实践的启示是：第一，加强农村互联网和移动互联网基础设施建设，加快提速降费进程。第二，有序发展数字借贷业务，加快建设农村信用体系。由于我国当前的农村信用体系不健全，金融机构没有足够的信息为农户贷款定价，所以农村居民中只有少数可以通过数字借贷渠道获得资金。因此应尽快整合各部门数据，打破信息壁垒，为农村金融机构利用大数据技术构建信贷模型提供充足的数据基础。此外，在我国P2P问题频发的现状下，发展数字借贷业务需有序与健康，忌盲目与激进，以防止诈骗等行为的出现。第三，促进数字支付服务下沉，提高农村金融市场服务能力。尽管阿里巴巴的支付宝、腾讯的微信支付等数字支付业务正在快速向我国三、四线城市下沉，一些农商行、城商行也正依靠网络银行、手机银行在农村地区开展数字支付业务，但是其在农村地区的应用范围与使用水平仍有较大的提升空间。[2]

另一份研究发现，数字普惠金融的发展更多地促进了农村居民的创业行为，即数字金融有助于提升农村低收入家庭和低社会资本家庭的创业概率，这证

---

[1] 白钦先，佟健.重提普惠金融是对金融普惠性异化的回归［J］.金融理论与实践，2017（12）：1-4.

[2] 任碧云，李柳颖.数字普惠金融是否促进农村包容性增长——基于京津冀2114位农村居民调查数据的研究［J］.现代财经（天津财经大学学报），2019，39（4）：3-14.

实了互联网革命下数字金融的包容效应。包容性增长的内涵就是让所有人公平合理地分享经济增长的果实,从这个角度,数字金融的发展通过农村居民创业概率的提升,促进了经济增长的机会分享,有助于实现包容性增长。这个发现的政策含义是非常明显的:其一,数字金融服务对亟须提高收入的农村居民具有重要作用,因此需要继续推进数字金融的发展,强化其在创业、增收和改善收入分配上的作用。其二,要注重农村居民人力资本水平的提升,使得农村居民更好地享有数字金融带来的普惠性。[1]

2. 普惠金融与精准扶贫

精准扶贫是在脱贫攻坚、乡村振兴的国家战略背景下提出的扶贫举措。普惠金融在反贫困和精准扶贫上的作用已经为多方研究所证实,但是在精准扶贫的"瞄准机制"上还存在实证结果的争议。

基于2011—2015年省级面板数据考察的结果表明:数字普惠金融能够促进互联网信贷和互联网保险发展(即金融可得性)而直接减缓农村贫困,同时也会通过增加个体就业和私营企业就业(即经济机会)实现间接缓解农村贫困。数据发现,这种直接增加贫困农户金融可得性的减贫效果,整体上优于瞄准当地经济和产业发展为贫困农户带来更多经济机会的减贫效果。因此,从精准扶贫的角度来看,现阶段我国农村数字普惠金融仍应以直接增加贫困农户金融可得性为目标。[2]

但另一份分层研究显示了不同的结论。2018年一份全国2018个县域的经济数据表明,县域普惠金融发展有利于农村居民整体增收,但是处于收入高端分布的农村居民从县域普惠金融发展中的获益要高于收入低端农村居民,普惠金融发展对贫困县农村居民减贫增收的影响要明显小于对非贫困县农村居民的影响。因此,贫困县和非贫困县在推进普惠金融发展时应实施不同的瞄准机制,以提高扶贫的精准性。对于非贫困县,由于普惠金融的减贫增收效应主要源自直接效应,增加金融服务的可获得性,可以显著提高当地农村居民的收入水平。而对于贫困县,由于多数贫困人口自身经济机会的缺乏和禀赋差异的制约,以直接增加金融服务可获得性为靶点的普惠金融发展策略,并不会对当地农村居民收

---

[1] 张勋,万广华,张佳佳,等.数字经济、普惠金融与包容性增长[J].经济研究,2019,54(8):71-86.

[2] 刘锦怡,刘纯阳.数字普惠金融的农村减贫效应:效果与机制[J].财经论丛,2020(1):43-53.

入的增加产生显著的影响。相反,瞄准当地经济环境、经济机会和产业发展是更为有效的减贫目标设定方式,即应立足于开发式扶贫,增强贫困人口的经济机会和自生能力。[1]

普惠金融对西部地区反贫困的结果也不一而同。基于2005—2015年的经济数据的研究显示,第一,西部普惠金融发展水平总体上处于劣势,发展速度缓慢,省际差异明显。第二,西部地区的扶贫开发政策取得了明显效果,多维贫困的指标HDI达到了中等偏上人类发展水平。第三,普惠金融的各个维度指标:每万平方千米的金融从业人员数、每万平方千米的金融机构数、每万人拥有的金融机构从业人员数、每万人拥有的金融机构数、存款余额占GDP比重、贷款余额占GDP比重,均有很好的反贫困效应。第四,普惠金融对西部地区反贫困效应整体上显著,就业状况、产业结构、经济发展等控制变量也有很好的减贫效果,但是收入状况的反贫困效应却为负相关,应注意对收入进行合理分配,避免贫富差距进一步扩大,从分省结果看反贫困效应并不明显。[2]

(二)中国数字金融发展与普惠金融

2010年以后,随着互联网和IT技术的迅猛发展,普惠金融风生水起,创新性互联网金融成为普惠金融的重要内容,从而降低了金融服务的门槛,使更多的群体获得了金融服务,大大提高了金融服务的覆盖面和包容性。[3]

在过去的5~10年里,依托于信息、大数据和云计算等创新技术,中国的数字经济(尤其是数字金融)经历了快速发展,如支付宝、微信支付等。这大幅改善了金融服务的可得性和便利性,特别是对于原先无法接触到金融市场的群体而言,从而推动了中国普惠金融的发展。尽管大部分居民没有征信记录,但人们日常使用微信、支付宝在缴纳水、电、燃气等生活费用,或进行购物用餐等支付功能时,均可以累积信用,提供征信记录。这些记录在一些数字金融平台(蚂蚁借呗、微粒贷等)上已被用于借贷审核。因此,互联网革命所带来的数字经济和数字金融,可以惠及那些原来被传统金融、传统征信排除在外的群体,有助于缓解他们的借贷约束,并促进他们的投资和经营活动。而这些缺乏信用记录和抵押的群体,收入往往偏低。可以预期,由互联网革命所带来的信息或数据的创造和

---

[1] 朱一鸣,王伟.普惠金融如何实现精准扶贫?[J].财经研究,2017,43(10):43-54.
[2] 魏丽莉,李佩佩.普惠金融的反贫困效应研究——基于西部地区的面板数据分析[J].工业技术经济,2017,36(10):38-44.
[3] 邢乐成.中国普惠金融:概念界定与路径选择[J].山东社会科学,2018(12):47-53.

共享，有助于推动数字金融产业的兴起，改善金融的可得性和普惠性，进而促进包容性增长。

中国数字金融起步于公益性小额信贷，后来扩展为支付、信贷等多种业务的综合金融服务，并由于网络和移动通信等的广泛应用而得到长足发展。中国数字金融的发展极大地提高了金融服务的可得性和便利性——特别是对原先无法接触到金融的群体。尽管中国的传统金融也发展迅速，但由于数字金融的触达性更广，使得大部分拥有手机或接触互联网的居民都可以享受数字金融带来的便利，推动了中国普惠金融的发展。[1]

近年的实证研究也证明了互联网技术（信息通信技术）对普惠金融发展有正向影响。学者基于2007—2016年省际面板数据的实证分析表明，手机、家庭电脑、互联网宽带端口等信息通信基础设施的普及对于普惠金融的发展有重要的促进作用；信息通信技术的使用程度越高，普惠金融发展越好；知识技能对于普惠金融的发展也有十分显著的促进作用。[2]

（三）社会信任、儒家文化与普惠金融

社会信任是普惠金融（特别是政策性金融和合作性金融）的基础。合作性金融的运行机制就是民间信任与合作，民间借贷一般发生在血缘、亲缘、地缘基础上的个人信任，基于熟人社会的强关系网络。如果在社会流动性较低、地域社会相对封闭的情况下，并不会发生太大的问题。一旦遭遇到大规模的城镇化过程、地域经济转型阶段，迅速膨胀的城市聚集体与脆弱的建立在私人关系基础上的民间借贷之间便会出现巨大的不匹配。个人信任很容易瓦解，民间借贷系统因信任断裂而出现"挤兑"进而崩盘。民间金融迫切需要在监管部门和法律规制系统的支持下建立起一种现代化的"系统信任"来为债权人提供"本体性安全感"，从而克服其背后潜藏的社会信任断裂风险。[3]这种系统信任要素包括政府公信力、法律权威性、公正性、现代金融制度、专业金融机构建立和监管、契约精神等。政策性金融中的"政银保担"四方联动机制就是依托政府公信力的普惠金融实践。

---

[1] 张勋，万广华，张佳佳，等.数字经济、普惠金融与包容性增长［J］.经济研究，2019，54（8）：71-86.

[2] 杜兴洋，杨起城，易敏.信息通信技术对普惠金融发展的影响——基于2007—2016年省级面板数据的实证分析［J］.江汉论坛，2018（12）：44-48.

[3] 刘卫平.社会信任：民间金融与经济转型［M］.北京：中国人民大学出版社，2021.

社会信任促进了普惠金融的普及,而儒家文化的秉承与践行却弱化了普惠金融的惠及可能性。在金融意义上,儒家文化的影响并不表现在"信"的面向,而是嵌入到以"孝"为特征的家文化之中,并在一定程度上弱化了经济收入对普惠金融的积极作用。普惠金融的制度框架设计应以社会征信体系的完善为基础,引入社会利益倾斜机制和社会权利能力赋予机制,体现对社会责任的应有担当;同时应充分借助儒家文化与社会发展相互"合意"的一面,以文化推动并实现金融在普惠性和安全性之间的平衡。[1]

第三节 普惠金融与金融社会工作实践

一、普惠金融视角下金融社会工作的任务

（一）精准扶贫

我国以往采取基层政府行政管理和委托居委会实施社会化管理的方式进行反贫困,逐渐呈现出对贫困问题的狭隘理解、贫困者的能力建设不足、缺乏专业化的救助调查评估、就业培训扶助流于形式、社会组织对扶贫工作的参与不足、扶贫与社会治理和社会建设脱节等问题。随着我国社会工作的不断发展,政府不断重视社会工作在参与社会建设社会发展中的作用,并在《关于加快推进社会救助领域社会工作发展的意见》《国务院关于进一步健全特困人员救助供养制度的意见》《中共中央 国务院关于打赢脱贫攻坚战的决定》《民政部 财政部 国务院扶贫办关于支持社会工作专业力量参与脱贫攻坚的指导意见》等文件中为我国社会工作参与社会救助和扶贫开发等反贫困工作提供了制度性与政策性的引导。

在这一发展背景下,我国社会工作在反贫困领域也不断探索实践,并日益发挥着重要的作用。我国社会工作参与扶贫主要是通过个案、小组的方法,为农村留守人员和残障人士提供社会救助、日常照顾、教育培训等方面的服务,在服务的广度和深度上有待进一步提升。近年来我国的一些反贫困实践也逐渐转向注重贫困个人或家庭的经济发展和资产建设,以反贫困和社区能力建设为主题,围绕扶贫、家计生产、城乡互助、能力建设等议题开展服务,对促进农村地区的发展与建设发挥了重要的积极作用。

---

[1] 陈颐.儒家文化、社会信任与普惠金融[J].财贸经济,2017,38(4):5-20.

随着社会经济的发展,当前我国的贫困议题正逐渐发生细致的变化。在农村地区,一方面随着城镇化进程的加快,每天有近百个村庄的村民成为城镇化中的市民,这些新市民失去以往赖以生存的土地,投入到城镇化的打工者队伍之中,有些人可能因为年龄、能力、机会等问题难以找到合适的就业岗位,他们获得未来持续生计的能力较弱;另一方面在农村城市化、农业产业化的过程中,一些农民因资金短缺、技术落后等问题,单纯依靠农业经济往往处于维持基本生存的状态,但随着现代化发展,水电煤气通信等各种费用却不断上升,对于许多处于生活温饱维持边缘的农民而言,若遇到生病等意外事件,则易因其脆弱的经济生态条件陷入贫困的境地,而成为新贫困人群。

在我国城市中,以往因经济体制的转换、国有以及集体所有制企业的改革带来的结构性失业或下岗而引起的贫困问题,多年来由于经济的发展,以及针对下岗以及失业型贫困再就业行动的开展,已逐渐由缺失机会导致的贫穷转变为缺乏能力而导致的贫穷,特别是身心障碍、年龄偏大、低技术无保障群体,如何增强其能力建设一直是城市反贫困面临的重要问题。[1]

因此,发展金融社会工作为提升社会工作介入精准扶贫的效能提供了新的可行路径[2]。随着2020年脱贫攻坚任务的完成,绝对贫困问题基本解决,而相对贫困及贫富差距问题还会长期存在。社会工作专业还需要持续在贫困领域开展各种层次的干预服务。而社会数字化和社会金融化这两个社会变迁带来的数字鸿沟和新型数字鸿沟以及金融排斥和新型金融排斥,将深刻影响贫困人口。这是当前中国社会工作专业尚未充分认识到的问题。数字鸿沟、金融排斥和贫困之间存在复杂的影响机制。金融排斥对贫困有重要影响,金融排斥带来了贫困。经受金融排斥的家庭,其贫困的概率更高。[3]

(二)金融增能

在现代社会,随着人民生活水平的不断提升,物质文化生活的不断丰富,人们的消费方式、消费体验、消费观念也在不断发生变化,特别是随着信用卡以及便捷的移动支付方式的发展,人们在消费的便捷性、消费的可提前性以及消费的

---

[1] 李青.金融社会工作与反贫困:社会工作反贫困研究中的经济性议题[J].华东理工大学学报(社会科学版),2018,33(4):19-26.

[2] 李迎生.中国社会工作转型与金融社会工作发展[J].西北师大学报(社会科学版),2020,57(3):95-101.

[3] 周晓春.中国金融社会工作发展的背景、作为与挑战[J].社会工作与管理,2020,20(2):41-48.

多样性面前,若缺乏自我财务管理与规划的能力,则很容易出现非理性消费的问题,甚至有些人因此陷入超额透支消费、以卡养卡、以债养债等困境,不仅使当事人因此陷入贫困的入不敷出的状态,而且也逐渐演变为一种社会问题。在这一新的反贫困形势下,资产累积、能力建设、小额信贷、微型创业、社会企业、经济合作社等社会投资与社会发展的策略,将成为今后反贫困的主要方式,这一发展趋势也为金融社会工作者或助人工作者在协助服务对象进行资产累积、发展账户的管理、创业以及财务使用规划等金融财务知能方面提出了越来越高的要求。

随着贫困议题的变化以及当今经济环境的变化,在以资产累积为基础的金融社会工作福利理论引导下,金融社会工作者结合财务、社会工作、心理、教育等专业技巧,协助贫困者不断建立有形的金融或实体资产,也从人力资本、个人信用、社会支持网络、理财智能、文化资本等无形的资产进行累积,帮助贫困者掌握金钱、掌控生活模式,进而脱离贫困的处境,有效地回应了长久以来传统社会工作对反贫困领域中经济性议题的忽视以及自身财务知能的缺失问题。[1]

总之,现代社会已进入金融社会,金融知识与金融能力已成为普通人民群众及其家庭的必备素质,对其进行金融增能已经成为一项基本需要,而这正是社会工作的专业职责之所在[2]。中国的社会变迁不仅剧烈而且复杂,对社会工作专业提出了需要回应的一系列问题。其中之一就是如何帮助不同阶层社会成员尤其是弱势群体适应社会的金融化,既能预防不同类型的金融风险,又能利用金融工具提升福祉,进而帮助弱势群体实现脱贫。金融社会工作正是应对以上社会变迁和社会问题的重要策略。[3]

二、普惠金融视角下金融社会工作的实践[4]

（一）普惠金融的金融社会工作实践主要指提升金融机会

金融社会工作的定义包含了和金融社会工作相关的重要概念——普惠金

---

[1] 李青.金融社会工作与反贫困：社会工作反贫困研究中的经济性议题［J］.华东理工大学学报（社会科学版），2018，33（4）：19-26.

[2] 李迎生.中国社会工作转型与金融社会工作发展［J］.西北师大学报（社会科学版），2020，57（3）：95-101.

[3] 周晓春.中国金融社会工作发展的背景、作为与挑战［J］.社会工作与管理，2020，20（2）：41-48.

[4] 周晓春.中国金融社会工作发展的背景、作为与挑战［J］.社会工作与管理，2020，20（2）：41-48.

融(或包容性的金融机会)、金融知识与技能(或金融素养)、金融能力以及金融福祉。普惠金融(或包容性的金融机会)与金融知识和技能(或金融素养)是金融能力中必不可少的、促成金融福祉与资产建设的两个重要组成部分,二者的叠加能产生额外的正面效应。

从金融能力的角度来看,提升个人及家庭的金融能力包括两大要素,即个人内在的金融素养(个体的金融知识、态度和技能等)和外在的个体的金融机会(国家政策规定的公积金制度、企业年金制度或者金融扶贫中的小额贷款和保险制度,个人接受金融服务的机会等)。二者互相影响,只有内在、外在兼具,通过内在金融素养和外在金融机会相互影响,个体和家庭的金融能力才能提升。

普惠金融主要涉及金融能力中的金融机会方面,要倡导继续深化普惠金融政策,推动更多针对性的金融产品提供给不同类型的弱势群体,减少金融排斥;推动制定有利于弱势群体享受资产建设有关的社会政策;考虑新型的金融排斥问题,则还包括加强对金融服务领域的治理,系统降低不同弱势群体遭遇金融困境的风险等(具体见表10-2)。

表10-2 金融社会工作五大领域服务内容汇总表

实践领域	金 融 素 养	金 融 机 会
收入获取	提升贫困群体关于获取收入的知识和态度	提升其通过社会政策获取经济补贴的能力,倡导就业等获取收入的机会
资产累积	提升弱势群体资产累积的意识、动机和行为	开展有利于资产累积的社会服务项目,制定诸如个人发展账户性质的社会政策
消费管理	培养弱势群体合理消费的态度,养成制定预算和记账的习惯,提升弱势群体利用互联网购物降低生活成本的能力	提供和倡导对弱势群体友善的网络消费平台以及消费信贷产品
信用维护	提升弱势群体的信用意识,协助弱势群体维护和提升个人信用,提升弱势群体关于贷款的知识	增加能让各类弱势群体实际收益的普惠金融服务
金融保护	提升弱势群体的风险意识,帮助他们识别金融风险,避免金融诈骗	增加对弱势群体的正规金融服务的供给,加强对网络金融诈骗及其他非正规金融服务的监管

（二）金融社会工作在普惠金融方面不同层次的实践

在微观层次上，金融社会工作在金融机会方面的实践主要是推动贫困群体有效率地使用不同类型的服务，例如，通过推动贫困群体参加社会保险等形式来扩大他们的金融机会，也可以通过提高其合理使用金融服务的意识和能力来避免其使用非正规的金融服务产品。

在中观层次，金融社会工作可以在城市或农村社区为弱势群体开展提升其金融素养和扩展金融机会的干预项目。通过项目设计和实施、社区发展、协调公共部门和金融机构整合以及梳理各个部门和机构在扶贫过程中新增加的金融（信贷和保险等）服务、产业扶贫的机会、策略和政策，使其与贫困人口的需求相对应，增强贫困群体的脱贫能力。

在宏观层次，金融社会工作可以建议和协助政府部门推出专门针对大学生信贷保护的政策，营造适应大学生、创业青年、老年人等群体的正规、普惠的（数字）金融服务体系，如采取儿童发展账户、优惠信用贷款等策略来提升弱势群体的金融机会，多方面增强弱势群体的金融能力。

国内已经开展的金融社会工作服务大部分属于中观层次，提升弱势群体的金融机会方面的具体做法包括储蓄账户、资产捐助等。香港青年发展基金等团队以非京籍初中生及其家庭为对象，开展配对储蓄计划，希望促进家庭为子女累积教育资产，并提升流动儿童的升学率。邓锁团队在陕西分别针对贫困儿童及家庭、残障儿童及家庭开展了配对储蓄的儿童发展账户项目，结合培训的干预，提高了参与家庭的资产累积，并产生了非金融的成效，包括促进家庭亲子沟通等。类似地，华东理工大学团队也在上海的低保家庭子女中开展了以配对储蓄为主的资产建设性质的干预服务。中国青年政治学院团队和北京市青少年发展基金会合作开展了为贫困地区留守女童累积教育资产的项目，通过以保留就学为条件的资产捐助和累积，促进贫困地区留守女童完成学业。

金融社会工作服务的实践目前有宏观、中观和微观三个层次。实务中，金融社会工作者对微观和中观的实践有强烈的动机与倾向。从金融机会和普惠金融的角度来看，宏观政策和顶层设计往往有更重要的规范性作用与更明显的效果。在这里，我们要强调金融社会工作不应该忽视宏观社会工作，特别是社会政策实践的机会。[1]

---

[1] 黄进，方舒，周晓春.究竟何为金融社会工作：美国社会工作专业的思考和探索［J］.社会工作与管理，2020，20（2）：16-23.

第十一章 金融教育

实施促进金融知识普及的国家战略以及设计金融教育举措和教育任务已成为世界各地的首要任务。许多经济大国,包括大多数经合组织成员国,都已实施加强金融教育的计划,以提升金融包容性和推动金融稳定。然而,在我国,金融教育仍然处于起步阶段,相关的讨论还较少。本章旨在梳理金融教育的相关概念,并探讨金融社会工作介入金融教育的交叉可行性。通过深入了解金融教育的实践议题,为我国的金融教育发展提供有益的参考和借鉴。

第一节 金融教育的相关概念

一、金融教育的定义和目标

金融教育是一种旨在提高人们对金融领域的知识、理解和技能的教育过程。它旨在帮助个人和团体掌握金融概念、工具、策略和法规,从而能够做出明智的金融决策,优化金融状况,并实现长期的财务目标。金融教育的目标不仅包括传授基本的金融知识,还注重培养人们在金融领域的批判性思维、决策能力和解决问题的能力。[1]此外,金融教育还可以帮助人们更好地理解金融风险,并制定应对策略,以实现金融稳定和可持续的经济增长。

具体来说,金融教育的目标包括以下几个方面:

(1)传授基本的金融知识。金融知识包括金融产品、市场机制、风险管理、投资策略等内容。这些知识是理解金融市场运作、制定合理财务计划的基础。

(2)培养实践技能。具体包括培养制定预算、储蓄、投资、风险管理等方面

---

[1] Jing Xiao, Chen Chen, Fuzhong Chen. Consumer financial capability and financial satisfaction[J]. Social Indicators Research, 2014(118): 415-432.

的技能。这些技能对于实现个人或团体的金融目标至关重要。

（3）提高个人的金融意识和责任感。具体包括对个人财务状况的理解、对金融产品的认识、对投资风险的评估以及对个人金融决策的影响。

（4）培养个人的决策能力。具体指使其能够在复杂的金融环境中做出明智的决策。这也是金融教育的最终目标。此目标的实现需要具备批判性思维和分析能力，能够评估信息的质量和可靠性，并根据自身情况做出决策。

二、金融教育的历史和发展

金融教育的历史源远流长，可以追溯到古代的货币交易和银行家的出现。然而，金融教育真正作为一门学科，是在近代逐渐发展起来的。在早期的金融领域，人们主要通过经验和实践来学习金融知识。银行家和商人通过观察市场趋势、分析风险和投资机会以及与客户进行交易来积累经验和技能。这种传统的教育方式一直持续到现代。随着金融市场的不断扩大和复杂化，大学开始开设金融课程，以培养专业的金融人才。这些课程通常包括经济学、会计学、统计学和商业法等学科，以帮助学生了解金融领域的各个方面。随着金融市场的进一步发展和专业化，专门的金融培训机构开始出现，提供更高水平的金融教育。这些机构通常提供更深入的金融课程、实战模拟和案例分析，以帮助学生掌握更复杂的金融知识和技能。随着互联网技术的不断发展，在线金融教育逐渐成为一种方便、灵活的学习方式。人们可以通过在线课程、网络研讨会和在线论坛等方式，随时随地学习金融知识。近年来，金融教育的普及化趋势日益明显。许多国家和机构开始意识到金融教育对于提高公众的金融素养与促进经济发展具有重要意义，因此开始推广金融教育，使其更广泛地惠及大众。

三、金融教育的意义和重要性

在当今的金融世界中，金融知识已经成为人们必备的常识。无论是在个人理财还是在企业决策方面，金融知识都发挥着至关重要的作用。因此，金融教育的重要性不容忽视。金融教育可以帮助人们提高金融素养，也就是对金融概念、金融市场、金融产品以及金融风险等有更深入的理解。这种素养不仅能帮助个人做出更明智的金融决策，还能帮助企业在金融市场中进行更有效的操作。金融市场充满风险，而金融教育可以帮助人们增强风险意识，理解如何预防和应对风险。这对于个人保护自己的财产安全以及企业做出稳健的财务决策至关重要。随着经济的发展和科技的进步,金融业也在不断创新和发展。金融教育可以帮助人们理解和适应这些变化,从而推动金融业的创新和发展。

首先,通过金融教育,人们可以更好地理解投资、储蓄、保险等金融产品,从而更好地规划自己的财务,提高生活质量。其次,金融教育可以帮助企业更好地理解金融市场和财务风险,从而做出更有效的财务决策,提升企业竞争力。再次,金融教育不仅可以提高个人的金融素养,还可以增强整个社会的金融稳定性。当更多的人具备基本的金融知识时,人们就能更好地理解和应对金融风险,从而减少金融欺诈和社会动荡的可能性。最后,一个具备良好金融素养的人才可以促进经济的发展。更多的人理解并适应金融创新,将为新的商业模式和投资机会打开大门,从而推动经济增长。

第二节 金融教育的核心议题

在金融社会工作实践中,教育策略与技巧的应用是至关重要的。通过使用适当的教育策略和技巧,金融社会工作者可以有效地帮助个人和家庭了解与掌握金融知识,提高他们的金融素养,增强其金融决策能力。

其一,金融社会工作者应该明确教育的目标,如帮助服务对象了解基本的金融概念、掌握个人理财技巧或提高服务对象的投资意识等。其二,根据服务对象的需求和金融知识水平,金融社会工作者应该设计适合的教育内容,包括基本的金融知识、个人理财技巧、投资知识等。金融社会工作者可以选择不同的教育方法,如面对面咨询、电话辅导、小组讨论、在线教育等。这些方法可以根据服务对象的需求和偏好进行选择与调整。在实施教育计划时,金融社会工作者应该注重与服务对象的互动和沟通,鼓励他们积极参与学习过程。同时,应该注意观察服务对象的学习情况,及时调整教育计划和方法。在完成教育计划后,金融社会工作者应该对教育效果进行评估,了解服务对象的学习成果和进步情况。也应该根据评估结果进行总结和反思,为今后的教育工作提供参考和改进方向。

一、金融知识普及

金融知识普及是金融教育的首要任务,旨在帮助公众理解基本的金融概念、产品和工具,包括但不限于货币、信用、利率、汇率、股票、债券、保险等。此外,金融知识普及也包括对金融市场、金融机构和金融服务的理解,以及个人理财的基本原则和技能。

金融知识普及的实现可以通过多种方式。首先,需要加强基础金融知识的教育,不仅是在学校,还应在社区和职场等场所提供金融基础知识课程,这些课程可以包括经济学、货币银行学、财务管理等。通过这些课程,公众可以更全面地了解金融体系的运作和基本概念。其次,对于金融产品的教育也是至关重要的。这包括对各种金融产品和服务进行详细教育和解释,如股票、债券、基金、保险、房地产等。公众需要对这些产品有深入的了解,以便在需要时做出明智的决策。此外,金融市场的教育也是必不可少的。应帮助公众了解金融市场的功能、运作规则和投资策略,这样他们就能更好地理解如何参与金融市场并进行有效的投资。对于希望在金融市场进行投资的人来说,这是非常关键的一步。最后,还应教授基本的个人理财原则和技能,如预算编制、储蓄、消费、投资等。这些技能可以帮助公众更好地管理自己的财务,提高生活质量。金融知识的普及需要社会的共同努力,通过多种方式来加强公众的金融知识教育,让更多的人能够理解和利用金融工具与产品,从而更好地管理自己的财务和资产。

二、金融素养提升

金融素养提升是在金融知识普及的基础上,帮助公众理解和运用金融工具和技能,提高他们的金融决策能力和风险管理意识。第一,通过教授基本的金融决策方法、投资组合理论、风险评估和管理等知识,帮助公众做出明智的金融决策。第二,介绍风险管理的基本原则和方法,如保险规划、债务管理、投资风险管理等,帮助公众有效管理个人财务风险。第三,强调金融伦理和责任的重要性,引导公众了解和遵守金融市场规则和道德规范,维护市场秩序和社会公正。第四,帮助公众提升持续学习和适应变化的能力,鼓励他们保持对金融市场和经济发展的关注,不断学习和适应变化的环境,提高自身的金融素养。

三、金融行为的培养

在金融领域,行为培养是一项至关重要的任务。它涉及学习金融知识、掌握金融技能,以及发展出对金融活动的理解和态度。金融行为培养的目标是帮助个人和团体在金融决策中做出明智的选择,同时培养他们的金融责任感。这一议题在金融教育中占据核心地位,因为它直接关系到个人的金融福祉和整个经济社会的稳定。

金融行为培养的首要目标是提高公众的金融素养。这包括对金融概念、产品、服务和市场的理解，以及如何评估和管理个人与家庭的财务状况。通过培养金融行为，公众可以更好地理解金融风险和机会，从而做出明智的决策。通过开展金融教育课程、工作坊和在线课程等，可以帮助个人和团体培养良好的金融行为。这些教育和培训活动应涵盖基本的金融知识、技能和态度，以帮助参与者理解和应对各种金融挑战。

四、金融态度的培育

金融态度培育的目标是促进个人和团体对金融体系与金融决策的积极态度。为实现这一目标，金融教育应致力于提供实际经验和知识，以帮助个人和团体理解金融体系的功能、风险与机会。通过培养对金融问题的认识和批判性思维，金融教育有助于形成负责任的金融行为和决策。通过学校、社区和职业培训等渠道，金融教育为个人和团体提供关于金融概念、产品与服务的全面教育。在金融教育项目中强调金融决策的长期视角、风险管理和可持续性，鼓励个人和团体对自己的财务行为负责。通过案例研究、模拟演练和互动讨论等方式，帮助个人和团体培养分析金融信息与做出明智决策的能力。促进个人和团体参与金融活动，并提供机会让他们了解如何与金融机构合作以实现共同目标。鼓励个人和团体通过持续学习与自我发展来提高金融知识及技能，以适应不断变化的金融环境。

五、金融教育的影响因素

教育者的专业素养对金融教育的有效性具有重要影响。教育者需要具备丰富的金融知识和教学技能，能够将复杂的金融概念和工具解释清楚，激发学习者的学习兴趣和动力。学习者的个人特征如年龄、教育程度、职业等都会影响他们对金融教育的理解和接受程度。例如，年轻人可能更容易接受新的金融概念和工具，而老年人可能需要更多的时间和精力来理解与掌握。应当针对不同的人群开展适合其特征与需求的金融教育干预项目。社会和经济因素如经济发展水平、金融市场状况、政策法规等也会影响金融教育的有效性。例如，在经济发展水平高的地区，公众可能更容易接触到丰富的金融产品和工具，从而提高金融教育的效果。提高金融教育的有效性需要从教育内容、教育方法、教育目标等方面入手，并考虑教育者和学习者的个人特征、教育环境、资源以及社会和经济因素的影响。

第三节　金融教育对象与目标

金融教育和金融社会工作都致力于提高公众的金融素养与改善他们的金融福祉。金融教育的主要目标是帮助个人和团体了解基本的金融概念、工具与风险管理技巧，以便他们能够做出明智的金融决策，改善自己的财务状况。而金融社会工作则侧重于通过综合运用金融和相关服务来解决社会问题，特别是针对那些处于不利地位或面临金融困境的个人和家庭。金融知识教育因环境、受众和主题而异，要针对不同特征的金融消费者群体设计有针对性的金融知识普及方案[1]。根据个人理财的主题或专题，也可将各种方案归为几类。第一类是旨在通过广泛涉及个人理财主题（预算、储蓄和信贷管理等）来提高理财素养的计划。第二类是提供退休和储蓄方面具体培训的计划，一般由雇主提供。第三类是涉及购房和置业的计划。

一、针对普通受众的普惠金融教育

为了提高公众的理财素养，许多项目纷纷涌现，涵盖了个人理财的各个方面，如预算、储蓄和信用管理。面向广大受众的金融教育是一项至关重要的举措。它不仅有助于提高公众对金融知识的认识和了解，还能帮助他们更好地管理自己的财务和投资。金融教育的受众群体应该是多元化的，包括不同年龄段、不同职业、不同收入水平的人群。为了更好地满足受众群体的需求，实现目标，金融教育可以采用多种方式，如线上课程、线下讲座、社交媒体宣传、书籍杂志等。不同的教育方式可以针对不同受众群体的需求和特点，提供更加个性化和定制化的教育内容，帮助他们更好地掌握金融知识和技能，从而更好地应对生活中的挑战和机遇。例如，联邦存款保险公司（FDIC）的理财课程以成年人为目标，涵盖10个模块，涉及预算、储蓄和信用管理等基础金融主题，理财联盟计划邀请合作伙伴加入，并采纳该课程。金融机构也积极投身于金融扫盲工作。一项针对576个信用合作社的调查发现，61%的合作社举办了面对面的金融教育

---

[1] 刘国强.我国消费者金融素养现状研究——基于2017年消费者金融素养问卷调查［J］.金融研究，2018（3）：1-20.

讲习班,通过8 000个信用合作社研讨会,超过150 000名成年人受益[1]。

二、针对青少年的金融教育

针对在校学生的金融教育主要通过学校课程、金融知识讲座、在线课程等形式进行。教育内容包括基本的金融概念、金融产品、金融市场规则、风险管理、投资理财等。学龄学生成为理财教育的重要对象。如美国的个人理财素养联盟(Jump Start Coalition for Personal Financial Literacy)由80多个教育工作者、企业和政府组织组成,其使命是促进学校的个人理财教育,特别是通过促进k~12年级标准的使用[2]。联盟的目的是改善高中毕业生的个人理财素养。联盟积极开展各项活动,加强与各方的合作,为学生提供更多优质的理财教育资源。同时,还倡导学校、家庭、社会共同参与,共同关注学生的理财素养教育,为他们的未来发展打下坚实的基础。2014年,43个州要求在k~12年级标准中包含个人理财内容,相比1998年的21个州翻了一番。1998年,没有一个州要求高中生必须选修个人理财课程;而到2014年,有19个州有这项要求。[3]尽管在资金和人力资源方面所得到的支持仍然有限,但随着金融教育方案的普及,提供该方案的中学学校数量逐渐增加。我国的实践目前仍然较多集中在金融教育领域,如北京市昌平区开展针对中学生的金融知识教育[4];成都市在对社区儿童开展金融知识讲堂的同时,联合银行、保险公司推出符合服务对象实际需求的公益金融产品[5]。

三、针对在校大学生的金融教育

大学是众多学子脱离父母庇护,独立面对财务决策的重要起点。在这个关键阶段,年轻人(通常在18~24岁之间)所掌握的金融知识、行为和态度,不仅

---

[1] Jing J Xiao. Handbook of consumer finance research[M]//S. Bartholomae, J. J. Fox. Advancing financial literacy education using a framework for evaluation. Berlin: Springer, 2016: 45–59.
[2] S. H. Breitbard, C. G. Reynolds. Jump-starting financial literacy[J]. Journal of Accountancy, 2003, 196(6): 56.
[3] A. Brown, J. M. Collins, M. D. Schmeiser, C. Urban. State mandated financial education and the credit behavior of young adults[R], 2014.
[4] 方舒,兰思汗.金融赋能与资产建设——金融社会工作教育、研究与实务国际研讨会综述[J].开发研究,2019(2):142-147.
[5] 黄曹福,张作俭,邹尹波.金融社会工作应用实践与探索[J].中国社会工作,2018(7):32-33.

源于家庭、同龄人和早期教育的熏陶，更与他们在大学期间所观察、学习和锻炼的内容密切相关。这些又受到诸多因素的影响，如他们的支出选择（如选择住在校内还是校外间接影响住宿费、交通费）、付款方式（如使用信用卡还是借记卡）、是否兼职或全职工作、对教育债务的责任以及时间管理等。在学生成为独立的成年人之前，大学可能是他们接受正规金融教育的最后机会[1]，同时也是在成年初期教育学生做出重要决策的宝贵时机[2]。年轻人自身以及家庭、社会的金融素养不足，在缺乏正规金融服务机会的同时，非正规金融服务迅猛发展，从而导致年轻人遭受金融风险，进而危害其健康成长。大学女生遭遇"裸条"贷款、学生校园贷危害等现象引起社会关注。[3]提高年轻人的金融知识储备至关重要。如果能够引导年轻人采取积极的金融行为，将有助于改善他们的生活质量，并为他们建立终身金融福祉奠定坚实基础。但是为年轻人提供金融教育项目的学院和大学相对较少。[4]一些研究人员主张采用特殊的培训，如投资教育提出了一个比较全面的理财教育内容，包括理财目标的发展，货币关系，现金流计划/预算，建立和改善信用，管理债务，储蓄和投资，税务教育，工作选择，大学毕业后的开支计划，婚前理财咨询。

四、针对雇员的金融教育

许多项目致力于提供关于退休和储蓄方面的具体培训，通常由雇主提供。这些金融教育方案不仅包括雇主赞助的方案，如美国的401（k）计划或退休储蓄计划，还涵盖了各种培训课程，帮助员工更好地理解退休计划和储蓄方面的知识。这些课程通常涵盖投资、退休规划、养老金和储蓄等方面的知识，旨在帮助员工制定合理的财务规划，为未来的退休生活做好准备。此外，一些项目还提供

---

[1] Vicki J. Jobst. Financial literacy education for college students: A course assessment[J]. Journal of Higher Education Theory and Practice, 2012, 12(2), 119−128.

[2] David R Smedley. Student financial literacy: Campus-based program development[M]//D. B. Durband, S. L. Britt. The case for financial education programs. New York: Springer Science, 2012: 1−8.

[3] 周晓春，邹宇春，黄进.青年的金融风险，金融能力和社会工作干预［J］.青年研究，2019（3）：69−81+96.

[4] S. Crain. Are Universities improving student financial literacy? A study of general education curriculum[J]. Journal of Financial Education, 2013, 39(1/2): 1−8; David R. Smedley. Student financial literacy: Campus-based program development[M]//J. E. Grable, R. Law, J. Kaus. An overview of university financial education programs. New York: Springer Science, 2012: 9−26.

了个人财务咨询,帮助员工更好地管理自己的财务和制定有效的退休计划。近60%的美国雇主为其雇员提供了金融教育,其中21%的雇主计划在未来12个月内提供这种教育。在具体的教育形式上,工作场所的财务教育活动涵盖了咨询、研讨会、电子学习、讲习班、福利展览会等多种形式。[1]针对非金融行业从业者的金融教育主要通过各类金融机构、企业内部培训、专业资格认证等形式进行。教育内容包括基本的金融知识、投资理财技巧、风险管理策略、行业动态等。

五、针对老年人的金融教育

储蓄的生命周期假说揭示了公众在一生中努力保持相对稳定的消费水平的心理动机。当年轻人通过借贷满足消费需求,中年人将较大比例的收入储蓄起来,而年长者在退休后收入减少开始逐渐消耗他们的资产时,这种行为模式便随之出现。严格遵循生命周期假说的观点指出,人们在生命终结前会花费所有资产。然而,观察发现,随着年龄的增长,人们的消费逐渐减少,其目的是为了留存资产以应对寿命延长和健康费用增加的意外情况。永久收入假说则认为,人们会根据感知到的未来收入水平调整自己的支出水平。永久收入被视为人们有信心能够持续获得的收入,而暂时性收入则是偶然获得的额外收入。有趣的是,暂时性收入并不会对长期消费产生影响。美国精算师协会[2]对退休后风险及其管理方式的研究调查结果显示,通货膨胀、医疗保健、长期护理是退休人员和退休前人员面临的三大风险。与退休人员相比,退休前人员通常更关注通货膨胀、医疗保健和长期护理。老年人尤其容易受到金融诈骗的侵害,因为他们往往容易信任他人,可能孤独且与社会隔绝,可能因为悲伤或失去亲人而变得脆弱,而且他们通常有固定收入和一些资产。许多老年人不会举报金融诈骗,因为他们感到羞耻或尴尬,或者不知道在哪里以及如何举报金融问题,或者害怕遭到报复。[3]这些都将成为老年金融教育项目的关注焦点。基于老年人特殊的金融需

---

[1] The Society for Human Resource Management. 2014 employee benefits: An overview of employee benefits offerings in the U.S.[R/OL].[2024-03-01]. https://www.shrm.org/content/dam/en/shrm/topics-tools/news/benefits-compensation/14-0301-Beneftis_Report_TEXT_FNL.pdf.

[2] Society of Actuaries. 2013 Risks and Process of Retirement Survey Report[R/OL].[2024-03-01]. https://www.soa.org/globalassets/assets/Files/Research/Projects/research-2013-retirement-survey.pdf.

[3] Jing J Xiao. Handbook of consumer finance research[M]//S. A. DeVaney. Financial issues of older adults. Berlin: Springer, 2016: 155-166.

求,金融社会工作可以从金融认知与知识教育、金融资产管理与建设、金融风险防御与处理、金融资产分配与家庭关系应对处理以及拓展贫困老年人金融机会五个方面对老年人开展服务,从而达到助人自助,实现老年人金融福祉,提高其晚年生活质量。[1]

金融教育为金融社会工作的开展提供了必要的背景知识和技能。对于金融社会工作者来说,具备基本的金融知识和理解能力是有效解决客户问题的关键。同时,金融社会工作也提供了实践金融教育的机会,通过与客户的互动,金融社会工作者可以提供个性化的金融指导和支持,帮助客户解决实际的金融问题。

金融教育和金融社会工作的相互关联也体现在它们共同致力于推动金融服务的普及化与公平化。金融教育通过提高公众的金融素养,使更多人能够理解和利用金融服务,从而促进金融服务的普及。而金融社会工作则侧重于通过提供综合性的金融和社会服务来弥补市场失灵,帮助那些处于不利地位的人群获得更好的金融服务。金融教育与金融社会工作在提高公众金融素养、普及金融服务、改善金融福祉等方面是密切相关的。它们相互补充、相互促进,共同推动金融服务的普及化和公平化。

第四节 金融社会工作介入金融教育的其他实践

一、数字金融教育的新趋势

随着数字技术的飞速发展,数字金融教育已经成为金融教育领域的新趋势。传统的金融教学方式以课堂讲授为主,而数字金融教育则更加注重在线教学、网络教学等数字化教学方式。这些教学方式不仅可以方便地为学生提供更灵活的学习时间,还可以提高教学效率,扩大教学范围。数字金融教育注重培养学生的数据分析能力,包括数据挖掘、数据清洗、数据可视化等方面的技能。这些技能在金融领域中非常重要,可以帮助学生在未来的工作中更好地理解和应用数据。数字金融教育注重介绍金融科技在金融领域中的应用,如区块链、人工智能、云计算等技术。这些技术的应用可以改变金融行业的运作方式,提高效率

---

[1] 尹银,张琳.金融社会工作为老服务:老年人的金融服务需求与应对[J].社会工作与管理,2020,20(2):24-31.

和服务质量。数字金融教育紧密关注金融业的发展动态,及时调整教学内容,适应金融行业的发展趋势。例如,近年来随着互联网金融的兴起,数字金融教育也开始注重互联网金融方面的内容。

总之,数字金融教育的新趋势是注重数字化教学方式、培养学生的数据分析能力、介绍金融科技在金融领域中的应用以及适应金融业的发展趋势。这些新的发展趋势不仅可以提高金融教育的质量,还可以帮助学生更好地适应未来的工作环境。

二、金融教育的创新与改革

金融教育的创新与改革是当前金融行业发展的重要议题之一。随着金融市场的不断变化和技术的不断进步,传统的金融教育模式已经无法满足现代金融行业的需求。因此,金融教育需要不断创新和改革,以培养出更多具有创新意识和实践能力的人才。

首先,金融教育需要注重培养学生的创新意识和实践能力。这可以通过增加实践课程和案例分析的方式来实现,使学生能够更好地理解和应用金融理论知识。同时,学校可以与企业合作,为学生提供实习机会,让他们在实际工作中提高自己的实践能力。其次,金融教育需要注重课程内容的更新和拓展。随着金融市场的不断变化,金融理论知识也在不断更新。因此,学校需要及时更新课程内容,以反映最新的理论知识和市场动态。同时,学校还可以开设一些新兴的金融领域课程,如互联网金融、绿色金融等,以拓展学生的知识面。最后,金融教育需要注重教师的素质和能力提升。教师是金融教育的重要力量,他们的素质和能力直接影响到学生的培养质量。因此,学校需要定期对教师进行培训和考核,以提高他们的专业素质和能力。同时,学校还可以邀请一些优秀的金融从业人员来担任客座教授或实践导师,以提供更全面的教育资源。

总之,金融教育的创新与改革是培养具有创新意识和实践能力的人才的关键。通过培养学生的创新意识和实践能力、更新和拓展课程内容、提高教师素质和能力等方式,可以不断提高金融教育的质量和水平,为现代金融行业提供更多的优秀人才支持。

三、金融教育面临的挑战与未来的展望

随着金融行业的快速发展,金融社会工作在金融教育领域的重要性逐渐凸

显。未来，金融社会工作将更多地介入金融教育，为提高金融行业整体素质和职业道德做出贡献。然而，这些计划在实施过程中面临着诸多挑战。其一，不同的组织和机构在提供金融教育时，往往缺乏相应的技能和意愿，就其工作如何与教学的有效性进行更广泛的对话。这可能导致教育内容的质量参差不齐，缺乏系统性和连贯性。其二，项目设计、开发、交付和评估的组织可能会因重复劳动而受到阻碍。由于缺乏统一的规划和协调，不同的组织和机构可能会在相同领域开展类似的教育项目，导致资源浪费和效率低下。

金融社会工作者应该回应弱势群体和边缘群体的金融需求，金融教育项目能够有效提升贫困和弱势社会群体获得金融系统服务的机会。首先，政府可以加强对金融教育领域的投入和监管，制定相关政策和标准，推动不同机构之间的合作和协调。政府比金融社会工作者有更大的责任加强与学校、社区、金融机构、社会组织之间的联系，鼓励各相关方重新设计适合不同群体的金融教育项目，倡导适合不同群体的金融服务与金融教学研究项目。政府应该在普惠金融方面扮演更重要的角色，加强对金融机构的监管，提供面向全体消费者的金融知识培训，拓展弱势群体的金融服务可及程度，提供公平的金融机会与资源。[1]其次，金融机构和教育机构可以加强合作，共同设计和开发高质量的金融教育项目，提高教育内容的针对性和实效性。最后，个人和社会组织也可以积极参与金融教育活动，提高自身金融素养和意识，为推动金融知识教育的发展贡献力量。

---

[1] 张君安，刘东，姚瑀菲.知易行难：学校金融教育项目的系统评价［J］.社会工作与管理，2023，23（1）：43-52.

第十二章　金融能力

第一节　金融能力的相关概念

金融社会工作者关注服务对象的金融困境可以追溯到20世纪初。当时在城市贫困人群服务中，家庭友好访问员会将家庭经济状况当作是助人的一个基本因素。金融社会工作者在定居点、家庭服务机构、学校中，指导困境家庭去有意识地管理他们的家庭财务状况，并且金融社会工作者会按照需要去调查穷人的财务状况（Stuart，2016）。

20世纪50年代左右，金融社会工作基本上放弃了对金融福祉的关注，转而更关心服务对象心理健康方面的挑战（Specht, Courtney，1994）。同时期，经济学家也将注意力从消费者决策转向企业和市场的研究（Tufano，2009）。在20世纪90年代，金融社会工作等行业又重新开始了对服务对象个人和家庭经济状况的关注，并且关注点从维持生计转向"金融能力"。一方面，美国社会的福利改革引发了人们对家庭财务管理的担忧，并呼吁个人对自己的财务以及自给自足负责（Hacker，2008）。与此同时，强调资产不平等的研究提出了在经济最底层的家庭中，尤其是在承受着历史和当代种族主义与歧视遗产的有色人种中增加财富的建议（Oliver, Shapiro，1996；Sherraden，1991）。另一方面，收入和财富不平等（Wealth Inequality）加剧了抵押贷款危机和2008年的经济衰退（Saez，2017）。金融从业者面临着越来越多的金融脆弱服务对象（Financially Fragile Clients）（Garfinkel, McLanahan, Wimer，2016；Lusardi, Tufano, Schneider，2011）。因此，即使在经济复苏的背景下，面对持续的金融问题，金融社会工作者越来越认识到脆弱性家庭金融在塑造幸福感方面的不利影响，因而逐渐意识到要对服务对象进行金融能力的提升，以此来破解收入和财富不平等的整体局势，以及改善金融脆弱的家庭状况。

提升金融能力，对个人及家庭来说，即利用金融工具，降低未来生活的不确定性,做好资产配置,真正地利用金融为自己和家庭赋能。在谈如何提升金融能力之前需要对以下几个相关概念进行澄清。

一、金融福祉与普惠金融

金融福祉被认为是福祉的一个领域,会对其他诸如健康(包括精神健康)、婚姻家庭、就业和职业发展等综合福祉产生影响[1]。金融福祉是社会福祉的一个重要组成部分。按照金融福祉的主要组成部分(收入、资产、信用、消费、金融保护等)和金融能力的主要组成部分(金融服务的可及性、个体金融素养等)的交叉结合可以对金融社会工作实务进行分类;并且每一组交叉结合(如提高资产建设金融服务的可及性),金融社会工作都有宏观、中观和微观层面的实务实践。[2] 参照以上理论框架,金融福祉可以分为两个维度和五个要素(图12-1)。金融福祉强调稳定性和发展性两个维度,个人金融稳定指的是满足日常金融决策、满足日常所需、抵御短期金融冲击的功能;个人金融发展指拥有长期的金融保障,并达成长期的金融目标。为了实现个人金融稳定和金融发展,个人或家庭必须使收入维持、消费管理、资产建设、信用建设、金融保护等五个要素得以发展。

维度	功能	要素
金融稳定	做出日常金融决策 满足日常所需 吸收短期金融冲击	收入维持 消费管理 资产建设
金融发展	拥有长期的金融保障 达成长期的金融目标	信用建设 金融保护

图12-1　金融福祉框架[3]

我国社会已经日益金融化,网络支付兴起、货币电子化等现象,让金融成为普通人日常生活中不可或缺的部分。即便社会越来越金融化,普通人越来越离不开金融,但是,受限于一部分群体的金融能力不足,并非每个社会成员都

---

[1] Shirley L. Zimmerman. The Family and Public Policy[M]. Cambridge: Harvard University Press, 1983.
[2] 黄进,玛格丽特·谢若登,迈克尔·谢若登.金融社会工作的核心内容:美国的探索[J].社会建设,2019(2),19-22.
[3] 周晓春,方舒,黄进.金融福祉:促进青年发展的新工具[J].中国青年社会科学,2021,40(4):83-90.

可以均等地从金融化中受益。因此，金融能力的提升也意味着金融福祉的提升。谢若登提出提升金融福祉的关键概念是：收入充足（Income Sufficiency）、金融能力（Financial Capability）和资产建设（Asset Building）（Sherraden, Frey, Birkenmaier, 2016）。国内金融福祉有关经验研究主要集中于从金融能力的内在因素（金融素养）和外在因素（金融可及性或称金融普惠）角度分析个人金融福祉的影响因素[1]，发现提升金融素养有助于提高金融福祉，居民的金融产品服务使用可以显著提升个人的金融福祉。

根据美国消费者金融保护局（the Consumer Financial Protection Bureau, CFPB）2015年在《金融福祉：金融教育的目标》（Financial Well-Being: The Goal of Financial Education）一书中的定义，好的金融福祉，即满足当前和持续的金融需求，并且能够在未来做出享受生活的选择。以下四个维度构成了金融福祉量表的测量指标，并且金融社会工作者应当着力去为服务对象实现每一项金融福祉的内容：第一，对日常和月度财务的控制。换句话说，个人可以支付开支，按时支付账单，不必担心生存问题。第二，抵御金融冲击的能力。个人有储蓄和保险，以及在紧急情况下需要资金时，家人和朋友可以提供帮助。第三，实现金融目标的计划。个人有金融目标并且正在取得进展实现这些目标。第四，选择享受生活的金融自由。个人不仅可以支付日常开支，还可以偶尔在额外开支上花一点钱，包括捐款或者花在朋友和家人身上。

普惠金融这一概念由联合国在2005年提出，是指立足机会平等要求和商业可持续原则，以可负担的成本为有金融服务需求的社会各阶层和群体提供适当的、有效的金融服务[2]。尽管国际社会逐渐认识到普惠金融对于增强金融包容性、支持经济增长、促进就业、消除贫困、实现社会公平的重要意义，普惠金融也已成为国际社会和业界主流所认同的金融发展战略，但据世界银行估算，2014年仍有约20亿名成年人无法享受到最基础的金融服务。中低收入群体往往是"失语"的。一方面，这部分群体日常缺乏渠道反映自己的实际需求，比起"动辄上千万元、上亿元"的大项目和高净值客户，他们相对是"隐形"的；另一方面，他们缺乏必要的金融知识，无法准确表达自己的需求。

---

[1] 周晓春，方舒，黄进.金融福祉：促进青年发展的新工具［J］.中国青年社会科学，2021，40（4）：83-90.

[2] 李迎生，罗宏伟，林淑仪.发展型社会政策：一个全球视野［J］.社会政策研究，2023（1）：3-20.

我国政府历来注重发展普惠金融，不断改善民生。2013年11月，党的十八届三中全会通过《中共中央关于全面深化改革若干重大问题的决定》，明确提出了"发展普惠金融"。2015年和2016年，党的一号文件、政府工作报告均反复强调发展农村普惠金融；2015年12月，国务院正式印发《推进普惠金融发展规划（2016—2020年）》，确立了推进普惠金融的原则和发展目标，首次把发展普惠金融提升到国家发展规划的高度。2019年1月，李克强在考察中国银行普惠金融业务窗口时，提出普惠金融不能搞成"exclusive（排他的）"，要通过发展壮大普惠金融，实现包容性发展。2023年10月发布的《国务院关于推进普惠金融高质量发展的实施意见》中指出要"提升社会公众金融素养和金融能力"。要广泛开展金融知识、普及金融教育活动，培养全生命周期财务管理理念，培育消费者、投资者选择适当金融产品的能力。同时，要重点服务农户、新市民、小微企业主、个体工商户、低收入人口、老年人、残疾人等群体的教育培训，提升数字金融产品使用能力，增强个人信息保护意识。

二、可行能力理论

阿马蒂亚·森是"以可行能力看待发展"的最早提出者。他看待财富的观点源自亚里士多德（Aristotle），认为财富只是人们生活的外在条件和手段，是通向美好生活的阶梯，而不是幸福本身。获取财富的最终目的在于人自身，在于提高人的生活质量，实现人本身的幸福。基于这样的财富观和幸福观，阿马蒂亚·森对古典经济学理论进行批判，提出可行能力理论，指出实现幸福的关键在于借助各种手段培养个人获取资源、财富和服务的能力，要为他们提供获得资源的渠道和机会，激发他们生活的潜能，从而实现人身和财富的自由。阿马蒂亚·森的可行能力理论就是倡导以人们"做成某事"或"处于（进入）某种状态"的能力作为福利的评估标准。可行能力，即对个人来说可以实现的有价值的、与生活相关的功能性活动的组合。

玛莎·纳斯鲍姆（Martha C. Nussbaum）继续发展了阿马蒂亚·森可行能力理论的内在理论。纳斯鲍姆的"实质自由"指的是内在的可行能力在社会、政治、经济等条件之下能卓有成效地实现出来的途径和机会的一种混合能力（Combined Capabilities）[1]。因而纳斯鲍姆提出可行能力清单至关重要（表12-

---

[1] 叶晓璐. 纳斯鲍姆可行能力理论研究——兼与阿马蒂亚·森的比较［J］. 复旦学报（社会科学版），2019，61（4）：52-59.

1),她认为,只有这十种核心能力都实现,才称得上是有尊严的人类的生活。可行能力清单与类型为更好地理解金融能力的概念奠定了基础。

表12-1 纳斯鲍姆可行能力的清单与类型

可行能力清单（十种）	生命+身体健康+身体完整+感觉、想象和思考+情感+实践理性+归属+其他物种+玩耍+对自身环境的控制	
可行能力的三种类型	基本能力（Basic Capabilities）	个人固有的内在潜能,让后期的发展和训练成为可能
	内在能力（Internal Capabilities）	训练或发展出来的特质和能力,是准备就绪的成熟状态
	混合能力（Combined Capabilities）	个体在特定的政治、社会和经济境况内所具有的选择和行动的机会总和,是内在能力与适当的外在环境共同发展起来的功能性活动

三、金融脆弱性与金融能力

金融脆弱性（Financial Vulnerability）是指收入低、金融不安全,以及面临风险、冲击和压力（Chambers,1989）。金融脆弱性使个人或家庭难以履行现有的财务承诺和计划未来。它给家庭带来一系列相关的困难,包括饥饿和无家可归。它会阻碍人们参加基本的医疗保健和教育并导致预期寿命降低（Wiedrich, et al.,2016）。金融脆弱性对个人和家庭也有情感影响,因为当眼前的金融挑战占主导地位时,一个人对更美好未来的计划便难以实现（Mullainathan, Shafir, 2013）。

金融脆弱家庭（Financial Vulnerable Households）收入低且波动较大,这使得其难以应对生活支出。此类家庭每月的支出往往超过收入,部分原因是他们家庭预算的一部分用于住房等固定支出,所以即使很小的收入或支出的变化也可能会使他们的处境急剧恶化。金融脆弱家庭的储蓄水平很低,在紧急情况下几乎没有什么可依靠的资源,而且缺乏投资于教育和其他机会的资源。经济资源单一和金融能力有限,导致许多家庭难以应对金融冲击。

改善金融脆弱家庭的一个有力尝试是进行资产建设（Asset Building）。资产建设是多元社会政策发展的产物,也是一种由不同的资产形式、积累途径以及特定的政策空间构成的多维体系。资产是用于投资的物质资源,它们改变了人们对自己生活和未来可能性的思考方式(Sherraden,1991)。资产是一个人或家庭的财富存量,即他们所拥有的金融资产(货币和储蓄)或有形资产(房子、汽车、珠宝或其他有形财产)。资产建设是指增加这些金融资产和有形资产。谢若登认为,资产建设对低收入家庭来说,不仅是获得持续经济发展的能力,更是为下一代的经济安全做好准备。

另一个有助于低收入家庭金融福祉的关键概念是金融能力(Financial Capability)。金融能力延续社会工作"人在环境中"的视角(Kondrat,2002),由人们的行动和能力去捕捉金融福祉的机会(Sherraden,2013;2017)。那些拥有良好金融能力的人能更好地理解、评估自身的金融状况,并以他们的最佳金融利益为出发点,但这些必须伴随着获得有益的金融机会,使积极的财务决策成为可能(Johnson,Sherraden,2007)。

第一个金融能力的相关概念,与金融素养(Financial Literacy,Finit)密切相关。金融素养指的是一个人与其金融状态相关的知识和技能、态度、习惯、动机、信心及自我效能(美国政府会计局,2011)。金融素养对于有效的家庭财务管理至关重要。但大多数人的金融素养显然十分匮乏,如大多数成年人不能正确回答关于利率、通货膨胀等常见金融知识的问题。除了理解术语和财务概念之外,人们还必须对自己制定财务计划和在需要时做出决策的能力有信心(Robb,Babiarz,Woodyard,2012)。另外,应当预期人们能够及时得到他们需要的财务指导。但低收入家庭往往缺乏足够的资源来获取及时的金融建议,并且很难负担起相关费用。

第二个金融能力的相关概念,与金融包容性水平密切相关。即,个人或家庭应有一个安全可靠的地方来存款、储存小额钱款、长期储蓄和投资,价格合理的小额信贷服务,以及基本保险。基本的金融产品和服务使人们能够管理自己的金融生活。截至2015年,美国约有900万户(约占所有家庭的7%)家庭没有银行账户,这意味着他们在银行或信贷中没有账户。这表明美国的金融服务无法满足经济弱势家庭的需求。在中国,根据中国互联网络信息中心2021年发布的《第47次中国互联网络发展状况统计报告》数据显示,我国网络支付人群数量为8.54亿人。在"低保"等社会救助金通过电子账户的形式下发时,部分没有电子账户或银行账户的群体在领取时会有很多不便。金融包容性还意味着获得能够实现金融稳定和未来安全的社会政策。不同的服务对象在金融经验上的不同,导致了他们拥有的金融能力也不尽相同。

综合来看,能力(即金融素养)和机会(即金融包容性)可以实现金融福祉(Sherraden,2013)。换句话说,金融能力指的是人们的金融知识和技能加上可获得的金融运作机会。本书在讲"金融能力"时,强调从"保护"和"发展"两个维度去提升服务对象的金融能力,一方面是提高个人和家庭的金融知识与金融素养,以提升人们的生存稳定性;另一方面是促进金融服务和普惠金融改革,提升人们获取更好更持续金融发展的可能性。要使金融脆弱群体受益,金融服务和社会政策的改革就很有必要。

第二节　金融能力的相关应用

一、金融能力建设的基本工作内容

（一）金融素养与金融能力的测量

金融素养可以通过对金融知识进行测验的方式来衡量。表12-2中这五个问题在美国和国际上都被广泛用于衡量成年人的金融知识水平。根据美国金融业监管局投资者教育基金会的调查,2015年,美国各州的普通人在这五个问题中,大部分人只能回答出三个正确答案。具体来看,女性的得分低于男性,年轻人的得分低于老年人。金融知识得分也与收入和教育水平有关;收入较低、教育水平较低的人得分低于收入较高、教育水平较高的人。

表12-2　金融知识测验问题

（1）假设你的储蓄账户里有100美元,利率是每年2%。之后5年,如果你把钱留下,你认为你的账户里会有多少钱?   a. 超过102美元   b. 整整102美元   c. 低于102美元   （2）想象一下,你的储蓄账户利率是每年1%,通货膨胀每年2%。一年后,你的账户里能用的钱有多少?   a. 比今天更多

（续表）

> b. 完全一样
> c. 少于今天
> (3) 如果利率上升，债券价格通常会发生什么变化？
>   a. 它们会上升
>   b. 它们会掉下来
>   c. 它们将保持不变
>   d. 债券价格与利率之间没有关系
> (4) 15年期抵押贷款通常需要比30年期抵押债券更高的月供，但在贷款期限内支付的总利息会更低。
>   a. 正确
>   b. 错误
> (5) 购买一家公司的股票通常比购买一只基金的股票更安全。
>   a. 正确
>   b. 错误
> 答案：a,c,b,a,b

金融能力的测量较为复杂，因为除了衡量金融知识外，评估金融能力还需要获取关于个人获得金融指导的信息，包括金融政策、产品和服务以及其他经济发展机会。美国威斯康星大学金融安全中心（Center for Financial Security, University of Wisconsin）和安妮凯西基金会（Annie E.Casey, AECF）制定了一套简短的标准化测量标准（Collins, O'Rourke, 2013），有六个问题可以了解服务对象的金融信心和金融行为，以8分制进行评分（见表12-3）。

表12-3　金融能力量表（0-8）

> (1) 你目前有个人预算、支出计划或财务计划吗？［是=1，否=0］
> (2) 你当下对自己实现金融目标的能力有多自信？［一点也不=0，有点=1，非常=2］
> (3) 如果你有意外开支，或者你家里有人失业、生病之类的紧急情况，你认为你的家人能有多大信心在一个月内恢复收支平衡或支付基本开支的钱？［一点也不=0，有点=1，非常=2］
> (4) 你目前有自动存款或电子转账以备将来使用吗，比如储蓄账户？［是=1，否=0］
> (5) 在过去的一个月里，你认为你家的生活费是低于总收入的吗？［是=1，否=0］
> (6) 在过去的一个月里，你是否因贷款或账单而被收取滞纳金？［是=0，否=1］

（二）生命周期理论与金融能力的发展

金融能力的干预，与生命周期理论契合。人们的金融能力和成熟度会随着时间的推移而变化。在个人及家庭整个生命周期中，金融能力以及最终的金融状况不仅是能力的问题，而且与人们所处的社会环境变化息息相关。人们在一生中，通过学习和实践可以不断提升金融能力与积累资产。人们在很小的时候就开始学习如何组织和管理家庭财务。然而，人们的金融能力发展会受到家庭、社会网络、组织、社区、文化以及所处时代背景、生活的地方等社会环境等因素的影响。因此，金融能力存在不同的发展阶段，金融社会工作者需要关注服务对象从儿童时期到成年后的金融能力提升及金融挑战。

金融能力的生命周期模型为金融能力提供了一个概念框架，即金融能力在生命的每个阶段都会发展（Leskinen，Raijas，2006；Sherraden，2017）。它强调了关键的生活事件和转变是某些金融干预的合适时机。当人们已经做好了学习某些金融课程的准备，有些人把这些时刻称为可教时刻（Teachable Moments），也是提供适当金融机会、服务和产品的有利时机。在每个阶段，金融能力都反映了家庭金融生活的收支两面性，包括损益表和资产负债表。同时，多样化的家庭结构创造了许多人的额外金融需求（Malone，et al.，2010）。因此，金融社会工作者可以帮助服务对象去反思童年时期的金融教训，以及生活经历中接触金融机构，如银行等金融服务的体验，也要传达对服务对象金融决策的尊重。金融能力的生命周期模型为我们更好地理解金融能力是如何贯穿服务对象整个生命周期提供了有益视角。此外，这些内容也有助于我们理解家庭、性别、种族和民族以及时代背景和地域差异等社会因素如何塑造人们的金融能力。这些理论发展为金融社会工作者提供了帮助服务对象发展金融能力的信息和指导（见表12-4）。

表12-4　生命周期中的生活事件与对应的金融能力

生命阶段	生活事件与金融影响	金融机会：工具和政策	金融能力：知识与技能
儿童、青少年时期	• 出生 • 零花钱 • 压岁钱 • 非正规有偿工作	• 现金 • 钱包 • 储蓄罐 • 储蓄账户 • 社会保险账号 • 观察家庭的财务管理	• 发展算术能力 • 区分需求和愿望 • 比较后购物 • 权衡物资取舍 • 设定储蓄目标并制定计划 • 管理资金 • 储蓄 • 了解利润

（续 表）

生命阶段	生活事件与金融影响	金融机会：工具和政策	金融能力：知识与技能
成人早期	• 义务教育之后的教育 • 正式就业 • 购买汽车/耐用物品 • 衣食住行消费 • 就医等意外情况 • 社会参与	• 教育补助金和奖学金 • 工资 • 保障性待遇：五险一金 • 各种国税与地方税 • 信用卡 • 金融产品和服务：交易和储蓄账户、ATM和借记卡、移动支付服务 • 贷款：汽车、助学、消费等 • 保险：健康、汽车、财产、意外等 • 应急资金 • 退休储蓄 • 消费者权利和保护	• 教育储备金 • 了解工资和薪金 • 获得附加福利（非工资补偿） • 纳税申报 • 管理金融账户 • 财务规划和记录保存 • 储蓄和投资 • 管理信贷和债务 • 监控信用报告和评分 • 合理配置保险 • 应急计划 • 捐赠和税务抵扣 • 防止欺诈和身份盗用
中年时期	• 伴侣关系或婚姻 • 建立家庭 • 为人父母 • 住房所有权 • 疾病和残疾 • 照顾父母 • 继承 • 为退休做准备	• 金融和资产账户 • 生育津贴及补助 • 收入支持（如医疗补助） • 房屋抵押（及相关费用） • 保险：健康、重疾、人寿、意外、住房、财产 • 信用卡和消费贷款 • 高端医疗保险及授权 • 子女教育储蓄账户 • 个人退休账户和其他退休储蓄 • 消费者权利和保护	• 关于金钱的沟通 • 家庭或儿童财务规划 • 购买房屋并计划维护 • 管理资产和负债 • 借款和债务管理 • 子女高等教育规划 • 遵守纳税义务 • 退休前计划 • 残疾/死亡的财务规划 • 房产规划
老年时期	• 退休 • 缩小家庭规模 • 退休后就业 • 护理和接受护理 • 死亡	• 社会保障索赔 • 高端医疗保险及授权 • 保险：医疗、处方药、补充健康、长期护理 • 住房反向抵押贷款 • 受益人、遗嘱和信托	• 维持退休后收入 • 减少大额开支 • 管理资产和节省日常开支 • 残疾/死亡的财务规划

二、金融能力提升的一些实践

（一）发展型社会政策中的金融能力建设

发展型社会政策，也称社会投资型社会政策，是一种强调社会政策与经济政策互相融合、互相促进的社会政策取向或范式[1]。发展型社会政策实践早在20世纪上半叶就已出现，但其作为一种范式兴起于20世纪90年代，主要为了应对西方发达国家因社会变迁带来的贫富差距增大、失业率上升、人口老龄化加深等社会危机而被西方学者所倡导。

发展型社会政策关注解决发展中国家中出现的经济发展与社会发展不平衡的"扭曲发展"（Distorted Development）问题。强调通过人力资本投资提高人的可行能力，通过增强社区社会资本以促进社区发展和增进人们的社会参与，从而实现经济社会协调发展的目标。

发展型社会政策对提升金融能力的理论启示在于：第一，要超越单纯将经济增长视为发展的狭隘发展观，强调发展是促进个人实质自由以及实现经济和社会协调发展。第二，在政策理念上强调"积极福利"，寻求通过多种方式向政策对象增能赋权，提升政策对象的人力资本和社会资本，提高人们参与经济发展的能力以实现增进其福祉。第三，在干预策略上强调风险干预前移，从"事后补救"转变为"事前预防"，对服务对象的前置教育、训练、危机干预成为重点。第四，强调主体多元化，政府、企业和社会组织之间必须围绕社会的整体目标展开合作，做出各自的贡献。

（二）反贫困实践中的金融能力发展

在贫困治理方面，许多国家逐渐转向资产为本的政策。我国实施的"精准扶贫脱贫攻坚战"，逐渐从过去"输血式扶贫"转向"造血式扶贫"，特别是在这个过程中，开展了非常多并非以发展经济为首要目标的社会服务项目。例如，仅在2019年，社会工作专业人才支持"三区"计划、社会工作服务机构"牵手计划"、社会工作教育对口扶贫计划"三驾马车"齐驱，将1 000名"三区"计划社会工作者、332家社会工作服务机构、200所社会工作相关院校对接到边远贫困地区、边疆民族地区、革命老区和"三区三州"深度贫困地区。2022年，民政部、

---

[1] 李迎生，罗宏伟，林淑仪.发展型社会政策：一个全球视野［J］.社会政策研究，2023（1）：3–20.

国家乡村振兴局印发的《"十四五"时期社会工作服务机构"牵手计划"实施方案》中，就提出"十四五"时期，以160个国家乡村振兴重点帮扶县为主，从社会工作先发地区遴选一批社会工作服务机构一对一牵手帮扶受援地区，力争实现受援地区县域乡镇（街道）社会工作服务站全覆盖，推动社会工作专业人才投身乡村建设，在巩固脱贫攻坚成果同乡村振兴有效衔接中发挥更大作用。

美国在实施个人发展账户（IRA）之前，1996年8月，克林顿政府通过了《个人责任与就业机会一致性法案》（Personal Responsibility and Work Opportunity Reconciliation Act），该法案创建了"贫困家庭临时援助计划"（Temporary Assistance to Needy Families，TANF），该计划强调就业与福利挂钩（James Midgley，2001），允许福利对象拥有一定的财产或者建立发展储蓄账户，同时引入惩罚性措施避免福利依赖[1]。美国针对弱势儿童也提供了一些援助计划，比如建立儿童储蓄账户，进行金融教育和培训，目的是提高家庭养活、教育和培养其孩子的能力。

英国采纳了吉登斯（Anthony Giddens）的"第三条道路"理论，倡导积极的社会福利和社会投资理念，关注社会福利的效率和包容性；既反对福利国家中"消极"的社会福利，又警惕新自由主义带来的社会排斥和不平等[2]。一方面，政策实践上，新工党政府出台了一系列政策保障儿童发展，建立了中小学全程的财商教育体系。工党在2001年首次提出儿童信托基金计划（Child Trust Fund，CTF）。2008年，英国推出由政府资助、在中小学开设的儿童信托基金理财课程。参与这项课程的孩子们，通过数学、个人技能、社交和健康教育，学到如何在银行开设账户、使用自动取款机、编制个人预算以及利率和养老金知识。在英国学校的各个假期，都有当地银行和教育机构合作，提供财商教育课程。还有当地银行机构联手儿童艺术家，使用孩子们能理解的方式，如汇丰银行请儿童插画师爱玛·多德（Emma Dodd）创作了真实版童话系列，把童话融入财商教育：想要新鞋的灰姑娘，成功创立商业品牌；白雪公主成了小有名气的馅饼店老板娘。另一方面，英国采取措施为失业者提供职业培训，以及减少不愿就业的人的社会

---

[1] 严敏，朱春奎.美国社会福利制度的历史发展与运营管理［J］.南京社会科学，2014（4）：88-94.

[2] 汪华.超越左与右：吉登斯"第三条道路"及其社会投资思想论略［J］.理论月刊，2012（3）：121-125.

福利。[1]英国政府为非常规就业人群提供了模仿工资收入形式的"普遍信贷"（Universal Credit）以应对收入波动（Laura Colebrooke, et al., 2021）。英国还有一个名为"金钱咨询服务"（Money Advice Service）的公共资助项目，通过网站或电话咨询，可以获得免费和公正的理财建议，使人们能够有效管理自己的资金。

加拿大也为贫困群体建立了个人发展账户和学习储蓄示范工程，乌干达专门为艾滋病孤儿设立了发展账户，澳大利亚为低收入人群实施了配款储蓄项目，秘鲁也陆续为贫困群体建立起了资产社会政策试点和示范工程[2]。而在我国香港地区，"香港儿童发展基金"自2008年起，已在全港各区推行193个计划，有82家非政府机构及学校参与，惠及超过1.7万名儿童。结合"个人发展规划""师友配对"及"目标储蓄"三个主要元素，有效运用从家庭、社会、私人机构及政府所得的资源，引导儿童"正面发展"，从根本提升弱势儿童的抗逆力，期望有助于解决跨代贫穷问题。这些方案的开展也是在金融能力提升方面的积极尝试。这些实务依托政府拨款或社会配款，通过提升个人及家庭的理财能力，在经济、教育、健康及就业等方面为贫困家庭及其成员发挥积极作用。

（三）预防性的金融能力提升服务

金融能力和资产建设（Financial Capability and Asset-building, FCAB）提高了人们的金融知识和技能，促进了获得创造金融福利途径的项目，并制定改善金融状况的政策。在美国，金融能力与资产建设的理念在住房和社区发展的非营利组织中也发挥了重要作用。例如，美国住房和城市发展部通过了一项名为"家庭自给自足计划"的鼓励储蓄计划，该计划是促进社会贫困群体资产建设的一个很好的例子。以每个家庭的名义设立个人培训和服务计划以及计息托管账户，并将资金存入该账户。5年后，家庭自给自足方案中完成自给自足目标的家庭可以以任何名义提取储蓄及收益。与那些没有参加或没有完成该项目的参与者相比，参与者更有可能被雇佣，获得更高收入，更是平均可节省约5 300美元的托管余额（De Silva, et al., 2011）。这些社区发展组织（Community Development Organizations）除了向社区居民提供经济适用房、经济发展、社区规划、教育和社会服务来振兴社区等传统社会服务之外，他们还将金融服务链接到银行系统，

---

[1] 肖伊宁.英国工党的社会福利观念与政策变化[J].当代世界与社会主义，2019（5）：154-163.

[2] 袁小平.资产建设理论的应用研究：理论评析与分析框架建构[J].福建论坛（人文社会科学版），2022（9）：12.

以帮助家庭进行预算编制、金融教育、公共福利和税务准备（Friedline, Despard, 2016; Morgan, et al., 2016）。他们还积极与人力资源服务机构和金融服务组织合作，尽力为低收入社区提供金融咨询和金融机会。

金融能力社会工作服务的重点是提高金融包容性，促进金融教育，提升其对金融福祉的影响。2015年，金融能力和全民资产建设被美国社会工作学会认定是21世纪社会工作面临的12大挑战之一。2016年，谢若登等人提出，华盛顿大学社会发展中心（the Center for Social Development at Washington University in St. Louis, CSD）应该要求扩大在社会工作学校提供金融能力与资产建设的专业培训机会。

另外一个预防性的金融能力社会工作服务例子，是美国联邦政府的金融扫盲和教育委员会（Congressionally chartered Federal Financial Literacy and Education Commission, FLEC）和四个非营利组织推广金融教育的举措。金融扫盲和教育委员会成立于2003年，旨在制定美国国家金融教育网站和促进金融发展的国家战略，促进人们提升金融能力和改善金融状况。自2012年以来，它的宣传重点一直是"尽早开始获得金融成功"。在工作开展方面，一是开展金融素养研究，开发工具为金融政策提供信息。赞助一个金融教育机构为大众提供免费的个人理财课程，教授制定理财知识的策略，并参与政策讨论，以提高大众的金融素养水平。二是美国金融教育与专业发展协会致力于为专业金融教育工作者提供改善家庭金融状况的金融知识，并推动政府与企业、教育机构的培训研讨会等活动（Daniels, 2016）。三是经济教育委员会专注于高中生的经济和金融教育，为教师提供资源、培训和支持，为不同年级的高中生提供赚取收入、购买商品和服务、使用信贷、储蓄、金融投资以及保护和保险等六个主题的培训标准。它还每隔半年进行一项对美国学校和个人金融教育的调查，2016年的调查结果显示，美国17个州的高中有个人理财课程的培训需求。

在金融能力提升的具体工具开发方面，美国国家金融教育基金会（NEFE）支持金融知识和行为研究，召集个人金融主题专家，并参与国家公共政策工作，致力于金融能力提升。在其网站上，NEFE为从业者提供了许多资源，如针对老龄化、健康、残疾、青年和多样性等主题的社会服务专业人员的金融教育工具。NEFE倡议"聪明理财"，为从业者提供免费资源，帮助服务对象管理资金。从业者可以从更多地了解自己开始，然后与服务对象一起使用这些工具。金融身份测验帮助人们了解他们如何表达与金钱有关的身份。理财生活价值测试帮助人们了解自己的信仰和价值观,以及他们如何影响金融决策。这些工具共同帮助人们了解有关收入、支出、储蓄和借款的决策。NEFE网站还提供了帮助人们计算减少、推迟或放弃开支的,减少非必需品开支的工具。工作表帮助人们厘清想要的需求与必需品(Wants & Needs),并学习如何堵住支出漏洞。它的资源还包括数十种省钱方法和节能提示。

第三节　金融能力与金融社会工作实践

一、金融社会工作实践

金融社会工作实践主要关注个人与家庭的金融能力提升。在工业社会的早期,绝对贫穷可能是金融高风险与金融脆弱性的表现。但在现代社会,个人金融资源的波动则成为严重的脆弱性指标,如短暂的收入丧失或无预见的大笔医疗支出,会对个人及家庭造成危机与挑战。根据2017年对235户美国中低收入家庭的一份研究报告显示,当地中低收入家庭财务紧张不仅仅是因为他们挣得少,更是因为收入波动加剧了他们的挣扎。2023年,中国人民大学中国普惠金融研究院(CAFI)通过对197户中国城乡中低收入家庭的财务状况进行分析研究,发布了《在不确定性中构建家庭金融健康——中国中低收入家庭财务日记研究》。研究显示,参与调研的三个城乡地区(上海市、陕西省宜君县、湖南省平江县)中低收入家庭在金融生活方面存在一些共有特征:第一,普遍存在收入绝对值偏低且有一定的季节波动性和城乡差异性;第二,由于信用信息不对称、债务管理能力欠缺等,受访人群的普惠金融服务获取受到影响;第三,中低收入家庭存在医疗支出巨大等风险隐患,但又缺乏配置合适的保险产品。由此可见,收入波动大,面临多重金融风险,给中低收入家庭造成了相当大的财务压力,增强中低收入家庭的金融健康与韧性十分重要。

金融社会工作为个体、家庭和社区的稳定与安全提供了重要保障,针对这种波动的不确定性与金融脆弱性,可以帮助服务对象建立稳定与安全的金融状况。个人和家庭的金融社会工作服务实践有多种方法。微观金融实践涉及对个人和家庭的干预,包括改善他们的金融能力,如传授金融知识和技能。金融社会工作者通常可以通过使用各种方法和干预措施,帮助个人和家庭提升金融能力。

这些方法，主要包括金融教育、金融指导、金融辅导、专业金融咨询与金融治疗，以及金融规划和建议、金融资源链接。[1]

二、金融社会工作的方法和干预措施

（一）金融教育

金融教育是提高人们金融知识和技能的一种方法。它旨在增加人们对金融议题的了解，激励他们进行家庭财务管理，并认可自己有能力对自己的金融状况进行管理（Collins, O'Rourke, 2009）。这种知识、技能和信心的结合通常被称为金融素养（Huston, 2010）。金融教育工作者可以是专业人士，也可以是志愿者。

金融教育的主题会因为受教育对象的区别而有所不同。在中小学教育阶段，金融教育通常旨在发展学生的资金管理意识和增加他们的金融产品相关知识，促进他们形成积极的金融态度，并提供金融实践的机会。组织形式丰富，如可以将金融教育融入数学课程中等。对成年人来说，金融教育更侧重特定主题的专项教育，如针对购房者、移民与残障人士等，金融教育课程通常被称为"即时"课程（"Just in-time" Financial Education），教育重点在于获得相对应的汇款等金融服务信息，以及避免不稳妥的金融产品。像为残障人士服务时，金融教育侧重于帮助其理解和管理自身的残疾专属福利，及其工作收入、资产积累和金融赋权等内容。

（二）金融辅导

金融辅导是指一个拥有金融经验和专业知识的人对另一个正在发展金融技能的人提供指导的过程。芝加哥大学发起的非营利教育机构——"理财思维"（Money Think）以在青少年中普及经济原理与金融知识为核心使命，通过大学生教授高中生的互动式学习方法，教授财产管理、储蓄、投资等知识。他们认为金融辅导导师可以是专业人士、同行或志愿者。尽管金融社会工作者本身很少同时是金融辅导导师，但是金融社会工作者可以组织和运营包括金融知识与技能在内的辅导项目，根据目标人群提供适合该群体的金融知识和技能，确定辅导的重点。例如，大学辅导项目通常侧重于预算与支出平衡、助学贷款等与学生生活和发展相关的主题；在职指导计划可能会强调管理账单、现金流和账户管

---

[1] 玛格丽特·谢若登，朱莉·贝肯麦尔，迈克尔·柯林斯.弱势家庭的金融能力与资产建设：理论与实务［M］.方舒，胡洋，樊欢欢，等译.上海：格致出版社，2023.

理。辅导的形式可以多样化,包括线上线下等不同方式,既可以是一对一的专业辅导,也可以是大范围的专业讲座。

(三)金融训练

金融训练是一种基于优势视角的干预方法。金融训练旨在帮助人们通过学习设定目标和实施行动来实现未来(Theodos, et al., 2015)。金融训练师通常是接受过金融专业技术培训的机构工作人员(Lienhardt, 2016),并且大多数的金融训练都得由金融训练师亲自进行,而不是借助志愿者或其他人士的协助。一些相关实践表明,金融训练可以帮助低收入人群提高信用评分、增加储蓄、偿还债务,以及实现其金融目标(Theodos, et al., 2015)。

金融训练的一个方法是4A模型(联盟—议程—意识—行动,Alliance, Agenda, Awareness, Action)(Collins, Oliver, 2016)。这4A主要是指:一是联盟。金融训练师和服务对象之间的联盟关系随着时间的推移而发展对成功至关重要。它包括积极的工作关系和对实现金融目标所需艰苦工作的承诺。二是议程。金融赋权的一个关键步骤是设定目标,这会增加亲社会行为并鼓励进步(Reid, 1997)。金融训练师通过制定清晰的议程,帮助服务对象专注于任务并承担责任,指导服务对象将在循序渐进的训练中学到的技巧应用到其他情况中。三是意识。训练的一个关键方面旨在提高服务对象的自我意识,提高他们调节自己行为的能力(Grant, 2012)。金融训练师与服务对象谈论实现金融目标的动机、期望、价值观和感知障碍。金融训练师经常要求服务对象设想一个"更好"(better)的财务状况会是什么样子,然后专注于实现这一目标所需的微小而渐进的步骤。这些微小的进步有助于帮助服务对象坚持特定目标,并减少与多种问题相关的认知压力。金融训练师肯定服务对象的成功,并调动积极的情感和资源来支持他们坚持长期的行为改变。四是行动。虽然共同制定议程为金融社会工作服务提供了方向,激发了动力,但行动是改变发生的根本。金融训练师通过具体和可衡量的步骤帮助服务对象决定采取哪些步骤来实现目标。金融训练师可以通过电话、电子邮件或短信的定期沟通帮助服务对象预测障碍并为他们提供支持,还可以通过提供成功报告来发送提醒和鼓励,来提升服务对象的金融能力,从被动制定金融目标发展成为可以独立设定目标并采取行动。

(四)金融咨询与金融治疗

金融咨询和金融治疗在不同专业背景下,存在不同的定义。一般可以分为针对具体问题的金融咨询,以及更专业的金融治疗。

在针对具体问题的金融咨询方面,服务对象可以在住房、就业和信贷咨询等特定领域找到经过培训和认证的顾问去寻求帮助。如准备买卖房屋的服务对象可以获得租房、买房、抵押贷款、公积金政策等相关方面的金融知识。寻求信用咨询的服务对象可以得到关于债务管理、债务减免和转介破产律师的指导。这种针对特定问题的金融咨询通常发生在服务对象主动询问,或有人推荐他们寻求个性化帮助的情况下。在专业性更强的金融教育课程或咨询方面,服务对象有接受更多专业培训的金融需求。

同时,许多服务对象的金融问题与情绪和心理健康问题有关,因此也催生了更多咨询师与治疗师专注于"促进金融健康的认知、情感、行为、关系和经济方面"的关联。美国人一贯认为他们的财务状况是心理压力的首要来源(美国心理协会,2015;Brown,2012)。财务问题经常伴随着并加剧了情绪困扰,导致抑郁、焦虑和其他健康问题(Deaton,2011;Purnell,2015;Taylor, et al.,2009)。事实上,更常见的情况是,服务对象为孩子的行为、婚姻问题、心理健康问题或其他话题中的某个问题寻求治疗。在治疗过程中,他们才发现金融问题必须摆在所有问题之前来解决。专业咨询师或治疗师可以由此开启金钱相关的对话,寻找激烈家庭冲突或支出失控的根源,特别是去发掘隐藏在幕后的金融问题。例如,使用"金融镜子"(the "Financial Mirror")作为概念工具,促进沟通,揭示服务对象的金融角色与行为模式,以提供见解并为未来的金融决策提供信息。比如通过分析置装费用和服装收据,帮助服务对象理解尽管过度的服装消费会给他们的家庭带来经济损失,但他们是将服装作为身份象征来消费的(Nelson, et al.,2015)。

(五)金融规划和建议

金融规划和建议主要提供退休方面的规划及投资、人寿保险、税收和房地产等专项规划。例如,房地产规划可能涉及设立遗嘱和信托等法律程序。在退休规划方面,金融社会工作者及咨询师会从特定的退休日期出发,对何时以及如何申请社会保障、如何管理其他资产、养老金和储蓄等内容给出规划与建议。税务与投资也是金融规划和建议的主要服务内容。通常需要帮助服务对象注意管理风险最小化和收益最优化、税务合理化等方面。服务对象将在指导下,制定详细的财务计划,预测家庭收入和支出。并且具备资质的金融社会工作者及咨询师还会推荐金融产品和服务,去帮助服务对象确保其家庭有足够的人寿、健康和财产保险,以及更多的金融收益。通过给这些服务对象推荐、销售金融产品时收取佣金,可以有余力使一些中低收入家庭以无偿或低成本的方式获得专业金融规划和建议服务。

总的来说,在金融社会工作者的能力要求上,只有同时具备接受过心理健康干预训练的治疗师,以及可以处理技术性和法律性很强的金融议题的专业金融规划者,这样的双重身份,才能更好地提供高阶的专业金融社会工作服务。

(六)金融资源链接

在链接更多资源为服务对象开展金融能力服务的方面,我国也有许多高校进行了积极探索。例如,2023年12月,江西财经大学人文学院社会工作系与浙江泰隆商业银行正式启动金融社会工作产教协同育人计划,通过"产教融合"和"就业—实习"一体化的定制模式,共同培育更多高素质、专业能力强的金融社会工作人才,同时也为普惠金融行业的发展注入了新的活力和跨专业人才支持。双方将充分发挥金融社会工作的专业优势,还将有助于推动金融社会工作领域的专业化和规范化发展,提高金融社会工作人员的整体素质和专业水平。同时,通过金融赋能弱势群体和小微群体,提升社区居民的金融素养和理财能力,防范金融风险,助力乡村振兴和共同富裕。[1]

总而言之,金融能力建设与提升服务,建立在金融福祉与普惠金融等宏观层面的理念不断更新的基础之上。人们逐渐认识到金融福祉是社会福祉的重要组成部分,金融福祉的实现也会影响到个人、群体及国家的社会福利状态。特别是数字化、金融化的时代趋势,给我们提出了更高的挑战和要求。可行能力理论指出实现幸福的关键在于借助各种手段培养个人获取资源、财富和服务的能力,为他们提供获得资源的渠道和机会,激发他们生活的潜能,从而实现人身和财富的自由。同时,可行能力清单也为我们厘清金融能力的概念和类型奠定了基础。

金融脆弱性及金融脆弱家庭的概念,帮助金融社会工作确定了基于金融能力提升的服务范畴与服务目标。综合来看,金融能力(即金融素养)和金融机会(即金融包容性)可以实现这些金融脆弱家庭的金融福祉。其中,金融素养指的是一个人与其金融状态相关的知识和技能、态度、习惯、动机、信心和自我效能。金融机会(金融包容性)指的是个人或家庭应有一个安全可靠的地方来存款和储存小额钱款、长期储蓄和投资,获得价格合理的小额信贷服务以及基本保险。

---

[1] 江西财经大学人文学院.人文学院与泰隆银行衢州分行签订金融社会工作产教协同育人协议[EB/OL].(2023-12-08)[2024-03-01]. http://rwxynew.jxufe.edu.cn/news-show-3236.html.

在金融能力的相关应用上,微观实践从金融素养与金融能力的测量、不同生命阶段对应金融问题及任务两个维度展开讨论。宏观实践从发展型社会政策及其贫困治理中的政策制定与运用为例,揭示了金融能力的持续性作用。从预防的角度上,可以看到一些金融能力提升实践项目、金融能力提升政策、金融能力提升工具的开发与发展趋势。

金融社会工作实践主要关注个人与家庭的金融能力提升,重点是帮助金融弱势群体适应自己的处境,支持低收入家庭提升金融福祉。金融社会工作者通常可以通过使用各种方法和干预措施,帮助个人和家庭提升金融能力。这些方法,主要包括金融教育、金融辅导、金融训练、金融咨询与金融治疗、金融规划和建议以及金融资源链接。

第十三章 资产建设

20世纪80年代以来,基于物质匮乏及收入不足的生存型贫困研究开始转向能力型贫困研究。其中,代表性人物为阿马蒂亚·森,他强调,"贫困并非表现为收入问题,却能够理解为不能够得到最低限度需求的能力问题"[1]。作为一种发展型的社会福利政策范式,美国社会政策学家迈克尔·谢若登最早系统研究了资产贫困问题。谢若登在《资产与穷人:一项新的美国福利政策》中超越了以收入为基础的传统福利政策理论,提出了以资产为基础的、新的福利政策理论。他提出要使穷人摆脱贫困,仅依靠收入补贴是不够的,而建立稳定的资产账户抵御波动的收入风险才是最佳的解决途径。穷人可以通过累积资产,提高经济期望值、促进家庭的稳定与未来取向、获得更多的政治参与。[2]

埃利奥特(W. Elliott)和贝弗利(S. Beverly)延伸了资产建设与教育成就的研究,证实二者存在显著的正相关关系[3]。楚瓦(G. Chowa)将此概念运用到非洲乌干达[4]、加纳[5]等国的青年发展与扶贫之中。在中国,资产建设概念同样被广泛引入社会福利政策领域,如台北的反贫困项目:台北市"家庭发展账户",又如香港儿童发展基金。我国学者对资产建设的研究早期主要聚焦于理论介

---

[1] Amartya Sen. The Food Problem: Theory and Policy[J]. Third World Quarterly, 1982, 4(3): 447–459.

[2] 迈克尔·谢若登.资产与穷人:一项新的美国福利政策[M].高鉴国,译.北京:商务印书馆,2005:128.

[3] W. Elliott, M. Sherraden, L. Johnson, B. Guo. Young children's perceptions of college and saving: Potential role of child development accounts[J]. Children and Youth Services Review, 2010, 32(11): 1577–1584; W. Elliott, S. Beverly. Staying on course: The effects of savings and assets on the college progress of young adults[J]. American Journal of Education, 2011, 117(3), 343–374.

[4] G. Chowa, D. Ansong. Youth and savings in Assets Africa[J]. Children & Youth Services Review, 32(11), 1591–1596.

[5] G. Chowa, D. Ansong, M. Despard, I. Osei-Akoto, A. A. Richmond, A. Agyei-Holmes, M. Sherraden. Youth and Saving in Ghana: A Baseline Report from the Youth Save Ghana Experiment[R]. Louis: Washington University, Center for Social Development. 2012.

绍及对现行社会福利政策的反思，大多主张引入资产建设理论来进行福利政策的转变[1]。比如新疆呼图壁质押贷款项目成为中国农村地区资产累积的成功例证[2]。大量研究在理论及政策层面勾勒了资产建设理论清晰的脉络与框架指引，基于相关文献的回溯，本章主要对资产建设的理论与实践经验进行梳理，包括基本概念、核心观点、实践模式、国内外资产建设的实践及成效等。在此基础上，总结和提炼资产建设理论与实践经验对我国金融社会工作的启示。

第一节　资产建设的相关概念

一、资产的概念

明晰什么是资产是理解资产建设理论的关键。对"资产"一词的界定与讨论涉及会计学、经济学、社会学以及政治学等多个领域，且没有唯一准确的定义。会计学领域，财务会计准则委员会（Financial Accounting Standards Board，FASB）将"资产"界定为某一经济主体由于过去的交易或者事项而获得的或可控制的可预期的经济利益。麦克弗森（C. B. Macpherson）认为资产是关于财产的权利或要求[3]。华乐特·P.施库扼斯（Walter P. Schumacher）则认为资产是现金或劳务合同要求以及能够单独出售变现的项目[4]。在会计学看来，资产可以是货币的，也可以是非货币的；可以是有形的，也可以是无形的。资产按其不同经济业务内容可分为流动资产、长期投资、固定资产和无形资产等。

在社区发展领域，约翰·克雷茨曼（John Kretzmann）和约翰·麦克尼格（John L. McKnigh）提出了资产为本的社区发展模式（Asset-Based Community Development，简称ABCD模式），并将社区资产划分为个人资产（Individuals）、社区组织资产（Associations）、社区团体及部门资产（Local Institutions）和自然资

---

[1] 杨团，孙炳耀.资产社会政策与中国社会保障体系重构［J］.江苏社会科学，2005（2）：206-211；钱宁，陈立周.当代发展型社会政策研究的新进展及其理论贡献［J］.湖南师范大学社会科学学报，2011，40（4）：85-89.

[2] 张时飞.养老保险和农村金融双赢的制度安排——新疆呼图壁县养老保险证质押贷款研究［J］.东岳论丛，2008，29（4）：32-47.

[3] C. B. Macpherson. Property: Mainstream Critical Positions[M]. Toronto: University of Toronto Press, 1978.

[4] 华乐特·P·施库扼斯，钱健，葛家澍.什么是资产？［J］.对外经贸会.1994（6）：38-42.

源及物质资产（Natural Resources and Physical Assets）四大类[1]。

贫困是一种资产匮乏的困境。迈克尔·谢若登在与"收入"概念相比较的层面上提出"资产"（Assets）概念。他认为"资产"是一段时期内持有的资源[2]。资产（人力、物力、社会或金融等）的使用产生收入，更多收入要求更多的生产进而要求更多的资产。与狭窄的"收入"概念相比较，资产概念适用于几乎任何能够想象到的有价值的事物，现实的或抽象的，包括个人的、家庭的、社会的、文化的和政治的特性，以及所有种类的有形财富[3]。同时，谢若登从九个方面阐释了资产积累对家庭的影响：提升家庭的稳定性、提高成员对未来的正向期望、发展多元的资本、增强抵抗风险的能力和敢于冒险的精神、增加个人生活效率、增加社会影响（公民社会的参与者）、促进政治参与以及提高下一代的福利等。

综上，"资产"是一个具有开放性、包容性的分析概念。对于某一个体、家庭、群体、社区和社会而言，对其具有满足社会需求、解决社会问题、促进经济社会发展、提升人类福利作用和功能的有价值事物，无论是各种有形财富，还是个人的、社会的、文化的和政治的，都可以纳入这一个体、家庭群体、社区和社会的"资产"范畴之内。同时，"资产"作为一个分析工具运用于具体研究问题之时，因不同国家和社会所处的经济社会发展阶段、所面临的现实问题、所拥有的历史传统存在差异，就必须依据情境化的历史现实背景对"资产"概念形成相应的准确界定。

二、资产的类型

谢若登曾对"收入"和"资产"给出一个形象的比喻，他把收入比作泉流，把资产比作池塘，同时把个人、家庭、群体、社区和社会的资产细分为有形资产（Tangible Assets）和无形资产（Intangible Assets）两种类型。

（一）有形资产的种类

"有形资产包括物质财产及其如物质财产一样运作的权利，其为一种法律

---

[1] John P. Kretzmann, John L. McKnight. Building Communities from the Inside Out: A Path Toward Finding and Mobilizing a Community's Assets[R]. The Asset-Based Community Development Institute, Institute for Policy Research, Evanston: Northwestern University, 1993.

[2] 马克·施赖纳，迈克尔·谢若登.穷人能攒钱吗：个人发展账户中的储蓄与资产建设［M］.孙艳艳，译.北京：商务印书馆，2017：20.

[3] M. Sherraden. Assets and the poor: A new American welfare policy[M]. Armonk: M. E. Sharpe, 1991: 102-106.

上的拥有。"有形资产的核心特征是法律上拥有的经济利益或物质利益,包括如现金储蓄、股票债券、房产或田地、有价值的首饰、家具和机器设备以及家庭其他私有的耐用家用物品、自然资源和可获利产权(版权、专利等)等。[1]

(二)无形资产的种类

"无形资产的类型较为模糊,并非法律上的拥有,其一般以个人、家庭的特性或社会和经济的联系为基础。"无形资产包括信用可及性、人力资本、文化资本、非正式社会资本、正式社会资本、政治资本等六种主要种类。[2]具体来说,信用可及性是人们互动过程中的依赖;人力资本是时间、精力与技能的有机组合;文化资本以个人和群体对主流阶层的价值观和行为进行认知与实践的能力为基础;非正式社会资本产生于家庭、朋友和同辈交往等社会网络;正式社会资本依赖于正式组织的结构和技术对效率的促进提升;政治资本则来源于参与、权力和影响。无形资产不仅与个人和家庭的健康状况、智力水平、受教育程度、工作经验、知识技能以及对主流阶层的价值观和行为模式的认知和实践、期望等息息相关,同时与特定的社会、政治、文化和经济背景相互关联。

第二节 资产建设的理论基础

资产建设理论是一项重要的社会福利政策理论,由迈克尔·谢若登教授提出,常用于反贫困领域。传统福利政策理论聚焦收入贫困,即收入不足导致贫困。因此,解决贫困问题的有效途径是设法增加收入。这种福利政策有其固有的局限性,穷人仅有的收入来源主要是公共救助政策的福利转移支付,因而只能依靠这些收入维持现状,却不能彻底摆脱贫困。因此,谢若登提出了以资产为基础的福利政策,他认为穷人之所以持续贫穷主要不是收入不足或缺乏,而是资产不足或缺乏。资产积累和投资而非收入和消费,才是脱离贫困的关键。[3]谢若登提出的资产建设理论不仅具有非常高的学术研究价值,而且具有重大的实践

---

[1] S. M. McKernan, M. Sherraden. Asset building and low-income families[M]. Washington: Urban Institute Press, 2008.

[2] Sherraden, Michael W. Asset and The Poor: A New American Welfare Policy[M]. New York: M. E. Sharpe, 1991: 102−106.

[3] 迈克尔·谢若登.资产与穷人:一项新的美国福利政策[M].高鉴国,译.北京:商务印书馆,2005:351.

应用意义,具体包括以下几个方面。

一、资产福利效应

收入只能维持消费,而资产则能改变人们的思维和社会互动方式。有了资产,人们开始从长计议,追求长期目标,也就是说,收入只能填饱人们的肚子,资产则能改变人们的头脑。[1]谢若登引入了"资产效应"的概念,将其界定为资产所有权在仅维持消费之外所产生的经济、社会及心理效应[2]。他认为收入福利政策将家庭收入水平或消费作为"福利",而资产福利政策使得资产创造了消费之外的经济、社会和心理等方面多元的积极福利效应。第一,资产改善经济稳定性,从而促进家庭稳定。因为资产的主要作用是在重病、失业和婚姻破裂时缓解收入波动。第二,资产将人们与可行有望的未来相联系,因而创造未来取向。因为资产具有长期性质,可从金融上联系现在与未来。第三,资产刺激人力或其他资本的发展。第四,资产促使人们专门化和专业化。第五,资产提供承担风险的基础。第六,资产增强个人效能。第七,资产提高社会影响。第八,资产增加政治参与。第九,资产增强后代的福利。1997—2001年在美国实施的"美国梦"示范工程的结果显现了资产的这种多元积极福利效应。[3]

二、穷人福利模型

谢若登基于资产福利政策,创造性地改造了传统收入福利政策中存在的两种福利模型,即非穷人的福利模型(收入加资产)与穷人的福利模型(只有收入),提出了新的穷人福利模型(收入加资产)。在谢若登看来,新的穷人福利模型与旧的模型的唯一差别是来自政府资源的资产将成为一种支持形式,即一部分政府转移支付将是一种资产的形式而非收入的形式。这种资产形式在短时间内,将积累很少的资产。这些资产,将产生稍多的资产,并且,导致稍高的消费。最重要的是,这种最早的资产积累会产生初步的资产福利效应。具体见图13-1。

---

[1] 迈克尔·谢若登.资产与穷人:一项新的美国福利政策[M].高鉴国,译.北京:商务印书馆,2005:181-202.

[2] 马克·施赖纳,迈克尔·谢若登.穷人能攒钱吗:个人发展账户中的储蓄与资产建设[M].孙艳艳,译.北京:商务印书馆,2017:22.

[3] 迈克尔·谢若登.资产与穷人:一项新的美国福利政策[M].高鉴国,译.北京:商务印书馆,2005:181-202.

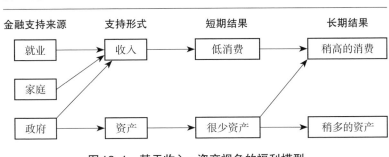

图13-1 基于收入+资产视角的福利模型

三、个人发展账户

为实践以资产为基础的福利政策,谢若登提出了一项名为"个人发展账户"的配款储蓄账户议案,又称"个人发展和致富账户"(以下简称"个人发展账户")。个人发展账户被认为是资产建设的重要工具,是资产建设理论付诸实践的一种具体机制。个人发展账户并不是针对特定群体,而是向所有人开放,人们自愿选择加入,充分体现资产建设的包容性特征。谢若登认为每个人应拥有平等的资产积累的权利,对没有资产初始积累的穷人,政府应建立相应的制度向穷人倾斜,帮助穷人建立起属于他们自己的资产账户。通过资产账户,穷人可以发展生产、改善生活,逐步走上脱贫之路。

谢若登在提出这一账户制度的时候对其使用设置了一定限制,包括个人发展账户面对的群体、配比制度、配比资金来源、投资方式(能促使账户的积累更多更快)以及账户的使用等。他认为个人发展账户应当是可选择的、有增值的和税收优惠的账户,立在个人名下,从一出生就开始启动,限定于指定用途。不论福利政策的类别(住房、教育、自雇、退休等),资产都应该在这些长期限定性账户中积累。美国联邦政府应当对穷人的存款给予匹配金额或补贴,并通过私人部门或账户持有者自己的努力形成创造性金融的潜力。个人发展账户的核心在于其目标的发展性,主要目标是促进未来取向、长远计划、储蓄和投资、个人创新、个人选择[1],而不仅仅是为了储蓄而储蓄。账户积累的资产将用于账户拥有者的各类项目:教育、住房、养老、投资等。

---

[1] 迈克尔·谢若登.资产与穷人:一项新的美国福利政策[M].高鉴国,译.北京:商务印书馆,2005:265.

个人发展账户的实质是资产账户,它大致有四点特征:通过配比形式提供资助、账户资金使用仅限于特定目的、参与者必须履行有关义务、配比资金渠道多元化。个人发展账户作为具有创新意义的政策工具,在世界各国得到了很好的实践运用。较为著名的有"美国梦"示范工程,英国的儿童信托基金,新加坡的中央公积金制度,以及我国的台北市"家庭发展账户"的脱贫方案、香港儿童发展基金和苏州沧浪区的"圆梦计划"等。当然,个人发展账户的应用也需根据具体的内容、实施环境、对应的发展目标而适时创新和调整,设计出一种因地制宜、因人而异的个人发展账户模式。

基于此,作为反贫困的社会福利政策理论,资产建设理论主张帮助穷人积累资产来提高自身的发展能力,从而彻底地摆脱贫困,而不是通过提升或者维持穷人最低生活消费标准的直接现金支付的支持。它要求政府以转移支付的部分资源方式来刺激穷人主动对未来资产进行积累,从而形成一种帮助穷人进行资产积累的新模式,具有积极的社会福利效应。尤为重要的是,资产积累本身对穷人的心理促进、意识提升以及行为方式的改变等均具有巨大的潜在作用。

四、资产建设实践的模式转变[1]

资产建设理论作为一种创新性的福利范式,在世界各地进行了有效探索,并取得了不错的成效。资产为本的实践一般是通过提供给低收入家庭现金支付、提高就业能力和培养储蓄行为等服务,来增加这些家庭的经济资源,从而促进家庭及其成员的福祉。国外资产为本的实践经历了从"第一代资产发展模型"向"第二代资产发展模型"的转变,在中国本土化的实践过程中,发展出了"清平乡资产发展模型"。[2]

第一代资产发展模型主要是促进个人的金融资产(如通过个人定期储蓄和项目实施与储蓄相关的补助或奖励机制如发放匹配款)和人力资产(如通过开展技能培训和金融知识教育)的发展(如图13-2)。

---

[1] 吴世友,朱眉华,苑玮烨.资产为本的干预项目与社会工作实务研究设计——基于上海市G机构的一项扶贫项目的试验性研究[J].社会建设,2016,3(3):48-57.

[2] Wai-Fong Ting. Asset building and livelihood rebuilding in post-disaster Sichuan, China[J]. China Journal of Social Work, 2013, 6(2): 190–207.

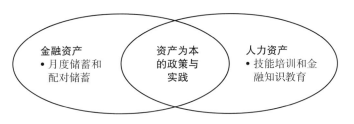

图 13-2 第一代资产发展模型图

如图 13-3 所示,第二代资产发展模型在第一代模型的基础上,增加了对参与者社会资本的干预,即通过建立用于联结参与者社会资本的组织和小团体,帮助个人建立人际社会网络,增加社会关系和资源。此外,还对个人如何开展资源联系和进行社会资本建设提供咨询与辅导服务。如香港儿童发展基金,其主要元素就包括三大部分:目标储蓄(金融资产:个人每月存200元的两年储蓄机会,以及机构提供1∶1的配对捐款)、个人发展规划(人力资产:提供自我认识、个人发展及财务管理等培训活动)和师友配对(社会资产:每位参与儿童配有一名导师,协助儿童制定发展计划,并与儿童分享人生经验)[1]。

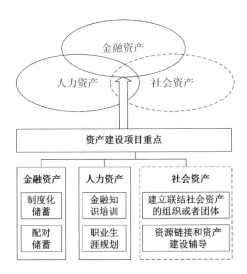

图 13-3 第二代资产发展模型图

---

[1] 香港特别行政区政府劳工及福利局.儿童发展基金计划参加者的较长远发展研究[EB/OL].[2024-03-01].https://www.lwb.gov.hk/sc/other_info/cdf_report_2017_c.pdf.

在将资产为本的理念引进到四川灾后发展计划的过程中,丁惠芳博士及其团队在第二代资产发展模型的基础上,加入第四类资产概念,即文化遗产,泛指物质文化遗产(如当地的人文和自然环境等)和非物质文化遗产(如本地语言、生活方式、社会和传统知识等)[1]。如图13-4所示,将文化遗产建设纳入灾后重建和社区发展过程中,对重现、保护和延续当地社区文化具有十分重要的意义[2]。

图13-4 清平乡资产发展模型图

由此可见,资产为本的干预应当随着具体的干预内容、干预实施的环境,以及对应的发展目标因地制宜、因时制宜做出内容和结构方面的调整。

第三节 资产建设的实践

一、国外资产建设的实践

华盛顿大学圣路易斯分校的社会发展中心率先设计并实施的"美国梦"资产建设示范项目,对英国、加拿大、澳大利亚以及其他国家的政策与实践均产生了深远的影响。综观世界各地资产建设的实践,较为有影响力和具有典型特征的项目如下。

(一)"美国梦"示范工程

"美国梦"示范工程是第一个对个人发展账户进行系统研究的全国性示范

---

[1] J. Jokilehto. Definition of Cultural Heritage: References to Documents in History[Z]. Working Paper, International Centre for the Study of the Preservation and Restoration of Cultural Property, Heritage and Society Working Group, Rome.

[2] Wai-Tong Ting. Asset building and livelihood rebuilding in post-disaster Sichuan, China[J]. China Journal of Social Work, 2013, 6(2): 190−207.

项目。从1997年开始,到2001年结束,由华盛顿大学圣路易斯分校的社会发展中心设计研究。1998年美国联邦政府发起并在全国招募参与者,由政府出资为符合条件的志愿者建立个人发展账户。账户建立的最初资金来源于福特基金会等11个私人基金会,并由一个名为CEFD的非赢利机构统一管理。参与者的条件主要针对收入位于或低于贫困线收入水平150%至200%、收入平均值为贫困线的116%的个人。账户结构主要包括配款率、配款限制、时间限制和每月储蓄目标等四个方面。在具体的操作上:在个人发展账户中,参与者每投入一美元即可得到相应的配额。平均配额率为2∶1;最低为1∶1,大约占27%;有6%的参与者配额率在4∶1到7∶1之间。个人储蓄时间上要求最少17个月,最多50个月。对配款数额上限也有相应的规定,超过这个上限将不再予以配额。具体的储蓄项目包括房屋产权(购买房屋和维修房屋)、启动或支持微小型企业、接受中等以上的教育或工作培训等三大方面。

迈克尔·谢若登对"美国梦"示范工程进行了跟踪研究,对研究项目设计与参与者的个性是如何影响储蓄表现的、穷人"如何"以及"为什么"参与个人发展账户项目等三方面进行分析。其研究表明:如果有正确的鼓励机制和支持,哪怕是最贫穷的人也会储蓄,也会进行资产的积累,也可以购买房子、开展生意、接受高等教育。

在这个过程中,参与者通过亲身的参与,提高了自己的经济期望,获得了相应的知识和技能。展敏也探讨了该项目个人发展账户的预期应用与存款模式,讨论不同预期应用的低收入家庭是如何进行存款和配给性取款,其研究表明,低收入家庭能够为自身的发展而进行储蓄存款,并为将来的住房、创业以及高等教育积累资产;参与者月储蓄目标、金融教育和其直接存款都与月均净储蓄成正相关,适当的激励条件和储蓄结构能够促进贫困群体的参与储蓄。[1]

(二)英国的儿童信托基金

英国的儿童信托基金是英国前工党执政期间实施的一项儿童福利储蓄计划。英国首相布莱尔(A. C. L. Blair)曾经表示,儿童信托基金的推行反映了英国政府在社会保障问题上实行"责任与权利"相结合的方针,即任何公民都有自己储蓄以"自助"的责任,但在需要的时刻,享有政府给予帮助的权利,这是一种

---

[1] 展敏.存款与发展:个人发展账户中的预期应用与存款模式[J].山东大学学报(哲学社会科学版),2005(1):30-36.

将"政府包揽一切"转变为"自力更生"和"政府支持"相结合的福利制度。[1]

自2005年起,英国为所有在2002年9月至2011年1月期间出生的孩子提供一个儿童信托基金账户,政府为每位儿童在其出生和7岁时各提供250英镑(低收入家庭儿童可获双倍)的存款。此外,为鼓励储蓄,父母及家人对该账户的存款和投资收入可以参与免税。但是要求存款必须在儿童18岁才能使用,主要被用于孩子未来的教育、接受培训、初次购买房屋或建立自己的事业。这使孩子能够利用这笔基金很好地与未来教育安排和生活规划相结合,有利于培养其上进心和未来取向。2008年开始,英国政府拨付巨额资金,用于在小学和中学开设儿童信托基金理财课程,开始对儿童普及金融教育。该账户能够协助市民从小培养理财意识,降低成年后债务危机风险。[2]

从上面的实例中可以发现,资产建设的实践多以金融资产建设为主,鼓励资产的积累和增值。

二、国内资产建设实践

(一)台北市"家庭发展账户"计划

2007年7月,台北市政府启动了一项名为"家庭发展账户"的计划,它是台湾第一个强调"资产累积"的社会救助方案,旨在鼓励台北市地区的低收入家庭有计划地累积金融性资产,并提供相关理财教育课程以协助其进行有目的的创业、教育及购买房屋等社会性投资,增进困难群体抵御贫困的能力。台北市政府将"个人发展账户"名称本土化,改为"家庭发展账户"(见表13-1)。

表13-1 台北市"家庭发展账户"的方案结构

特 色	状 况 描 述
计划起讫期间	2000年7月—2003年7月
方案参与资格	列册低收入家庭,至少就业三个月,自愿参与
执行单位	台北市政府社会局经济救助科

---

[1] 郑德香.基于资产建设理论的城市反贫困政策分析——台北"家庭发展账户"和苏州沧浪区"圆梦计划"比较研究[D].苏州:苏州大学,2009.

[2] 易艳阳.失地农民家庭发展账户研究[D].南京:南京大学,2008.

(续表)

特　　色	状　况　描　述
方案赞助人	宝来集团与白陈惜慈善基金会
存款银行	台北银行
存款配合比	1∶1
存款额度	NT$ 2 000、NT$ 3 000、NT$ 4 000三个额度
教育理财课程	方案参与人必须定期参与教育理财课程135小时,缺席不得超过十分之一
使用目的	首度购买房屋、高等教育、小本创业

郑丽珍对该项目进行了三年的追踪评估,聚焦于该方案的储蓄机制对参与者储蓄行为的影响。研究结果显示,诸多参与者在参与半年后请求每半年可以自行调整一次额度,这表明参与者的储蓄诱因激发了随着存款额度的松绑而存款额度有所增加的行为;参与者在试点结束后不仅积累了一定规模的资金,学到了相对实用的理财知识,其思想观念也随之发生了很大的变化,注重发展个人能力;而且方案参与者在持续三年的课程培训中发展了支持性的社会人际网络,建立起信任的朋友关系。同时,该方案验证了"资产积累"的反贫困的策略效果,对未来制定与规划相关政策提供了具体而有指导性的参考。在方案实施中,参与者被账户方案吸引,为了能够储蓄一笔钱,他们家庭各有应对策略,如:重新管控家中的消费项目、减少不必要的花费、另外找个兼任工作、青少年子女提供部分打工收入等,几乎全家总动员。这一做法产生了较好的福利成效与社会效应。

研究结果同样显示,相对配合存款储蓄诱因激发了参与者的储蓄、课程等内容的积极性。从参与者的基本特征、存款型态和规模、应用方向和主观心态三个方面进行研究,可以看到以家庭为单位储蓄和存款是对"个人发展账户"的一种创新和探索,"家庭发展账户"储蓄行为对个人的影响是正面和积极的,资产累积的诱因设计能够带动贫困家庭积极储蓄,理财教育不仅能够提升贫困家庭的投资技能,还能够为公共救助政策的改革提供新的理念选择。[1]

---

[1] 郑丽珍."台北市家庭发展账户"方案发展与储蓄成效[M]//葛道顺,杨团.社会政策评论(第一辑).北京:社会科学文献出版社,2007:158.

（二）香港的儿童发展基金

香港的儿童发展基金，以目标储蓄和师友计划这样两个具有发展潜力的方法来缓解贫困。儿童发展基金先导项目为参加者提供培训、社区服务机会和相应指导，帮助他们养成每月储蓄的习惯并完成个人短期发展目标，在配对储蓄中，青少年前两年每月储蓄200港元，或按青少年负担能力设定目标储蓄金额，同时寻找商界合作伙伴，为青少年提供1∶1的配对金额，他们必须将储蓄使用在与教育、职业培训或技能提升相关的目标中。师友计划帮助参加者规划这些目标并在这一过程中积累非金融资产。

同时，该项目采用了42个月的纵向设计，并进行了评估研究，发现参加者对教育成就的期望，以及参加者父母对其子女的教育期望，均分别高于对照组的成员和家长。在项目执行中，95%以上的参加者设计的个人发展方案与教育、技能提升和职业培训相联系。另外，研究还证明，青少年设立长期人生目标与计划未来学业和职业的可能性有显著提高。参与项目与找到实现目标的可能方法呈现正相关的关系，而且还与父母指导孩子对未来或职业的期望，也呈正面关系。[1]

（三）新疆呼图壁模式

国内的资产建设在学界的理论研讨中，也开始了实践的探索。新疆呼图壁县最早开始探索资产建设理论运用于实践，它创建了一系列提高金融和有形资产的策略，如储蓄、住房和各类小型企业等。在呼图壁模式运作的12年期间（1998—2010年），参加农村社会养老保险项目的农民可以通过预支养老保险账户来投资经济活动，如农业耕种和家畜饲养。[2]

新疆呼图壁县保险凭证质押贷款模式采用的具体运作方式是：凡参加农村社会养老保险项目的农民，在生产生活等方面需要资金时，可用自己或借用他人的社会养老保险缴费凭证作为质押物，依据一定程序到指定的银行办理委托贷款，保险凭证作为质押物交由农村社会养老保险经办机构（以下简称"农保办"）暂存。贷款利率与银行同期贷款利率相同，贷款额度为个人养老账户中个人缴费金额的90%，贷款期限一般为一年。保险凭证质押贷款款项来自农保办存入银行的农保资金，质押贷款利息属于农保办，并完全进入农民个人养老账

---

[1] 陈清海，赖文建，吴智威，等.香港儿童发展基金的特点与成果综述［M］//邓锁，迈克尔·谢若登，邹莉，等.资产建设：亚洲的策略与创新.北京：北京大学出版社，2014.

[2] 郭葆荣，郭新才，邹莉.呼图壁模式：我们学到了什么［M］//邓锁，迈克尔·谢若登，邹莉，等.资产建设：亚洲的策略与创新.北京：北京大学出版社，2014：137.

户长期滚动储备。农保办按委托贷款利息收入的1.5%向受托银行支付手续费。农保办在农民无法归还借款的情况下，可根据农民的要求退保或用被质押保险凭证的余款核销顶账，受托放贷银行不承担贷款风险。这个项目需要政府与当地银行之间的紧密合作，截至2006年，呼图壁模式贷款项目发放了约1300笔贷款。农民在其中获利颇多，尽管1998年中央暂停了这个全国性的项目，但在呼图壁县实施期间，呼图壁县的农村养老保险金额年均增长8.13%。受到呼图壁模式的启发，四川、江西、安徽等地也不断探索类似于呼图壁的农村养老保险项目。

通过上述国内外经典案例的分析，可以发现资产建设理论的应用范围在不断扩展，但"个人发展账户"用于特定发展目标的核心价值没有改变。资产建设理论强调定期储蓄和资产累积的社会政策效应，强调个人生命历程的早期积累和管理资产对个人未来发展的影响。特别注重强调家庭资产在教育、健康以及经济方面的效用。前例的成功和福利效应的呈现为后期更多政策和计划的制定及研究提供了丰富的经验。

第四节　资产建设与金融社会工作

资产建设理论的主要脉络是关注资产对人的积极作用，认为资产积累越多即资产数量越多，资产福利效果越明显，反贫困效果越好。但是，人与资产的关联还有另外一条隐藏的发展脉络，这条脉络表明人对资产具有反向作用。在早期发展历程中该脉络较隐秘，学者们对它关注较少。近年来，随着现代社会的日益金融化，金融系统和金融服务逐渐成为影响民众金融福祉的重要因素。瑞塔·沃尔夫森于2003年创立金融社会工作，标志着学界开始关注人对资产的反向作用。这个阶段学者们既关注资产对人的作用，也关注人自身的能力和素养对资产建设的效果，个体赋能与资产建设逐渐成为金融社会工作的双重使命。

一、金融社会工作的理论基础

金融社会工作是社会工作专业的一个新兴领域，通过完善个体和家庭的金融能力和推动资产积累来改善金融福祉，进而推动金融社会工作服务其他目标的实现。实现金融福祉是金融社会工作的主要目标，提高金融能力和推动资产建设则是实现这一目标的核心工作内容。[1]具体来说,金融福祉、金融能力以及资产建设是构成金融社会工作理论框架与实践的核心。

（一）金融福祉是人类福祉的重要组成部分

金融福祉这一概念在社会政策、金融服务以及社会工作等领域和学科都在使用,并经常和经济福祉、物质福祉、金融健康、金融健全、金融满意等术语换用[2]。按照美国消费者金融保护局（the Consumer Financial Protection Bureau）的界定,金融福祉指实现了当下和持续的金融责任、金融上对未来感到安全、能够做出金融决策,因而使人们能够享受生活[3]。金融福祉的状况也会对其他诸如健康（包括精神健康）、婚姻家庭、就业和职业发展等综合福祉产生影响[4]。金融福祉的测量,部分学者倡导通过对个体及家庭拥有的资产、收入、信用状况等客观指标进行测量[5],也有部分学者认为可以通过个体及家庭的主观感受来测量其金融状态[6]。

（二）金融能力是金融社会工作的核心

金融社会工作最基本的服务领域是社会救助,其基本方法是救助服务和对服务对象的增能。在活跃的、充满风险的金融领域,金融社会工作者面对被裹入金融市场的贫困群体,最重要的是增强他们的金融能力。基于对阿马蒂亚·森能力理论的吸收,谢若登指出,金融能力是指个体能够获得的金融知识和金融机会以实现其金融福祉及生活机会的能力,增强人们的金融能力主要包括技能和机会两个方面。在技能方面,主要关注个体掌握的金融知识、技巧、信息以及动机等,这是个体所拥有的参与金融活动的分析性能力；在机会层面,关注的是个体发挥金融技能的外部条件,包括与个体金融福祉相关的制度环境,如安全的金

---

[1] 黄进，玛格丽特·谢若登，迈克尔·谢若登.金融社会工作的核心内容：美国的探索[J].社会建设，2019，6（2）：19-22.

[2] J. J. Xiao. Handbook of Consumer Finance Research[M]//S. Joo. Personal Financial Wellness. New York: Springer, 2008: 21-33.

[3] M. S. Sherraden, J. Birkenmaier, J. M. Collins. Financial capability and asset building in vulnerable households: theory and practice[M]. New York: Oxford University Press, 2018: 5.

[4] Shirley L. Zimmerman. Understanding Family Policy: Theories and Applications(2nd ed.)[M]. Thousand Oaks: SAGE,1995: 9.

[5] Sue A. Greninger, Vickie L. Hampton, Karrol A. Kitt, Joseph A. Achacoso. Ratios and Benchmarks for Measuring the Financial Well-being of Families and Individuals[J]. Financial Services Review, 1996, 5(1): 57-70.

[6] Arber S, Fenn K, et al.. Subjective Financial Well-being, Income and Health Inequalities in Mid and Later Life in Britain[J]. Social Science & Medicine, 2014, 100: 12-20.

融信贷产品和服务的可及性等。[1]

根据金融能力的定义，拥有可及的金融服务是实现金融能力的一个前提，金融知识和技能是实现金融能力的另一个前提，二者缺一不可。因此，金融社会工作的实务范畴不仅包括微观地改善个体的金融知识、技能和行为，更应该强调用专业方法中观和宏观地拓展弱势群体的金融服务可及程度。

（三）资产建设是推动金融社会工作的重要举措

在金融能力不足和普惠金融机会不及的双重困境下，人们的许多生活功能将会变得低效甚至无法实现，最终将严重影响个体金融福祉，如没有资产积累和家计发展，脱贫的结果就显得非常脆弱。资产建设理论为金融社会工作的发展提出了可能路径。作为金融社会工作的理论发端，资产建设的政策实践席卷全球，从美国本土到北美的加拿大，从英国、澳大利亚到亚洲的新加坡和韩国，很多国家都先后颁布和实施了普惠性个人账户制度。各国政府对提出资产建设相关政策和制定政策实践机制的积极性很高，但相关研究也证实，如要实现反贫困政策现实有效，不仅要从政策层面予以支持，对政策对象来说还必须具备一定的金融能力。金融能力与资产建设构成了金融社会工作的基本理论框架。

二、金融社会工作的服务体系[2]

金融社会工作是社会公众金融福祉的社会化传导机制，始终秉持个体与环境的系统论视野，通过链接金融系统和金融服务的资源，把如何提供人们日常所需的金融服务与社会工作的专业内容进行有机结合，从赋权增能的维度增强个体处理日常生活与金融环境关系的能力，进而促进服务对象的金融福祉。依据金融社会工作的福利性、社会化等本质特征，金融社会工作服务在服务对象、服务主体、服务议题以及服务手法等四个方面均进行了有效探索。

金融社会工作的服务对象往往以个别群体为主，包括儿童青少年、老年人、残障人士、贫困人群及遭受家庭暴力的受害者等，类似的人群还包括美国社会中的土著印第安人、边境移民等[3]。这些群体往往呈现一些共同的特点，例如，他们

---

[1] 王思斌.金融增能：社会工作的服务领域和能力建设[J].社会建设，2019，6（2）：3-6.

[2] 方舒，兰思汗.金融社会工作的本质特征与实践框架[J].社会建设，2019，6（2）：14-19.

[3] J. Birkenmaier, M. S. Sherraden, J. Curley. Financial Capability and Asset Development: Research, Education, Policy, and Practice[M]. New York: Oxford University Press, 2013.

往往处于弱势地位，经济状况较差，也面临着更大的金融脆弱性。此外，他们往往缺乏足够的技能和合适的机会，以改变自身的金融状况。

金融社会工作的服务主体多元，主要分为政府相关部门、银行等金融机构、公益组织、非金融类企业组织四大类。其一，政府很多部门都涉及人们的金融福祉，如人社、民政、社保、扶贫办等。其二，银行等金融机构也可能在履行社会责任、响应普惠金融政策背景下，开展公益性金融服务。其三，也有一部分致力于推进金融赋能和资产建设的公益组织，如尤努斯创办的"穷人的银行"、国际"小母牛"组织的反贫困项目等。其四，部分非金融类企业也积极参与到金融扶贫、产业扶贫中去。

金融社会工作的服务议题包括收入创造与维持、资产的积累与发展、财务收支（及消费）管理、信用管理和金融保护五大类，其中每一类又会细分出诸多的具体事项。比如，收入创造与维持议题包括就业、社会救助、借贷等；资产的积累与发展包括资产建设、小额信贷、投资、创业等；财务收支（及消费）管理包括日常财务管理、财务计划和消费行为干预等；信用管理涉及对当事人超前消费、不良借贷等不规范的信用行为的干预和引导；金融保护涉及个人的金融信息安全、反诈骗的金融安全等。

金融社会工作的服务手法包括金融教育、金融咨询、金融训练、金融治疗、资产建设等。其中，金融教育是个体顺利完成金融社会化的重要手段。不少研究证实接受金融教育的群体其金融方面的知识、行为和态度以及金融福祉均明显提升[1]。金融咨询、金融训练和金融治疗主要围绕个人和家庭的财务管理、消费与信贷、金融危机事件时，接受一系列咨询和介入治疗[2]。资产建设则更侧重普惠性、社会化的金融政策与服务。当然，针对不同服务对象、服务议题，不同的服务主体提供的金融社会工作服务也会随之变化，也会有交织和重叠服务的情况。

---

[1] Margaret S Sherraden, Michal Grinstein-Weiss. Creating Financial Capability in the Next Generation: An Introduction to the Special Issue[J]. The Journal of Consumer Affairs, Spring 2015, 49(1): 1-12.

[2] Bradley T. Klontz, Sonya Britt-Lutter, Kristy Archuleta. Financial Therapy: Theory, Research, and Practice[M]. Berlin: Springer, 2015.

第十四章　金融侵害与保护

第一节　金融侵害的相关概念

一、金融的概念

关于金融的定义,在当前的经济、金融和法学领域并未达成共识。这主要是因为金融自其诞生之日起便在广度和深度两个方面持续创新,又因研究者的研究目标、视角以及视野的宽广程度存在差异而进一步加深这种差异。本书倾向于将金融视为货币资金融通的简称,字面含义为货币转移和资金融通。从经济学角度剖析,金融涵盖了货币流通、信用活动以及与之相关的经济活动的全部,它应当属于现代经济学中生产、分配、交换、消费四大领域中的分配环节。金融的内涵包括货币发行与回笼、存款吸收与支付、贷款发放与回收、金银外汇买卖、有价证券发行认购与转让、保险、信托、国内国际货币结算等。作为商品货币关系发展的产物,金融在其产生和发展的每个阶段都对社会的经济发展发挥着极为重要的推动作用。尤其在现代社会,金融活动已广泛渗透至社会经济生活的各个层面,成为"现代经济的核心",并在很大程度上影响社会政治稳定。

金融在现代经济中的核心地位是不言而喻的。它随着时代的变迁和地域的发展,呈现出各异的历史地域面貌。金融的世界并非一成不变,而是充满多样性和差异性。我们可以从不同的角度和标准对其进行分类,如在理论上将金融划分为直接金融和间接金融两大类别[1]。直接金融,顾名思义,是指投资者在金融市场上直接将资金转移给证券发行人。这种方式具体表现为投资者通过购买股票、债券等各类证券,将资金直接注入企业、公司或政府等证券发行人的手中。这种资金融通行为不仅使得投资者能够直接分享到发行人的利润,同时也为企业、公司或政府提供了发展所需的资金。相对而言,间接金融则是通过中介机构

---

[1] 朱大旗.金融法[M].北京:中国人民大学出版社,2007:5.

来实现货币资金的转移。在这个模式中,最终贷款人(如存款人)将资金存入银行或其他非银行金融机构,然后再由这些中介机构将资金贷给借款人。这种方式降低了金融市场的风险,同时也为借款人提供了更为便捷的融资渠道。在发达的市场经济国家,直接金融占据了较大的比重,发挥着重要的经济作用。这是因为这些国家的金融市场成熟、透明,直接金融能够更有效地配置资源,推动经济增长。然而,在发展中国家和经济落后国家,金融市场往往不够完善,间接金融因此占据主导地位。这种方式虽然相对较为保守,但在金融市场不成熟的背景下,能够降低金融风险,保障金融稳定。

在金融领域,众多学者关注到了金融实践过程的复杂性和模糊性。为了更深入地理解金融现象,他们提出了一种名为民间金融(Informal Finance)和正规金融(Formal Finance)的分类方法[1]。民间金融又称为非正规金融,泛指在正规金融体系之外存在的其他金融活动。这种分类方法强调了民间金融在我国经济高速增长中的重要影响,即在我国正规金融发展不足的情况下,民间金融的存在在一定程度上弥补了正规金融的缺失。在我国经济高速增长的背景下,民间金融的正面价值得到了广泛关注。一方面,民间金融作为正规金融的补充,为经济发展提供了必要的资金支持,促进了资源的有效配置。另一方面,民间金融的发展也缓解了融资难问题,为中小企业和农村地区提供了更多的融资渠道。然而,民间金融在快速发展过程中也面临着一定的质疑。民间金融可能存在某些尚未被充分关注和需要防范的负面影响。例如,民间金融在利率、风险管理等方面可能存在不规范现象,导致借款人的权益受到侵害。此外,民间金融市场的信息不对称问题也容易引发道德风险,进而影响整个金融市场的稳定。

对金融内涵与范畴理解的不同,将决定金融社会工作是否要将所面对的研究问题纳入自身的工作领域与任务清单中。以日常的借贷为例,《最高人民法院关于审理民间借贷案件适用法律若干问题的规定》中"民间借贷,是指自然人、法人和非法人组织之间进行资金融通的行为。经金融监管部门批准设立的从事贷款业务的金融机构及其分支机构,因发放贷款等相关金融业务引发的纠纷,不

---

[1] 罗纳德·麦金农.经济发展中的货币与资本[M].卢骢,译.上海:上海人民出版社,1997.类似的提法还可参见于胡戎恩,赵兴洪.天使抑或魔鬼:民间金融实证研究与立法[M].北京:北京大学出版社,2014:1.魏荀森.民间金融法律治理研究[M].北京:中国政法大学出版社,2014:13.刘卫平.社会信任:民间金融与经济转型[M].北京:中国人民大学出版社,2021:37.石涛.民间非正式金融组织借贷行为及借贷风险控制研究[M].北京:经济管理出版社,2020:24.

适用本规定"。可见，日常借贷产生的经济纠纷是否属于狭义上的金融问题取决于其内部情况，进而是否属于金融社会工作领域与范畴也取决于对金融的理解。本书认为金融社会工作是社会工作的一个实践领域，它是以现实问题为导向的。因此，在金融社会工作之中，"金融"宜采取一个比较宽泛的含义，泛指个体、家庭和社区等其他社会工作服务对象的一切与钱、经济和金融资源有关的事务[1]。金融社会工作旨在通过扩展个体和家庭接受普惠金融的机会，改善他们的金融知识和技能，完善他们的金融能力来增进金融福祉，并最终提高个体和家庭的生活质量，实现他们美好生活的需求。从这一角度来看，不论是按照直接金融和间接金融的划分还是民间金融和正规金融的划分，其均属金融社会研究和工作领域。

二、金融侵害的概念

"侵害"是一个广泛的概念，无论是在法律、伦理还是在社会领域，都占据着重要的地位。在法律领域，"侵害"一词通常被用来描述对他人权利或法定权益的违反行为，这种违反可能表现为各种形式，如人身伤害、财产损害、名誉权侵犯、知识产权侵害等侵权行为。侵权可能导致法律责任，并可能需要支付赔偿或承担其他法律后果，我国法律对侵权行为有着较为明确的规定，对其认定和处理必须依据法律规定。从伦理和道德的角度来看，"侵害"表示对他人权利、自由或尊严的不公正侵犯。这可能包括歧视、欺凌、侵犯隐私等行为。伦理和道德规范通常旨在保护个体的尊严和权利，防止不当侵害的发生。在社会层面，"侵害"一词有时被用来描述对整个社会群体或文化的不公正对待。这种侵害可能表现为社会不平等、歧视性政策、环境破坏等，对整个社会体系产生负面影响。在这些情况下，"侵害"强调了对某种权利、利益或尊严的损害。总的来说，"侵害"一词在不同领域有着不同的具体含义，但核心含义都是对他人权益的损害。

在金融侵害领域。近年来，我国社会经济发展迅速，人民生活水平不断提高，民众的个人财富显著增加。在这一背景下，投资理财和参与金融活动的需求在社会公众中日益旺盛，社会借贷需求也呈现出供需两旺的态势，互联网新兴传播工具与媒介则有力地助推了该趋势。与此同时，因金融投资理财引发的法律

---

[1] 黄进，方舒，周晓春.究竟何为金融社会工作：美国社会工作专业的思考和探索[J].社会工作与管理，2020，20（2）：16-23.

纠纷和社会问题也呈现逐年增长态势。一方面，随着金融创新的不断发展，投资理财产品推陈出新，名目繁多，给公众提供了更多的投资选择。但另一方面，面对当前不断推陈出新的理财产品和纷繁复杂的金融活动，人们对产品和活动背后的具体条款、整体内容乃至抽象概念往往缺乏足够的了解，难以准确理解合同、产品、项目所对应的各方权利义务，甚至易被高收益等虚假宣传蒙骗，无法识别违规、违法的理财产品，导致自身合法权益遭受巨大损失。

在当今社会，金融领域的复杂性和风险性日益凸显，金融社会工作的重要性愈发突出。在处理涉及金融反侵害的金融社会工作领域中，应当高度重视一对关键概念的区分——金融损失与金融侵害。理解这对概念的本质区别，对于应对现实中的诸多问题具有重要意义。在这个金融社会工作领域中，要明确金融损失和金融侵害的联系与区别。金融损失是指在金融交易、投资或业务运作中发生的财务损失，可能由于市场波动、不当的投资决策、经营风险等原因引起。这种损失通常是不可避免的市场风险和运营风险的结果，是一种自然而然的风险。与之相比，金融侵害则常是由金融不当行为或金融犯罪导致的，通常是指在金融领域中发生的违规行为、欺诈活动或其他不当行为，导致个人、企业或金融市场受到经济或财务损害。其中典型的如欺诈、网络犯罪、内幕交易等发生在金融业务活动领域中的，违反金融管理法律法规，危害国家有关货币、银行、信贷、票据、外汇、保险、证券期货等金融管理制度，破坏金融管理秩序，依照刑法应受刑罚处罚的行为。还有虽不违反刑事法律规定尚未构成犯罪，但违反我国其他法律规定的金融违法或不当行为。

虽然金融损失和金融侵害在一定程度上都与金融活动中的财产减损有关，但它们的本质和引起它们的原因是不同的。金融损失主要是市场和经济因素引起的，而金融侵害则涉及违规或欺诈性的行为。因此，在分析和处理金融社会工作问题时，需要准确地区分这两个概念，以便更加有效地解决实际问题。需要注意的是，辨明金融损失与金融侵害的概念并不意味着将金融损失引发的问题排除在金融社会工作的研究领域之外。相反，应该在理解和应对金融侵害的同时，关注金融损失所带来的社会问题，将两者纳入金融社会工作的任务清单，以全面保障金融消费者的权益。总之，在金融社会工作中，要充分认识到金融损失与金融侵害的区别，以及它们在现实问题中的关联性。只有这样，才能更好地把握金融社会工作的核心问题，有效应对金融领域的各种挑战，为保障金融消费者的合法权益、维护金融市场的稳定和发展做出积极贡献。同时，也需要加强对金融消费者的教育和培训，提高他们的金融素养和风险防范意识，减少金融损失和金融侵害的发生。在金融社会工作实践中，应当积极探索金融损失和金融侵害的防范措施，完善金融法律法规，加大对金融犯罪行为的打击力度，为金融市场的健康发展创造良好环境。同时，金融机构和相关机构也应当加强内部管理，规范金融业务行为，切实保障金融消费者的权益。金融社会工作者更应秉持专业精神，关注金融消费者的需求，为他们提供优质、高效的金融服务。通过这些措施，在金融社会工作领域取得更好的成果，为社会的和谐稳定做出贡献。

三、金融风险的概念及影响因素

（一）金融风险的概念

在互联网及大数据时代，互联网金融属于新型金融服务，金融产品层出不穷，金融市场日益复杂。伴随着互联网金融的迅猛发展，该领域也成为金融诈骗重灾区，由于交易主体间存在着信息不对称，欺诈、恶意违规等风险非常显著。一般而言，金融诈骗的本质是采用虚构事实或掩盖真相的方式，骗取公私财物或者金融机构信用。在此背景下，人们面对日益复杂的金融活动，如何避免做出高风险决策或如何避免金融风险变得越来越重要。与金融风险相关的是个体金融行为的风险容忍度。风险容忍度是"一个人站在从风险厌恶到风险寻求的连续体上"[1]。在金融决策领域，金融风险容忍度通常被定义为某人在做出金融决策时愿意接受的最大不确定性[2]，或者愿意从事一种具有结果不确定的或有可能发生可识别损失的金融行为[3]。

根据共振理论，金融风险和舆情风险往往相伴而行。互联网金融舆情事件往往在线上爆发，并通过线上和线下两个网络层面进行同步传播，受个体因素（心理、观点、行为等）和外界环境（政府、法律、媒体等）的影响。[4]

---

[1] Elke U. Weber, Ann-Renée Blais, Nancy E. Betz. Adomain-specific risk-attitude scale: Measuring risk perceptions and risk behaviors[J]. Journal of Behavioral Decision Making, 2002, 15(4), 263-290.

[2] John Grable, So-Hyun Joo. Environmental and biopsychosocial factors associated with financial risk tol erance[J]. Journal of Financial Counseling and Planning, 2004, 15(1), 73-82.

[3] Chris Bell, Gavin Bell, Nancy J. Bell. Adolescent risk taking[M]//C. E. Irwin. Adolescence and risk taking: How are they related?. Newbury Park: Sage, 1993.

[4] 丁晓蔚，刘益东.互联网金融两大突出风险引发舆情风险的防控研究——基于媒介化治理和大数据情报分析的视角［J］.当代传播，2022（6）：108-112.

（二）金融风险的影响因素

国内学者们非常关注金融风险的影响要素，移动电话普及率、互联网普及率与我国以金融诈骗为主的财产诈骗犯罪率之间有显著的正相关性[1]。法制体系的漏洞、监督管理不完善以及防范意识较弱是导致农户诈骗案件发生的主要原因。个体认知能力以及当地数字普惠金融发展程度是影响老年人是否实际被骗及损失大小的关键因素[2]。

从个体到家庭再到社区，从儿童青少年到残障人士再到经济发展欠发达地区人口，各种人群金融韧性的构建极具重要性。萨利尼亚克（Salignac）等提出金融韧性具体包含经济资源、金融资源、理财知识及行为、社会资本四个维度[3]。经济资源维度包含各种与金钱相关的因素，包括储蓄、债务管理情况、支付生活费用状况、在紧急情况下筹集资金的能力和家庭收入。金融资源维度包含获得金融产品和服务（银行账户、信贷和保险等）的机会以及对它们的需求。理财知识及行为维度包括对金融产品和服务的知识水平以及相关的使用信心，寻求和愿意投资理财。社会资本维度指的是个人从亲朋好友、社区及政府获得援助的可能性和获得相关金融指导的状况。

第二节　金融侵害保护的法律支持

金融领域的社会稳定是经济健康发展的基石。我国在金融反侵害法律领域经过多年的发展与合力，形成了以民法、经济法、行政法和刑法多个法律部门为重要内容的制度框架，涵盖了金融监管、金融主体、金融业务、金融犯罪以及互联网金融等多个重点领域，为金融反侵害提供法律支持。另外一方面，由于金融社会工作旨在增进个体和家庭的金融福祉，从而提高其生活质量，实现他们美好生活的需求，因此在客观条件允许的情况下处理金融反侵害问题时可将减小金融

---

[1] 陈增明，陈锦然，刘欣然.信息化背景下财产诈骗犯罪的实证分析——基于法经济学与社会学的双重视角［J］.东南学术，2015（1）：98-106.

[2] 雷晓燕，沈艳，杨玲.数字时代中国老年人被诈骗研究——互联网与数字普惠金融的作用［J］.金融研究，2022（8）：113-131.

[3] Fammy Salignac, Axelle Marjolin, Rebecca Reevl, Kristy Muir. Conceptualizing and measuring financial resilience: a multidimensional framework[J]. Social indicators research, 2019, 145(1): 17-38.

损失纳入金融社会工作的工作领域与任务清单之中。

一、金融监管

我国对金融业务实行专营管理，金融监管主要是维持金融业健康运行的秩序，最大限度地减少银行业的风险，保障存款人和投资者的利益，促进银行业和经济的健康发展，具体分为"综合监管""中央银行"两个方面。在金融反侵害中，"综合监管"涉及得更多。具体而言《中华人民共和国银行业监督管理法》是整个银行业的综合监督法律，《金融违法行为处罚办法》和《非法金融机构和非法金融业务活动取缔办法》则从处罚事项与力度以及取缔非法金融机构与非法金融业务方面做了更为细致的规定。

（一）《中华人民共和国银行业监督管理法》

《中华人民共和国银行业监督管理法》明确了银行业金融机构的经营原则和监管要求。根据法规，银行业金融机构业务范围内的业务品种必须经过国务院银行业监督管理机构的审查批准或备案。任何未经批准或备案的设立、变更、终止，以及从事未经批准或备案的业务活动，都将受到法律制裁。而对于擅自设立或非法从事银行业金融机构业务活动的行为，国务院银行业监督管理机构有权予以取缔，构成犯罪者将受到刑事责任的追究。在不构成犯罪的情况下，违法所得超过五十万元的，将被没收，并处违法所得一倍以上五倍以下罚款；没有违法所得或违法所得不足五十万元的，将面临五十万元以上二百万元以下的罚款。

此外，银行业金融机构若存在未经批准设立分支机构、未经批准变更或终止、未经批准或备案从事业务活动、违反规定提高或降低存款利率或贷款利率等违规情形，国务院银行业监督管理机构可责令改正，情节严重者甚至可采取停业整顿或吊销经营许可证等措施，同时对构成犯罪的行为依法追究刑事责任。这些规定旨在确保银行业金融机构合法合规运营，维护金融市场的稳定和健康。

（二）《金融违法行为处罚办法》

《金融违法行为处罚办法》主要包括对金融机构违法行为的处罚规定。其中规定了金融机构不得出具与事实不符的金融票证，包括信用证、保函、票据、存单、资信证明等。对于金融机构弄虚作假、出具虚假金融票证的行为，将给予警告，并没收违法所得，同时处违法所得一倍以上五倍以下的罚款，若没有违法所得则处以十万元以上五十万元以下的罚款。对该金融机构直接负责的高级管理人员和其他直接负责的主管人员及直接责任人员将面临开除等纪律处分，构成犯罪的,将依法追究刑事责任。同时也明确了金融机构在办理存款业务过程中不得存在的行为,如擅自提高利率、变相提高利率吸收存款等。若出现违规行为,金融机构将受到警告,违法所得将被没收,并处违法所得一倍以上三倍以下的罚款,若没有违法所得则处以五万元以上三十万元以下的罚款。直接负责的高级管理人员可能面临撤职直至开除的纪律处分,其他直接负责的主管人员和直接责任人员也可能受到降级直至开除的纪律处分。在情节严重的情况下,相关金融机构可能会被责令停业整顿或吊销经营金融业务许可证。《金融违法行为处罚办法》通过明确处罚为金融反侵害提供法律支持。

(三)《非法金融机构和非法金融业务活动取缔办法》

非法金融机构和非法金融活动的出现常伴随着高风险与不透明性,个人和家庭投资者可能因为缺乏监管和保障而遭受损失。与此同时,非法金融机构还可能通过非法手段吸收公众存款,导致个人和家庭财务直接受损,从而对金融体系、社会与个人造成多方面的侵害。《非法金融机构和非法金融业务活动取缔办法》通过打击非法金融机构以及非法金融活动为金融反侵害提供法律支持。

具体而言,未经中国人民银行批准,擅自设立从事或主要从事吸收存款、发放贷款、办理结算、票据贴现、资金拆借、信托投资、金融租赁、融资担保、外汇买卖等金融业务活动的机构将被作为打击的对象。非法吸收或变相吸收公众存款、未经批准进行的非法集资,非法发放贷款、办理结算、票据贴现、资金拆借、信托投资、金融租赁、融资担保、外汇买卖,以及其他被中国人民银行认定的非法金融业务活动则被视为非法金融活动。未经批准向社会不特定对象吸收资金、出具凭证、承诺在一定期限内还本付息的活动等作为非法吸收公众存款的判断要件。最后,强调任何单位和个人未经中国人民银行依法批准不得擅自设立金融机构或从事金融业务活动。这一法规的目的在于保护金融体系的健康发展,严厉打击非法金融机构和业务活动。

二、金融机构管理

金融机构的稳定和管理是金融业发展的重中之重。商业银行、政策性银行与非银行金融机构等构成了我国主要的金融机构。虽然目前我国银行之中出现破产的情况非常罕见,仅有个别银行出现过破产的情况,但由于我国金融机构既与民众的日常生活息息相关,也在民众的金融活动中占据重要位置,因此仍需注意防范金融侵害的产生。对此《中华人民共和国商业银行法》强调保护商业银行、存款人和其他客户的合法权益,规范商业银行的行为,提高信贷资产质量,加强监督管理,保障商业银行的稳健运行,维护金融秩序,促进社会主义市场经济的发展。而对于非银行金融机构,比如金融资产管理公司、企业集团财务公司、金融租赁公司、汽车金融公司、货币经纪公司、消费金融公司等则在实体资质、资本充实和充分注明等方面做了细致的规定。

(一)《消费金融公司试点管理办法》

消费金融公司面对金融弱势群体可能会基于不当的销售手段配合不透明的合同条款、超过承受能力的贷款额度附带高额利息和费用以及结合违法催收手段从而产生金融侵害。对此《消费金融公司试点管理办法》规定了消费金融公司的定义、命名规范、经营范围、贷款额度、催收方式以及金融消费者权益保护等方面的相关规定。

消费贷款被明确定义为消费金融公司向借款人发放的以消费(不包括购买房屋和汽车)为目的的贷款。消费金融公司的名称中必须标明"消费金融"字样,未经银监会批准,其他机构不得使用这一字样。消费金融公司经银监会批准方可经营相关业务,包括发放个人消费贷款、接受股东境内子公司及境内股东的存款、向境内金融机构借款、经批准发行金融债券等。对其中个人消费贷款的额度有明确规定,不应超过客户风险承受能力,借款人贷款余额最高不得超过人民币20万元。此外,催收贷款本息时,消费金融公司应当采取合法方式,严禁使用威胁、恐吓、骚扰等不正当手段。为确保金融消费者权益,消费金融公司在办理业务过程中应遵循公开透明原则,充分履行告知义务,使借款人明确了解贷款相关信息,并在合同中详细明示贷款金额、期限、价格、还款方式等内容,同时要依法依规做好金融消费者的权益保护工作。

(二)《网络借贷信息中介机构业务活动管理暂行办法》

该法规明确了网络借贷的定义为通过互联网平台实现的个体和个体之间的直接借贷,个体包含自然人、法人及其他组织。网络借贷信息中介机构是依法设立的专门从事网络借贷信息中介业务活动的金融信息中介公司。法规要求网络借贷信息中介机构必须遵循依法、诚信、自愿、公平的原则,为借款人和出借人提供信息服务,维护他们的合法权益。重点规定了网络借贷信息中介机构不得从事的活动,包括为自身融资、归集资金、发放贷款等一系列与业务性质不符或违法的行为。对于借款人方面,法规明确了一系列不得从事的行为,包括欺诈借款、重复融资、在公开场所发布同一融资项目信息等。此外,要求借款人遵循法律法规和网络借贷监管规定，不得从事被禁止的其他活动。法规还规定了网络借贷金额应以小额为主，要求机构根据自身风险管理能力控制同一借款人在同一平台及不同平台的借款余额上限，以防范信贷集中风险。

值得注意的是《网络借贷信息中介机构业务活动管理暂行办法》在出借人与借款人保护方面进行了专章的规定。法规要求网络借贷信息中介机构以醒目方式提示出借人网络借贷风险和禁止性行为，并经其确认。机构还需要对出借人进行尽职评估，不得向未进行风险评估的出借人提供交易服务，并根据评估结果实行分级管理，设置可动态调整的限额和标的限制，强调注意金融活动参与人对金融活动理性、全面和客观的认识，以防范金融侵害的出现。

三、金融业务

金融产业的繁荣体现在金融业务的持续拓展。然而，无序和违规的金融业务拓展可能埋下金融侵害的隐患。普通公众的金融损失乃至金融侵害很大程度上即源于此。因此，在金融业务领域，法律对反侵害的规定相对详尽，主要可划分为存借款业务、金融债券业务、信贷业务等几个方面。比如存借款业务有《储蓄管理条例》《存款保险条例》等保障存款的规定。金融债券业务有《商业银行次级债券发行管理办法》《关于商业银行发行公司债券补充资本的指导意见》等关于债券发行、管理的规定。信贷业务方面则有《中华人民共和国民法典》及有关司法解释以及《动产抵押登记办法》等关涉抵押问题的规定。

（一）《存款保险条例》

相较于《储蓄管理条例》强调除储蓄机构外，任何单位和个人不得办理储蓄业务，《存款保险条例》则关注依法通过保险制度来保护存款人的合法权益，防范和化解金融风险，维护金融稳定。具体来说，根据该条例，中国境内的商业银行、农村合作银行、农村信用合作社等吸收存款的银行业金融机构（以下统称"投保机构"）应按照规定投保存款保险。考虑到客观情况，存款保险采取限额偿付的方式，最高偿付限额为人民币50万元。中国人民银行和国务院相关部门可以根据经济发展、存款结构变化、金融风险状况等因素调整最高偿付限额，经国务院批准后公布执行。并且存款保险基金管理机构应当按照规定，在出现需要偿付的情况下，7个工作日内及时足额偿付存款。

由于存款保险制度是储蓄存款的重要保障制度。对于存款保险基金管理机构的工作人员，如果违反规定收取保费，使用、运用存款保险基金不当，不及时、足额偿付存款,都将依法给予相应的处分。此外,如果存款保险基金管理机构的工作人员滥用职权、玩忽职守、泄露国家秘密或商业秘密,将依法给予处分,构成犯罪的将追究刑事责任。

(二)《关于商业银行发行公司债券补充资本的指导意见》

《关于商业银行发行公司债券补充资本的指导意见》既支持商业银行开展资本工具创新以增强银行资本充实水平,也保障投资者的基本权利不受侵害以防范金融风险的发生。信息应当透明,在公司债券的发行和交易过程中,商业银行被要求保障投资者的权益,确保信息透明度。这包括提供详尽的债券发行信息、募集资金用途、商业银行的财务状况等,以便投资者能够充分了解相关情况。交易应当理性,发行人及承销商应采取措施,确保公开发行认购债券的投资者适当性要求与参与二级市场交易的投资者适当性要求保持一致。降低投资风险,商业银行需要加强风险管理,确保公司债券的发行和使用资金的合规性和稳健性。这有助于降低投资者的风险,提高投资的可持续性。必须监管合规,商业银行在公司债券的发行和交易活动中需遵循监管机构的相关规定,确保活动合规。监管机构需要对商业银行的债券发行进行监管,并确保投资者利益受到保护。

总体来说,这些投资者保护的要求旨在确保个人和家庭投资者在该市场中能够获得充分的信息、进行公平的交易,并降低投资风险,以促进金融市场的稳定和可持续发展,防范不必要的金融损失和恶意的金融侵害的发生。

(三)《中华人民共和国民法典》及其相关规定

《中华人民共和国民法典》是中国颁布的一部涵盖多个领域的法典,其中也包括了对金融侵害规制的相关规定,主要涉及合同篇、侵权责任篇等相关法律条款。比如金融机构与客户之间的合同关系,应当遵循平等自愿、公平诚信的原则。合同内容应当合法,有法律效力。金融机构在合同履行中应当按照合同约定提供服务,保守客户的商业秘密,并采取措施保障客户信息的安全。金融合同相关方不履行合同义务或者履行义务不符合约定,损害个人或者家庭投资者利益的,应当承担违约责任。金融机构违反法律、行政法规或者合同的规定,或是提供虚假信息或者隐瞒真实情况,致使客户受到损害的,应当承担相应民事责任。这些规定旨在保护个人和家庭作为金融活动参与人的基本法律权益不受侵害,明确金融机构和相对方在签订合同、提供服务等过程中应遵循的法律原则,并规定了违反导致损害的对应法律责任。

四、金融犯罪

金融业作为经济的核心和杠杆,属于高风险行业,这其中既包括了单纯的投资市场风险,亦暗含着金融犯罪分子作祟的风险。严格来说,金融犯罪并非独立罪名而是涵盖在经济犯罪范畴内的一类犯罪,这类犯罪涉及金融领域,"金融犯罪"则被用来泛指此类行为。[1]

随着金融业的快速发展,金融犯罪问题日益严重,类型也呈现出多样化趋势。为了维护金融管理秩序,我国立法机关制定了一系列法律法规。其中,《中华人民共和国刑法》针对破坏金融管理秩序罪进行了规定,列举了多种金融犯罪的罪名,为打击金融犯罪提供了法律依据。同时,《中华人民共和国反电信网络诈骗法》的出台,旨在应对网络电信诈骗对个人和家庭金融财产的侵害,保障金融安全。此外,最高人民法院还发布了多个司法解释,针对具体金融犯罪案件的审理和法律适用进行了明确规定。这些司法解释涵盖了骗购外汇、非法买卖外汇、伪造货币、非法集资等领域的刑事案件,为打击相关犯罪行为提供了具体的法律指导。总之,这些法律法规和司法解释的出台,为防范和治理金融犯罪提供了有力的法律保障,有助于维护金融市场的稳定和健康发展。

(一)《中华人民共和国刑法》

我国对金融业务实行专营管理。在设立方面,未经国家有关主管部门批准,任何个人或者单位不能擅自设立包括商业银行、期货经纪公司、保险公司等在内的金融机构,也不能从事有关的金融业务活动。

金融机构的存贷作为一种特殊的商业行为,有其自身的安全和经济效益等问题,因而存贷必须按照规定的原则、条件和程序发放与获得。但在互联网技术愈加成熟、互联网金融蓬勃发展的大背景下,利用信息网络实施的非法吸收公众存款案件呈井喷式爆发。据上海市人民检察院官方微信公众号"上海检察"发布的相关数据,2019年上海检察机关受理非法吸收公众存款审查起诉案件共1 407件,涉及2 929人,是金融犯罪审查起诉案件数量最多的罪名。如以还本和高额利息为诱饵,通过直接或变相负债的方式;或以支付高额股息为诱饵,通过募集股权等方式;或是未经批准,擅自以委托理财、中介服务等方式向社会不特定公众募集资金,均属非法集资,涉嫌违反国家有关吸收公众存款的法律、法规,

---

[1] 刘宪权.金融犯罪刑法学原理[M].上海:上海人民出版社,2020:2.

非法吸收公众存款或者变相吸收公众存款。类似的犯罪立法打击还有诈骗罪或集资诈骗罪。除了不具备金融相关资质的主体非法吸收公众存款外，司法实践还反映出存在有资质的银行或者其他金融机构的工作人员私自吸收客户资金不入账，再私下以银行名义进行非法拆借或者私自放贷的情况，违反刑法规定侵害参与金融活动的个人和家庭的权益。

随着经济的发展，在存贷活动之外人们的理财途径越来越多，包括证券、期货、保险、信托等。由于其间的专业性，个人和家庭常会选择信任的金融机构作为理财机构，实现财产保值增值。但较之于金融机构，委托人在信息和知识方面的不对称，难以有效监督制约受托机构，导致面临巨大风险。因此法律规定金融机构的工作人员利用职务上的便利，挪用本单位资金或者客户资金的行为，应当依照挪用资金罪或者挪用公款罪的规定定罪处罚。而如果是商业银行、证券交易所、期货交易所、证券公司、期货经纪公司、保险公司或其他金融机构本身违背受托义务，擅自运用客户资金或其他委托、信托的财产，情节严重的构成背信运用受托财产罪。

除了选择信任的金融机构作为理财机构，仍有部分个人和家庭会选择直接参与金融市场活动进行投资。刑法对危害证券、期货市场金融秩序的不法行为立法进行打击，以保护个人和家庭在内的所有金融投资者。如内幕人员利用其特殊地位或机会获取的内幕信息进行交易，违反了公平、正义与发展的立法理念，会给没有获得内幕信息、守法进行投资的个人和家庭造成经济损失，涉嫌内幕交易、泄露内幕信息罪。在证券、期货市场环境中，交易价格的波动与信息密切相关，掌握确实的消息对投资者是一种优势，而虚假的信息对投资者而言则是一种风险。2015年5月8日，深圳交易所中小板上市公司某股份有限公司董事长未经股东大会授权，签订了认购协议并发布公告，明知协议无法履行，仍发布虚假消息。随后，在股东大会前三日，发布中止投资某银行的公告。在这期间，虚假信息的传播导致该股份有限公司股票价格异常波动，交易量异常放大，严重扰乱了证券市场秩序。刑法规定编造并且传播影响证券、期货交易的虚假信息，扰乱证券、期货交易市场，造成严重后果的，处五年以下有期徒刑或者拘役，并处或者单处一万元以上十万元以下罚金。除此之外刑法还对证券、期货市场中的欺诈行为设立诱骗投资者买卖证券、期货合约罪，欺诈发行股票、债券罪进行规制，以保护包括个人和家庭在内的投资者权益免受侵害。

(二)《中华人民共和国反电信网络诈骗法》

互联网的兴起与发展为证券犯罪提供了成本更低、速度更快、效应更强的信息效率干扰渠道。电信网络诈骗犯罪在刑事犯罪案件中占据很大比重,一些个人和家庭的看病钱、养老钱、上学钱和投资钱被诈骗分子席卷一空,已经成为当前发案最高、损失最大、群众反响最强烈的突出犯罪,严重危害人民群众切身利益和社会和谐稳定。因此,2022年9月2日第十三届全国人民代表大会常务委员会第三十六次会议表决通过《中华人民共和国反电信网络诈骗法》,自2022年12月1日起施行。强调反电信网络诈骗工作应以人为本,兼顾发展和安全。运用系统观念和法治思维,从源头上预防和综合治理。各方齐心协力,共同防范,实施打防管控措施,加强社会宣传教育。同时,精准防治,确保正常生产和群众生活不受影响,并明确了各政府职能部门的责任分工和法律机制。

《中华人民共和国反电信网络诈骗法》在内容上专章设立"电信治理""金融治理""互联网治理",细化规定综合措施与法律责任以完善行刑衔接。

在电信治理方面,要求电信业务经营者应当建立实名登记制度、强化对电话卡办理限制、核查并及时对涉诈异常电话卡用户进行处理和制止非法设备和软件接入。这些法规旨在加强对电信网络诈骗的防范和打击,通过实名登记、办卡限制、风险评估、号码传送规范和禁止非法设备使用等手段,维护电信网络的正常运行,减少电信网络诈骗的发生。

在金融治理方面,明确金融监管机构和金融机构的责任。金融机构应注意客户开户及风险管理和账户数量限制,建立客户尽职调查制度,依法识别受益所有人,并采取相应的风险管理措施,以预防银行账户、支付账户被用于电信网络诈骗活动。并且强调信息共享与查询机制,明确中国人民银行和国务院银行监管机构要组织清算机构建立跨机构开户数量核验机制和风险信息共享机制,同时提供便捷的查询渠道,以确保金融机构能够查询客户的银行账户、支付账户情况,银行业金融机构和非银行支付机构应建立开立企业账户异常情形的风险防控机制,与金融、电信、市场监管、税务等部门建立信息共享查询系统。在涉诈资金管理与返还上,保障个人和家庭等受害者的资金紧急止付、快速冻结、及时解冻与资金返还。

在互联网治理方面,规定了电信业务经营者和互联网服务提供者的责任与义务。在提供服务时,电信业务经营者、互联网服务提供者必须要求用户提供真实身份信息,拒绝为未提供真实信息的用户提供服务。对于监测到的涉诈异常账号,互联网服务提供者需要重新核验并采取相应的限制功能、暂停服务等处置措施,并根据要求核验涉案电话卡关联的互联网账号。此外,设立移动互联网应用程序需按照规定向电信主管部门备案,对应用程序提供者的身份信息进行登记核验。提供域名解析、跳转等服务的单位要核验信息真实性,规范服务,记录日志以支持溯源。任何单位和个人不得为他人实施电信网络诈骗活动提供支持或帮助,包括出售个人信息和帮助洗钱。公安机关在办理电信网络诈骗案件时有权调取证据,互联网服务提供者应提供技术支持和协助,并在监测涉诈信息发现线索及风险信息时,根据规定移送相关部门,建立反馈机制。在互联网治理方面的规定旨在加强对电信网络诈骗活动的监测、防范和处置,保障网络安全和个人与家庭的财产权益不受不法侵害。

总的说来,《中华人民共和国反电信网络诈骗法》在"电信治理""金融治理""互联网治理"专章上主要是为保证个人和家庭权益不受侵害对相关服务和金融机构提出了明确的义务和责任。

参考文献

《社会保障概论》编写组.社会保障概论[M].北京:高等教育出版社,2020.
曹锐.流动妇女婚姻质量研究[M].上海:上海人民出版社,2013.
陈元刚.社会保障学[M].大连:东北财经大学出版社,2019.
邓锁,迈克尔·谢若登,邹莉,等.资产建设:亚洲的策略与创新[M].北京:北京大学出版社,2014.
丁大卫.新金融宣言:金融洪荒时代的混沌钟[M].北京:中国华侨出版社,2010.
董克用,姚余栋.中国养老金融发展报告(2021)[M].北京:社科文献出版社,2022.
董克用,姚余栋.中国养老金融发展报告(2022)[M].北京:社科文献出版社,2022.
弗里德里希·恩格斯,卡尔·马克思.马克思恩格斯选集:第3卷[M].中共中央编译局,译.北京:人民出版社,2012.
葛道顺,杨团.社会政策评论(第一辑)[M].北京:社会科学文献出版社,2007.
顾东辉.社会工作概论(第二版)[M].上海:复旦大学出版社,2020.
胡戎恩,赵兴洪.天使抑或魔鬼:民间金融实证研究与立法[M].北京:北京大学出版社,2014.
姜旭朝.中国民间金融研究[M].济南:山东人民出版社,1996.
蒋国河.社会工作与农村反贫困:本土化实践与理论反思[M].北京:中国社会出版社,2017.
江世银.金融服务养老研究[M].北京:科学出版社,2022.
卡瑞恩·克诺尔·塞蒂娜,亚历克斯·普瑞达.牛津金融社会学手册[M].艾云,罗龙秋,向静林,译.北京:社会科学文献出版社,2019.
阚珂.中华人民共和国慈善法解读[M].北京:中国法制出版社,2016.
刘卫平.社会信任:民间金融与经济转型[M].北京:中国人民大学出版社,2021.
刘宪权.金融犯罪刑法学原理[M].上海:上海人民出版社,2020.
梁建章.人口战略:人口如何影响经济与创新[M].北京:中信出版集团,2023.
罗伯特·希勒.金融与好的社会[M].束宇,译.北京:中信出版社,2012.
罗荷花,李明贤.普惠金融发展中农村人口金融能力提升研究[M].北京:经济管理出版社,2021.
罗纳德·麦金农.经济发展中的货币与资本[M].卢骢,译.上海:上海人民出版社,1997.
罗曦.金融法律规制研究[M].北京:法律出版社,2020.

玛格丽特·谢若登,朱莉·贝肯麦尔,迈克尔·柯林斯.弱势家庭的金融能力与资产建设：理论与实务[M].方舒,胡洋,樊欢欢,等译.上海：格致出版社,2023.

马克·施赖纳,迈克尔·谢若登.穷人能攒钱吗：个人发展账户中的储蓄与资产建设[M].高艳艳,译.北京：商务印书馆,2017.

迈克尔·谢若登.资产与穷人：一项新的美国福利政策[M].高鉴国,译.北京：商务印书馆,2005.

全国社会工作者职业水平考试教材编委会.社会工作实务（初级）[M].北京：中国社会出版社,2017.

全国社会工作者职业水平考试教材编委会.社会工作实务（中级）[M].北京：中国社会出版社,2023.

潘泽泉.国家调整农民工社会政策研究[M].北京：中国人民大学出版社,2013.

彭华民.人类行为与社会环境（第三版）[M].北京：高等教育出版社,2016.

石涛.民间非正式金融组织借贷行为及借贷风险控制研究[M].北京：经济管理出版社,2020.

孙洁丽.慈善信托法律问题研究[M].北京：法律出版社,2019.

孙田坤.我国存款保险法律制度问题研究[D].烟台：烟台大学,2019.

唐波.新编金融法学[M].北京：北京大学出版社,2018.

唐俊.金融社会工作[M].北京：经济科学出版社,2023.

王卫平,孙锟,常立文.儿科学（第9版）[M].北京：人民卫生出版社,2018.

魏敬淼.民间金融法律治理研究[M].北京：中国政法大学出版社,2016.

邢会强.证券法学[M].北京：中国人民大学出版社,2019.

伊恩·麦克唐纳,安·斯特里特.衡平法与信托法精义[M].李晓龙,译.北京：法律出版社,2018.

易艳阳.失地农民家庭发展账户研究[D].南京：南京大学,2008.

尹优平.国民金融能力发展研究[M].北京：中国金融出版社,2021.

于建伟.《中华人民共和国慈善法》学习问答[M].北京：中国法制出版社,2016.

岳彩申.2016年民间金融法治发展报告[M].北京：法律出版社,2017.

郑德香.基于资产建设理论的城市反贫困政策分析——台北"家庭发展账户"和苏州沧浪区"圆梦计划"比较研究[D].苏州：苏州大学,2009.

郑功成.《中华人民共和国慈善法》解读与应用[M].北京：人民出版社,2006.

郑功成.社会保障学[M].北京：中国劳动社会保障出版社,2005.

郑杭生.社会学概论新修（第三版）[M].北京：中国人民大学出版社,2003.

中国法制出版社.最新金融法律政策全书[M].北京：中国法制出版社,2021.

中国金融培训中心.中国金融能力导论[M].北京：中国金融出版社,2013.

朱大旗.金融法[M].北京：中国人民大学出版社,2007.

白钦先,佟健.重提普惠金融是对金融普惠性异化的回归[J].金融理论与实践,2017(12)：1-4.

鲍锐,王睿,刘文娟.金融知识与农村居民消费金融行为——基于江苏省昆山市陆杨镇的调查[J].江苏农业科学,2018,46(20):386-390.

柴雪,王子川,王菁滢,等.青少年金融素养干预手册的开发和实施——基于金融韧性框架的设计[J].社会工作与管理,2023,23(1):26-34.

曹锐.新生代农民工婚恋模式初探[J].南方人口,2010,25(5):53-59+23.

陈颐.儒家文化、社会信任与普惠金融[J].财贸经济,2017,38(4):5-20.

陈增明,陈锦然,刘欣然.信息化背景下财产诈骗犯罪的实证分析——基于法经济学与社会学的双重视角[J].东南学术,2015(1):98-106.

邓锁.资产建设与跨代干预:以"儿童发展账户"项目为例[J].社会建设,2018,5(6):24-35.

邓锁.社会发展、金融能力与社会工作参与反贫困[J].中国社会工作,2018(28):25-26.

邓锁,董海燕.双重赋权的农村金融社会工作实践——以残疾人互助小额信贷项目为例[J].金融与社会,2021(00):159-174+194.

丁晓蔚,刘益东.互联网金融两大突出风险引发舆情风险的防控研究——基于媒介化治理和大数据情报分析的视角[J].当代传播,2022(6):108-112.

董克用,孙博,张栋.从养老金到养老金融:中国特色的概念体系与逻辑框架[J].公共管理与政策评论,2021,10(6):15-23.

杜兴洋,杨起城,易敏.信息通信技术对普惠金融发展的影响——基于2007—2016年省级面板数据的实证分析[J].江汉论坛,2018(12):44-48.

段成荣.关于当前人口流动和人口流动研究的几个问题[J].人口研究,1999(2):48-54.

方舒.金融社会工作介入反贫困:何以可能与何以可为[J].中国社会工作,2019(31):1.

方舒,兰思汗.金融赋能与资产建设——金融社会工作教育、研究与实务国际研讨会综述[J].开发研究,2019(2):142-147.

方舒,兰思汗.金融社会工作的本质特征与实践框架[J].社会建设,2019,6(2):14-19.

方舒,刘世雄.互联网社会与青少年金融赋能实务研究[J].中国社会工作,2019(1):33-34.

方舒,唐瑜.简论政府购买残疾孤儿社会工作服务的实践逻辑与政策建构——以武汉、广州模式为例[J].残疾人研究,2014(3):37-41.

方舒,谢诗东.金融社会工作教育的基本框架与本土发展[J].社会工作与管理,2020,20(2):5-15.

方舒,王艺霏,黄进,等.金融社会工作的本土兴起与发展策略[J].金融与社会,2021,2(00):138-158+193-194.

方舒,王艺霏.金融能力与相对贫困治理——基于CFPS2014数据的实证研究[J].社会学评论,2021,9(3):181-198.

耿志民,朱亚辉,赵兴盼,等.民间借贷与非法集资的演化困境及其破解研究[J].福建论坛(人文社会科学版),2016(11):35-42.

顾海峰.新常态下中国民间非正规金融发展的创新路径研究[J].经济界,2017(6):14-22.

何大海,赵春玲.弱势群体社会保障制度的健全和完善——基于罗尔斯差别原则的社会最低保障思想[J].理论月刊,2012(12):185-188.

何芳.儿童发展账户:新加坡、英国与韩国的实践与经验——兼谈对我国教育扶贫政策转型的启示[J].比较教育研究,2020,42(10):26-33.

华乐特·P·施库扼斯,钱健,葛家澍.什么是资产?[J].对外经贸财会,1994(6):38-42.

免倩."模拟家庭":"福利院儿童"社会化的新路径[J].中国青年研究,2012(6):12-18.

黄曹福,张作俭,邹尹波.金融社会工作应用实践与探索[J].中国社会工作,2018(7):32-33.

黄进,方舒,周晓春.究竟何为金融社会工作:美国社会工作专业的思考和探索[J].社会工作与管理,2020,20(2):16-23.

黄进,玛格丽特·谢若登,邹莉.普惠金融与金融能力:美国社会工作的大挑战[J].中国社会工作,2018(28):57-58.

黄进,玛格丽特·谢若登,迈克尔·谢若登.金融社会工作的核心内容:美国的探索[J].社会建设,2019,6(2):19-22.

黄越.民间借贷危机的成因及治理对策——以温州民间借贷为例[J].常州大学学报(社会科学版),2012,13(1):42-45.

焦克源.社会组织参与公共危机协同治理的困境与出路——以红十字会慈善捐赠工作为例[J].行政论坛,2020,27(6):122-129.

金梅.贫困儿童及家庭公共服务需求与供给匹配研究——以甘肃省临夏回族自治州为例[J].西北师大学报(社会科学版),2020,57(2):138-144.

邝宏达,徐礼平.流动儿童、留守儿童和随迁儿童的界定及其关系[J].青少年研究与实践,2017,32(2):28-33.

雷晓燕,沈艳,杨玲.数字时代中国老年人被诈骗研究——互联网与数字普惠金融的作用[J].金融研究,2022(8):113-131.

李国武,方舒.社会工作视角的脆弱人群的金融安全网构建[J].社会工作,2020(2):32-38.

李青.金融社会工作与反贫困:社会工作反贫困研究中的经济性议题[J].华东理工大学学报(社会科学版),2018,33(4):19-26.

李钧,李冠青.普惠金融的历史演变及其在中国的发展[J].经济与管理评论,2023,39(2):69-82.

李荣时.对当前我国流动人口的认识和思考[J].人口研究,1996(1):10-15.

李文祥,翟宁.中国儿童社会工作发展的范式冲突与路径选择[J].河北学刊,2019,39(3):157-165.

李晓凤.问题流浪儿童的生活经验叙述对政策和服务的启示[J].理论与改革,2009(2):60-63.

李迎生.新时代发展金融社会工作的意义及其路径[J].社会建设,2019,6(2):23-27.

李迎生.中国社会工作转型与金融社会工作发展[J].西北师大学报(社会科学版),2020,57(3):95-101.

李迎生,罗宏伟,林淑仪.发展型社会政策:一个全球视野[J].社会政策研究,2023(1):3-20.

李迎生,徐向文.社会工作助力精准扶贫:功能定位与实践探索[J].学海,2016(4):114-123.

林典.金融社会工作:缘起、内涵与实务[J].社会工作与管理,2019,19(2):42-48.

林典,薛稚宁,钱宇璇.浅析Reeta Wolfsohn的金融社会工作思想[J].重庆城市管理职业学院学报,2019(3):9-13+18.

刘长喜.金融化与"好的"金融社会建设[J].社会工作,2020(2):39-44.

刘国强.我国消费者金融素养现状研究——基于2017年消费者金融素养问卷调查[J].金融研究,2018(3):1-20.

刘海.网络众筹、微筹的风险监管与发展路径[J].商业经济研究,2015(5):100-101.

刘虹.我国民间金融问题研究[J].太原大学学报,2007(1):58-60.

刘锦怡,刘纯阳.数字普惠金融的农村减贫效应:效果与机制[J].财经论丛,2020(1):43-53.

刘阳,张雨涵.居民金融素养与家庭诈骗损失[J].消费经济,2020,36(2):60-71.

刘志敏,沈国琴.公权力介入公益募捐行为的正当性及其边界[J].国家行政学院学报,2014(4):75-79.

吕利丹,程梦瑶,谭雁潇,等.我国流动儿童人口发展与挑战(2000-2015)[J].青年研究,2018(4):1-12+94.

吕利丹,梅自颖,唐语新,等.中国儿童人口发展新特点与新趋势——基于对第七次全国人口普查数据的分析[J].青年研究,2023(5):1-16+94.

吕少蓉.农村流动儿童的群体特征及对其义务教育的不利影响[J].南京人口管理干部学院学报,2008(4):37-41.

吕鑫.从社会组织到慈善组织:制度衔接及其立法完善[J].苏州大学学报(哲学社会科学版),2022,43(5):98-110.

吕鑫.论公民募捐的合法性[J].当代法学,2014,28(4):20-28.

吕鑫.我国慈善募捐监督立法的反思与重构——全程监督机制的引入[J].浙江社会科学,2014(2):54-62+157.

欧涛.当前民间借贷发展的特点、风险、原因及其对策——基于湖南省娄底市的调查和系统视角分析[J].武汉金融,2013(5):63-64.

钱宁,陈立周.当代发展型社会政策研究的新进展及其理论贡献[J].湖南师范大学社会科学学报,2011,40(4):85-89.

任碧云,李柳颍.数字普惠金融是否促进农村包容性增长——基于京津冀2114位农村居民调查数据的研究[J].现代财经(天津财经大学学报),2019,39(4):3-14.

沈国琴.慈善募捐法律概念要素分析[J].晋中学院学报,2019,36(2):53-59.

谭鹏,史钰,魏勇刚.我国儿童友好城市建设的现状与展望——基于四个城市的经验分析[J].陕西学前师范学院学报,2021,37(1):111-119.

唐琨.有效市场假说综述[J].金融经济,2018(20):88-89.

汪华.超越左与右:吉登斯"第三条道路"及其社会投资思想简论[J].理论月刊,2012(3):121-125.

王波,郑联盛,郭安.养老金融:中国实践、国际经验与发展对策[J].西南金融,2022(8):3-14.

王建中,燕翀,张时飞.慈善信托法律制度运行机理及其在我国发展的障碍[J].环球法律评论,2011,33(4):108-117.

王思斌.金融增能:社会工作的服务领域和能力建设[J].社会建设,2019,6(2):3-6.

王思斌.精准扶贫的社会工作参与——兼论实践型精准扶贫[J].社会工作,2016(3):3-9.

王占武.浅谈班主任在留守儿童管理中的教育方法[J].才智,2014(23):214.

魏丽莉,李佩佩.普惠金融的反贫困效应研究——基于西部地区的面板数据分析[J].工业技术经济,2017,36(10):38-44.

吴重涵,戚务念.留守儿童家庭结构中的亲代在位[J].华东师范大学学报(教育科学版),2020,38(6):86-101.

吴瑞君.关于流动人口涵义的探索[J].人口与经济,1990(3):53-55+27.

吴世友,朱眉华,苑玮烨.资产为本的干预项目与社会工作实务研究设计——基于上海市G机构的一项扶贫项目的试验性研究[J].社会建设,2016,3(3):48-57.

巫正洪,吴世友,Gina A. Chowa.社会工作实践的新方向:金融社会工作[J].中国劳动关系学院学报,2013,27(6):98-100.

夏仕武,古帅,王瑨婧.美国0～3岁婴幼儿养育费用援助体系研究[J].比较教育研究,2023,45(1):93-102.

肖伊宁.英国工党的社会福利观念与政策变化[J].当代世界与社会主义,2019(5):154-163.

辛自强.金融社会工作要聚焦公众财经素养提升[J].社会建设,2019,6(2):11-14.

邢乐成.中国普惠金融:概念界定与路径选择[J].山东社会科学,2018(12):47-53.

星焱.普惠金融:一个基本理论框架[J].国际金融研究,2016(9):21-37.

许彩丽,张翠娥.重新认识分离:基于家庭视角的留守儿童社会工作反思[J].华中农业大学学报(社会科学版),2023(4):167-174.

徐丽敏,徐永祥,梁毓熙.需求与结构:现代家庭视角下困境儿童保护的政策研究——基于天津市第二批全国儿童社会保护试点区的案例分析[J].学海,2019(5):101-106.

严敏,朱春奎.美国社会福利制度的历史发展与运营管理[J].南京社会科学,2014(4):88-94.

杨立雄."不情愿的福利国家"与金融危机——美国福利模式解析[J].当代世界与社会主义,2012(5):17-25.

杨立雄,李星瑶,李超.从对立到妥协：民主社会主义和新保守主义福利思想的演进[J].当代世界社会主义问题,2007(1):14-23.

杨团.资产社会政策——对社会政策范式的一场革命[J].中国社会保障,2005(3):28-30.

杨团,孙炳耀.资产社会政策与中国社会保障体系重构[J].江苏社会科学,2005(2):206-211.

姚进忠.福利治理中的需要理论：内涵、类型与满足路径[J].学习与实践,2019(2):90-100.

尹银,崔优优.金融社会工作助力智慧养老——"积极老龄化"的视角[J].社会工作与管理,2022,22(5):57-63+96.

尹银,张琳.金融社会工作为老服务：老年人的金融服务需求与应对[J].社会工作与管理,2020,20(2):24-31.

尹志超,宋全云,吴雨.金融知识、投资经验与家庭资产选择[J].经济研究,2014,49(4):62-75.

尹忠海."金融社会工作与因疫返贫治理"笔谈[J].社会工作,2020(2):31-32+109-110.

曾志耕,何青,吴雨,等.金融知识与家庭投资组合多样性[J].经济学家,2015(6):86-94.

展敏.存款与发展：个人发展账户中的预期应用与存款模式[J].山东大学学报(哲学社会科学版).2005(1):30-36.

张君安,刘东,姚瑀菲.知易行难：学校金融教育项目的系统评价[J].社会工作与管理,2023,23(1):43-52.

张勋,万广华,张佳佳,等.数字经济、普惠金融与包容性增长[J].经济研究,2019,54(8):71-86.

赵川芳.近年我国流浪儿童救助保护的演变、问题与对策[J].青年探索,2017(6):27-32.

周磊,郭玮,王宁.从典型案例看商业银行适当性义务的履行——兼析代销业务中适当性义务的内涵和风险防范[J].中国银行业,2023(8):72-75.

周晓春.中国金融社会工作发展的背景、作为与挑战[J].社会工作与管理,2020,20(2):41-48.

周晓春,方舒,黄进.金融福祉：促进青年发展的新工具[J].中国青年社会科学,2021,40(4):83-90.

周晓春,邹宇春,黄进.青年的金融风险,金融能力和社会工作干预[J].青年研究,2019(3):69-81+96.

周中之.法治思维下当代中国慈善组织的治理和监督机制[J].上海师范大学学报(哲学社会科学版),2021,50(2):102-109.

朱海城.民间金融规模的测算与分析——基于2000—2017年浙江数据的实证研究[J].新金融,2018(7):57-61.

朱一鸣,王伟.普惠金融如何实现精准扶贫？[J].财经研究,2017,43(10):43-54.

国家统计局,联合国儿童基金会.2020年中国儿童人口状况：事实与数据[EB/OL].[2023-12-05].https://www.stats.gov.cn/zs/tjwh/tjkw/tjzl/202304/t20230419_1938814.html.

国务院.国务院关于推进普惠金融高质量发展的实施意见[EB/OL].(2023-10-11)[2024-03-01].https://www.gov.cn/zhengce/zhengceku/202310/content_6908496.htm.

李素文.我国非法集资法律规制的影响评估[N].光明日报,2015-02-08(7).

联合国.儿童权利公约[EB/OL].(2023-12-03)[2024-03-01].https://www.un.org/zh/documents/treaty/A-RES-44-25.

律临.国家年龄划分标准—法律知识[EB/OL].[2023-12-05].https://lvlin.baidu.com/question/1584739230472201820.html.

王睿,张楚欣.慈善领域法律现状与改革趋势[EB/OL].(2017-12-14)[2024-03-01].http://www.cnlawweb.com/legal/phenomenon/2017121422600.html.

中国老龄科学研究中心,新疆兵团养老行业协会.养老服务人才状况调查报告[EB/OL].[2024-03-01].http://www.crca.cn/images/2023-4.pdf.

中国老龄科学研究中心,中信银行.老年金融消费者权益保护调查报告[EB/OL].[2024-03-01].http://www.crca.cn/images/2023-3.pdf.

中华人民共和国教育部.中华人民共和国未成年人保护法[EB/OL].(2023-12-05)[2024-03-01].http://www.moe.gov.cn/jyb_sjzl/sjzl_zcfg/zcfg_qtxgfl/202110/t20211025_574798.html.

Albert Ando, Franco Modigliani. The "life-cycle" hypothesis of saving: Aggregate implications and test[J]. American Economic Association, 1963, 53 (1): 55−84.

American Psychological Association. Stress in America: the state of our nation[EB/OL].(2017-11-01)[2024-03-01].https://www.apa.org/news/press/releases/stress/2017/state-nation.pdf.

Amos Tversky, Daniel Kahneman. The framing of decisions and the psychology of choice[J]. Science, 1981, 211 (4481): 453−458.

Anna Damn. Determinants of recent immigrants location choices: Quasi-experimental evidence[J]. Journal Population Economics, 2009, 2(1): 145−174.

Annamaria Lusardi, Daniel Schneider, Peter Tufano. Financially fragile households: evidence and implications [R]. Cambridge: National Bureau of Economic Research, 2011.

Anniina Kaittila, Henna Isoniemi, Katri Viitasalo, Meri Moisio, Anu Raijas, Enna Toikka, Jarno Tuominen & Mia Hakovirta. A Pilot Randomized Controlled Trial of Intervention for Social Work Clients with Children Facing Complex Financial Problems in Finland (FinSoc): A Study Protocol[J]. Journal of Evidence-Based Social Work, 2024(21): 1+32−49.

Bradley T. Klontz, Sonya Britt-Lutter, Kristy Archuleta. Financial Therapy: Theory, Research, and Practice[M]. Berlin: Springer, 2015.

C. B. Macpherson. Property: Mainstream Critical Positions[M]. Toronto: University of Toronto Press, 1978.

Chris Bell, Gavin Bell, Nancy J. Bell. Adolescent risk taking[M]. Newbury Park: Sage, 1993.

Christoph Merkle. Financial loss aversion illusion[J]. Review of Finance, 2016, 24(2): 381−413.

Christopher D. Carroll. Buffer-Stock Saving and the Life Cycle/Permanent Income Hypothesis[J].

The Quarterly Journal of Economics, 1997, 112 (1): 1–55.

Clinton G. Gudmunson, Sharon M. Danes. Family Financial Socialization: Theory and Critical Review[J]. Journal of Family Economic Issues, 2011(32): 644–667.

Consumer Financial Protection Bureau. Transforming the financial lives of a generation of young americans[EB/OL]. (2023–12–10)[2024–03–01]. https://files.consumerfinance.gov/f/201304_cfpb_OFE-Policy-White-Paper-Final.pdf.

David R Smedley. Student financial literacy: Campus-based program development[M]//D. B. Durband, S. L. Britt.The case for financial education programs. New York: Springer Science, 2012.

Elke U. Weber, Ann-Renée Blais, Nancy E. Betz. Adomain-specific risk-attitude scale: Measuring risk perceptions and risk behaviors[J]. Journal of Behavioral Decision Making, 2002, 15(4), 263–290.

Fenella Carpena, Shawn Cole, Jeremy Shapiro, Bilal Zia. The ABCs of financial education: experimental evidence on attitudes, behavior, and cognitive biases[J]. Management Science, 2019, 65(1): 346–369.

G. Chowa, D. Ansong, M. Despard, I. Osei-Akoto, A. A. Richmond, A. Agyei-Holmes, M. Sherraden. Youth and Saving in Ghana: A Baseline Report from the Youth Save Ghana Experiment[R]. Louis: Washington University, Center for Social Development, 2012.

J. Birkenmaier, M. S. Sherraden, J. Curley. Financial Capability and Asset Development: Research, Education, Policy, and Practice[M]. New York: Oxford University Press, 2013.

J. J. Xiao. Handbook of Consumer Finance Research[M]. New York: Springer, 2008.

Jack Mezirow. Transformative Dimensions of Adult Learning[M]. San Francisco: John Wiley & Sons Inc, 1991.

Jin Huang, Yun ju Nam, Michael Sherraden, Margaret M. Clancy. Improvedfinancial capability can reduce material hardship among mothers[J]. Social Work, 2016, 61(4), 313–320.

Jing Xiao, Chen Chen, Fuzhong Chen. Consumer financial capability and financial satisfaction[J]. Social Indicators Research, 2014(118): 415–432.

John Grable, So-Hyun Joo . Environmental and biopsychosocial factors associated with financial risk tol erance[J]. Journal of Financial Counseling and Planning, 2004, 15(1), 73–82.

John P. Kretzmann, John L. McKnight. Building Communities from the Inside Out: A Path Toward Finding and Mobilizing a Community's Assets[M]. The Asset-Based Community Development Institute, Institute for Policy Research, Northwestern University, 1993.

M. Friedman. A theory of the consumption function[M]. Princeton: Princeton University Press, 1957．

M. Hernandez. Applying behavioral research to asset-building initiatives: Lessons from a year of experimentation [M]. Washington: Corporation for Enterprise Development, 2011.

M. S. Sherraden, J. Birkenmaier, J. M. Collins. Financial capability and asset building in vulnerable households: theory and practice[M]. New York: Oxford University Press, 2018.

M. Sherraden. Assets and the poor: A new American welfare policy[M]. Armonk: M. E. Sharpe, 1991.

M. Sherraden, J. Huang. Financial Social Work. Encyclopedia of Social Work[EB/OL]. [2019-08-28](2024-02-27).https://oxfordre.com/socialwork/view/10.1093/acrefore/9780199975839.001.0001/acrefore-9780199975839-e-923.

Margaret S. Sherraden, Jin Huang, Jenny L. Jones, Jenny L. Jones. Building financial capability and assets in America's Families[J]. Families in Society, 2022, 103(1), 3-6.

Margaret S. Sherraden, Michal Grinstein-Weiss. Creating Financial Capability in the Next Generation: An Introduction to the Special Issue[J]. The Journal of Consumer Affairs, Spring 2015, 49(1): 1-12.

Marie-Christine Saint-Jacques, Daniel Turcotte, Eve Pouliot. Adopting a strengths perspective in social work practice with families in difficulty: From theory to practice[J]. Families in Society, 2009, 90(4): 454-461.

Mary Richmond. Social diagnosis[M]. New York: Russell Sage Foundation, 1917.

Mathieu R. Despard, Gina Chowa. Social workers' interest in building individuals' financial capabilities[J]. Journal of financial therapy, 2010, 1(1): 22-41.

Nathalie Martin, Ocean Tama y Sweet. Mind games: Rethinking BAPCPA's debtor education provisions[J]. Southern Illinois University Law Journal, 2007(31): 517-547.

Peter A Kindle. The financial literacy of social work students: Questions of Competence and Relevance [J]. Journal of social work education, 2013(49): 397-407.

Richard H. Thaler. Mental Accounting Matters[J]. Journal of Behavioral decision making, 1999, 12(3), 183-206.

Roberta R. Greene. Human behavior theory and social work practice[M]. General systems theory. London: Routledge, 2017.

S. M. McKernan, M. Sherraden. Asset building and low-income families[M]//S. G. Beverly, M. Sherraden, R. Cramer, T. W. Shanks, Y. Nam, M. Zhan. Determinants of asset holdings. Washington: Urban Institute Press, 2008.

Silverman Y. Financial social work: a growing specialty In clinical social work[EB/OL].(2018-12-07)[2024-3-1].https://www.social-workers.org/LinkClick.aspx?fileticket=cGvl_1zOr0g%3D&portal i=0.

Shirley L. Zimmerman. The Family and Public Policy[M]. Cambridge: Harvard University Press, 1983.

Shirley L. Zimmerman. Understanding Family Policy: Theories and Applications(2nd ed.)[M]. Thousand Oaks: SAGE, 1995.

Sue A. Greninger, Vickie L. Hampton, Karrol A. Kitt, Joseph A. Achacoso. Ratios and Benchmarks for Measuring the Financial Well-being of Families and Individuals[J]. Financial Services Review, 1996, 5(1): 57−70.

Suzanne Bartholomae, Jonathan Fox. Coping with Economic Stress: A Test of Deterioration and Stress-Suppressing Models[J]. Journal of Financial Therapy, 2017, 8(1), 81−104.

Vicki J. Jobst. Financial literacy education for college students: A course assessment[J]. Journal of Higher Education Theory and Practice, 2012, 12(2), 119−128.

W. Elliott, M. Sherraden, L. Johnson, B. Guo.Young children's perceptions of college and saving: Potential role of child development accounts[J]. Children and Youth Services Review, 2010, 32(11): 1577−1584.

Wolfsohn R.. Financial Social Work Basics and Best Practices. Center for Financial Social Work [EB/OL]. [2024−03−01].http://www. financialsocialwork. com/tools.

Wolfsohn R.. Financial wellness as a social work specialty[EB/OL].(2015−04−06) [2024−03−01].https://naswinstitute.inreachce.com/Details/Information/8c90115e-0cb8-45d5-afbe-cd8c399480d7.Universityof Maryland School of Social Work. Financial social work initiative.

Wolfsohn R., Michaeli D.. Financial social work[EB/OL].(2018−09−14)[2024−03−01].http://socialwork.oxfordre.com/view/10.1093/acrefo-re/9780199975839.001.0001/acrefore-9780199975839-e-923.

后记

在编写《金融社会工作：理论与实务》教材的过程中，我们团队致力于探索金融社会工作的理论与实践，并为金融社会工作者提供较为全面、系统的学习资料。本教材旨在探讨金融领域与社会工作实践的结合，帮助金融社会工作者更好地理解相关的金融知识、金融政策对社会的影响，以及如何运用金融社会工作的理论和方法在社会工作领域解决相关问题或提供服务。

在实现共同富裕目标道路上，金融社会工作发挥着重要作用。首先，随着经济社会发展，人们面临的经济和金融问题越来越复杂，这些往往与人们的金融福祉或金融健康密切相关。金融社会工作通过专业服务帮助人们解决问题，从而改善他们的金融健康状况。其次，金融社会工作有助于提升人们的金融素养和金融能力，在当前金融社会化趋势下，具备一定的金融知识和金融技能对人们来说是重要的。金融社会工作通过金融教育、金融训练和金融治疗等帮助人们更好地应对与家计生活相关的财务问题。最后，金融社会工作通过提供专业服务，有利于降低社会不稳定性，推动社会有序发展。

本教材共分为十四章，涵盖了金融社会工作的基本概念、理论方法、服务实践等，帮助读者更好地理解金融社会工作领域的相关知识。写作具体分工为：第一章《金融社会工作的基本概述》（刘东，上海商学院；方舒，中央财经大学）、第二章《金融社会工作的理论基础》（张君安，上海商学院）、第三章《美国金融社会工作的历史与经验》（常亚杰，上海商学院）、第四章《金融社会工作的主要方法》（雷海波，上海商学院）、第五章《金融社会工作的政策法规》（石达，林沈节，上海商学院）、第六章《老年人与金融社会工作》（刘益梅，上海商学院）、第七章《儿童青少年与金融社会工作》（陈倩雯，中共南通市委党校）、第八章《流动人口与金融社会工作》（曹锐，上海商学院）、第九章《社会救助与金融社会工作》（余臣，华东理工大学；刘东，上海商学院）、第十章《普惠金融》（张莉，上海商学院）、第十一章《金融教育》（张君安，上海商学院）、第十二章《金融能力》（叶淑静,上海海洋大学)、第十三章《资产建设》(许艳萍,上海交通大学/上海公益社工师事务所)、第十四章《金融侵害与保护》(余洋,刘东,上海商学院)。在编写过程中,我们深刻感受到金融社会工作领域相关内容的新颖性、交叉性和复杂性,为了丰富教材内容而参阅了国内外相关文献。由于编写时间紧迫,教材的结构和内容方面仍有许多不足之处,我们希望各界人士能够对本教材多提宝贵意见,以便更好地完善教材。

最后,我们由衷地感谢所有参与本教材编写的老师们以及上海大学出版社编辑们的辛劳工作。我们希望本教材能够对金融社会工作领域的学习者和从业者有所启发与帮助,为推动本土金融社会工作的发展做出贡献。此外,我们非常感谢学校和学院对本教材相关工作的大力支持和出版保障。

刘 东

2024年6月